江苏省高等学校重点教材（编号：2018-1-160）

管理原理与运用

——中小微企业创业管理视角

主　编　孙卫东　彭苏秦　宋砚清

南京大学出版社

内容简介

本书是介绍管理原理的通识教材,全书涵盖了管理的经典内容,主要按照实际管理工作过程及管理职能,将全书分为管理绪论、计划、组织、领导、控制等五个项目,每个项目首先明确需要达到的能力目标、知识目标和素质目标,然后导入案例,通过案例引起学生对于该项目的兴趣,接着配以 2 至 5 个任务,每个任务均穿插相关案例,帮助学生理解原理、运用原理分析及解决实际管理问题,最后,每个项目都提炼出一个小结,并配备思考与练习,以便于学生复习和自测。

本书按照国家和教育部对于高等职业教育的最新要求,结合当前国内外的经济形势、大学生就业形势以及中国高等职业教育面临的困难与挑战,将教材编写定位于"注重培养当代大学生的创新创业意识、创新创业精神和创新创业能力",并通过大量的经典案例和自编案例,由浅入深地培养学生对于财富创造和管理工作的兴趣,并且通过融入思政元素,增强学生产业报国、经济强国的爱国情怀。本书在适度讲述管理基本原理的基础上,着重通过案例分析培养学生运用基本理论、基本方法解决实际问题的能力和水平。

为了便于学生和社会人士自学,可扫描书中二维码,在线学习,查找网上微课、PPT、案例解析、习题答案、测试试卷等。

图书在版编目(CIP)数据

管理原理与运用:中小微企业创业管理视角 / 孙卫东,彭苏秦,宋砚清主编. — 南京:南京大学出版社,2021.6
　ISBN 978-7-305-24621-0

Ⅰ. ①管… Ⅱ. ①孙… ②彭… ③宋… Ⅲ. ①中小企业—企业管理—高等职业教育—教材 Ⅳ. ①F276.3

中国版本图书馆 CIP 数据核字(2021)第 118170 号

出版发行	南京大学出版社
社　　址	南京市汉口路 22 号　　邮　编　210093
出 版 人	金鑫荣
书　　名	管理原理与运用——中小微企业创业管理视角
主　　编	孙卫东　彭苏秦　宋砚清
责任编辑	尤　佳　　　　　编辑热线　025-83592315
照　　排	南京南琳图文制作有限公司
印　　刷	南京新洲印刷有限公司
开　　本	787×1092　1/16　印张 14.25　字数 337 千
版　　次	2021 年 6 月第 1 版　2021 年 6 月第 1 次印刷
ISBN	978-7-305-24621-0
定　　价	45.00 元

网址:http://www.njupco.com
官方微博:http://weibo.com/njupco
官方微信号:njupress
销售咨询热线:(025) 83594756

* 版权所有,侵权必究

* 凡购买南大版图书,如有印装质量问题,请与所购
　图书销售部门联系调换

前 言

管理作为组织实现目标的一种手段,可以说无时不在、无处不在,大自国家,小至企业乃至家庭,概莫能外。可以说,国家的兴衰、组织的成败、家庭的幸福无不与管理工作的质量相关。然而,正因为管理包罗万象,所以,教学管理,难度很大,很难在短时间内兼顾到所有组织类型。高职院校学生毕业后就业或者创业的主要去向是中小微企业,所以,专注于中小微企业创业过程的管理基础,能直接帮助高职学生快速地适应职场工作,提高创业和管理能力。

本教材彰显了"以就业为导向、以能力为核心""基于工作过程"等高职教材的特点,具体如下:

基于工作过程。一般认为,基于工作过程的教育教学模式更加适用于工科,因为工科是人与机器的关系,工作过程大多是流水线式的、程序化的过程,而文科则是人与人的关系,不仅工作过程变动性大,而且工作内容、工作方式也因人而异,但管理基础则是文科中比较适合采用"基于工作过程的模式"进行编写的教材。无论是什么样的组织,它所从事的任何一项业务,都要经过计划、组织、领导、控制等一系列管理过程,所不同的是,管理者会随着组织的大小不同、业务项目的复杂性不同和管理者所处的管理层次的不同,其管理活动的重心会有所不同。高职学生将来所面对的主要是一线管理岗位或操作岗位,自己创业的学生所管理的组织主要是小微企业,所以,本教材着重从基层管理和小微企业管理进行编写。

精选案例,跟踪企业热点。教材中引用的大量小型管理案例,既包括经典管理案例,也包括现实企业实际案例,还包括编写团队长期积累的自编案例。案例篇幅不大,但言简意赅,重点突出。案例中反映的问题典型突出,具有代表性。案例叙述幽默风趣,现实性强,发人深思。通过对案例的研究和分析,学生将学会更好地理解理论、掌握理论和运用理论,从而培养其相关的管理能力。

体例固定,便于学习。本教材采用项目化编写体例,每个项目首先明确需要达到的能力目标、知识目标和素质目标,然后导入案例,通过案例引起学生对于管理的兴趣,接着配以2至5个任务,每个任务均穿插一些案例,以帮助学生理解管理原理和运用原理对于实际管理问题的分析和解决,最后,每个项目都提炼出一个小结,并配备思考与练习,以便于学生复习和自测。

运用现代信息技术,教学资源丰富。 利用互联网技术和现代信息技术,录制、上传了大量课程资源,包括微课、动画、视频资料、课件、课标等,方便教师参考和学生自学。

本书得到了"十三五"江苏省高等学校重点教材项目和常州信息职业技术学院"双高校"建设项目支持。

由于编者水平有限,书中难免还有疏忽或谬误之处,恳请读者批评指正。

孙卫东

2021年5月10日

课程推介　　课程整体教学设计　　课程标准

目 录

项目一 管理绪论 ... 1
  能力目标 ... 2
  知识目标 ... 2
  素质目标 ... 2
  导入案例 ... 2
  任务1 认识和理解管理 ... 4
    任务1.1 管理定义 ... 4
    任务1.2 管理者 ... 6
    任务1.3 管理过程 ... 10
    任务1.4 管理对象 ... 12
    任务1.5 管理特点 ... 15
  导入案例 ... 17
  任务2 管理思想或理论 ... 18
    任务2.1 人类古代管理思想 ... 18
    任务2.2 西方古典管理理论 ... 19
    任务2.3 行为科学管理理论 ... 22
    任务2.4 现代管理理论 ... 24
  导入案例 ... 25
  任务3 中小微企业创业流程和创业管理 ... 25
    任务3.1 中小微企业创业流程 ... 25
    任务3.2 中小微企业创业管理 ... 31
  项目小结 ... 37
  思考与练习 ... 38

项目二 计划 ... 39
  能力目标 ... 40
  知识目标 ... 40
  素质目标 ... 40
  导入案例 ... 40
  任务1 计划的含义 ... 41

任务1.1　计划概述 ……………………………………………… 41
　　　任务1.2　计划编制 ……………………………………………… 44
　导入案例 …………………………………………………………………… 48
　任务2　决策 ……………………………………………………………… 48
　　　任务2.1　决策概述 ……………………………………………… 48
　　　任务2.2　决策理论 ……………………………………………… 53
　　　任务2.3　决策过程 ……………………………………………… 54
　　　任务2.4　决策的基本方法 ……………………………………… 58
　导入案例 …………………………………………………………………… 64
　任务3　目标管理 ………………………………………………………… 64
　　　任务3.1　目标管理的概念和特点 ……………………………… 65
　　　任务3.2　目标管理的基本程序 ………………………………… 68
　　　任务3.3　制定目标的原则 ……………………………………… 72
　导入案例 …………………………………………………………………… 75
　任务4　中小微企业创业计划 …………………………………………… 76
　　　任务4.1　中小微企业创业理念和创业目标 …………………… 76
　　　任务4.2　中小微企业创业机会识别 …………………………… 78
　　　任务4.3　中小微企业创业团队 ………………………………… 82
　　　任务4.4　中小微企业创业计划制定 …………………………… 85
　项目小结 …………………………………………………………………… 88
　思考与练习 ………………………………………………………………… 88

项目三　组织 ……………………………………………………………… 91
　能力目标 …………………………………………………………………… 92
　知识目标 …………………………………………………………………… 92
　素质目标 …………………………………………………………………… 92
　导入案例 …………………………………………………………………… 92
　任务1　组织的概念和类型 ……………………………………………… 93
　　　任务1.1　组织的概念 …………………………………………… 93
　　　任务1.2　组织的类型 …………………………………………… 93
　导入案例 …………………………………………………………………… 95
　任务2　组织常见结构及设计 …………………………………………… 96
　　　任务2.1　组织常见结构 ………………………………………… 96
　　　任务2.2　组织设计的程序 ……………………………………… 101
　导入案例 …………………………………………………………………… 102
　任务3　岗位职权和职责分配 …………………………………………… 103
　　　任务3.1　岗位职权 ……………………………………………… 103
　　　任务3.2　集权与分权 …………………………………………… 105

  任务3.3　授权 106
 导入案例 108
 任务4　管理幅度与管理层次 109
  任务4.1　管理幅度与管理层次概念 109
  任务4.2　管理幅度与管理层次的关系 109
  任务4.3　管理幅度与管理层次的设计 110
 导入案例 111
 任务5　岗位人员安排 112
  任务5.1　岗位分析 112
  任务5.2　招聘与甄选 114
  任务5.3　员工培训 117
  任务5.4　绩效考评 118
 导入案例 121
 任务6　组织创新 121
  任务6.1　组织形式创新 121
  任务6.2　组织能力创新 122
  任务6.3　组织文化创新 123
 导入案例 124
 任务7　中小微企业创业组织 124
  任务7.1　新创中小微企业组织结构 124
  任务7.2　中小微企业组织变革与创新 127
  任务7.3　中小微企业人力资源管理 130
 项目小结 133
 思考与练习 134

项目四　领导 135
 能力目标 136
 知识目标 136
 素质目标 136
 导入案例 136
 任务一　领导的性质和作用 137
  任务1.1　领导的内涵 137
  任务1.2　领导的作用 139
 导入案例 140
 任务2　领导的影响力 140
  任务2.1　权力性影响力 140
  任务2.2　非权力性影响力 141
 导入案例 143

任务3　领导方式及其理论 143
　　　　任务3.1　基于职权的领导风格 144
　　　　任务3.2　管理方格图 145
　　　　任务3.3　领导权变论 146
　　导入案例 150
　　任务4　沟通技巧 151
　　　　任务4.1　沟通的基本内涵 151
　　　　任务4.2　沟通的目的 153
　　　　任务4.3　沟通的过程 154
　　　　任务4.4　沟通障碍及克服 156
　　导入案例4 163
　　任务5　有效激励 163
　　　　任务5.1　激励的概念、作用和模型 164
　　　　任务5.2　激励理论 167
　　　　任务5.3　激励实务 172
　　导入案例 175
　　任务6　中小微企业创业领导 176
　　　　任务6.1　新创中小微企业领导风格及其演变 176
　　　　任务6.2　创业沟通 178
　　　　任务6.3　创业激励 180
　　项目小结 181
　　思考与练习 182

项目五　控制 183
　　能力目标 184
　　知识目标 184
　　素质目标 184
　　导入案例 184
　　任务1　控制职能与控制过程 185
　　　　任务1.1　控制职能 185
　　　　任务1.2　控制的基本过程 189
　　导入案例 191
　　任务2　控制基本类型及其比较 191
　　　　任务2.1　常见的几种控制类型 192
　　　　任务2.2　其他控制类型简介 194
　　导入案例 195
　　任务3　有效控制方法与手段 196
　　引导案例 196

任务 3.1　控制点、控制标准的确定 …………………………………… 197
　　任务 3.2　有效控制的必要条件和控制方法 …………………………… 199
　导入案例 …………………………………………………………………… 207
　任务 4　中小微企业创业控制 …………………………………………… 208
　　任务 4.1　新创中小微企业投资风险控制 ……………………………… 208
　　任务 4.2　中小微企业经营危机控制 …………………………………… 210
　　任务 4.3　中小微企业工作质量和产品质量控制 ……………………… 214
　项目小结 …………………………………………………………………… 216
　思考与练习 ………………………………………………………………… 216

参考文献 …………………………………………………………………… 218

项目一
管理绪论

课件及参考答案

能力目标

能够掌握管理基本概念和管理的重要意义,懂得学习管理的重要性;
能够运用管理思维或理论初步分析经典管理案例和实际管理问题;
能够掌握创办一家中小微企业的基本流程。

知识目标

掌握管理的含义、职能和技能;
理解管理者的类型和角色;
了解古代管理思想、古典管理理论、行为科学管理理论和现代管理理论精髓;
熟悉中小微企业创业相关的管理内容。

素质目标

通过案例分析与讨论,培养管理专业素质。

导入案例 1-1

亿万富翁的"烧烤人生"

王宇,河北廊坊人,出身穷困,北漂一族。由一个小小的烧烤摊,到自己发明创造无烟烧烤工具,使烧烤成为中华名小吃,先后获得"中国十大最佳创业项目奖""创业带动就业首选推荐项目"等荣誉称号。

三十多年前,王宇出生于河北廊坊一个普通农家,改革开放之前的这个村庄,在廊坊穷得不能再穷。考上大学走出村子,成为他"寒酸"童年中唯一的梦想。都说"穷人的孩子早当家",大学生活中,王宇的世界只有两件事,一个是学习,一个是打工。本来打工可以挣钱,少让家里操心,是王宇那个时候的唯一想法。可不曾想,大学的打工生活,是一本有益的书,王宇在里面学到了知识,尝到了乐趣。每当晚上睡不着觉时,王宇就静静地思考,与其给别人打工,何不为自己打工?这种想法慢慢地开始深入骨髓,在无数个寂静的夜晚里一点点地汇成了力量。

毕业后,当身边的同学都争先恐后地落实工作单位,抢着争着去找"铁饭碗"的时候,这位一直靠打工维持生活的穷学生却硬是借了5000元,在廊坊开了一个做烧烤生意的小饭店。这是他人生中的第一份职业。可就连他自己都没想到,这辈子干的第一件事,好似命中注定般打开了自己的"烧烤人生"。

王宇很幸运。因为有学校打工的经验,善于经营的王宇把烧烤店的炉火烧得很旺,在这堆炭火里烧出的钱也让这个穷学生发蒙了,一个月赚1万!这位毛头小伙子的内心深处只有一个感觉,那就是"没事偷着乐"。当时的烧烤店那叫一个红火,而这个烧烤店的小老板更是春风得意,所谓"人满堂,炉火旺",这位从大学里走出来的烧烤老板,也成为当地非常有名的烧烤师傅。于是"烟熏火燎的日子"成为家常便饭,平日里烤肉烤得流油,烧烤的铁钎天天在手里"翻云覆雨",烧烤店里每天的钱也源源不断。

然而好景不长。这个小店在廊坊市政规划中被列为广场建设用地,"拆迁"两个大字写在了自己烧烤店牌子的旁边,从此烧烤台的炉火再也没有点燃过。之后两三个月的时间,一直没找到继续开店的地点,王宇人生中的第一次"烧烤"也就此终结。

后来去广州,偶然的发现使王宇与"烧烤"真正地续下了缘分。广州的夜晚热闹非凡,晚上和朋友一起吃饭,精明的王宇没对所吃的食物打起兴趣,而对旁边一家烧烤店中的烧烤炉产生了兴趣。他发现这种燃气烧烤炉虽然笨重,但是烧烤时居然没有一点油烟,这和王宇过去在廊坊的烧烤店的那种烟熏火燎真是天壤之别。恍惚间这位曾经的烧烤老板看到了一个前所未有的商机。无烟烧烤明显优良于传统烧烤,如果能把这个产品拿来重新设计,使之变成轻巧、灵便的烧烤工具,再打造新概念推广上市的话,那市场大得连自己都不敢想,到那个时候,全国到处都是无烟烧烤的设备,不但挣钱,对环境也是一大贡献。于是在广州的那家无烟烧烤店,王宇狠狠吃了一顿,那种味道到现在他依然能在记忆中找到。

回到北京后,王宇开始琢磨烧烤的炉子,整天叮叮当当,打造着自己的烧烤梦想,模型做了不知多少个,图纸不知画了多少张,终于,一个既轻便又实用的无烟烧烤小吃车诞生了。

从那一年开始,这个烧烤小产品成就了王宇张狂的烧烤梦想。为产品投放广告,一开始去谈的时候开的是一辆破得不能再破的羚羊车,开到目的地第一件事情,不是谈业务而是去修车。两年后,羚羊换成了上百万的奥迪,而这个烧烤小吃车,两年间竟然卖出了两亿的利润。

王宇说自己"仿佛是和烧烤有缘",而他对"烧烤"两个字也有着独到的解释:有形的烧烤,是一种职业;而人生更重要的是要经历无形的烧烤,谁都越不过这个坎,只有在无形的烧烤中磨炼、坚持才会脱胎换骨,就像烤肉,炉火越旺,味道才会越香……

自此,一个对烧烤怀有莫名激情的王宇真正开始了自己的"烧烤"人生。

如今,王宇的烧烤已经在2007年获得"中华名小吃"称号,同时他还是中国烧烤行业协会的会员。他的无烟烧烤设备集烧烤、麻辣烫、铁板烧为一身,并获得国家发明专利;他自己发明的中药烧烤,夏天吃了不上火,还具有保健、凝神、静气的神奇功效;他还发明了啤酒烧烤,完全中和了羊肉的腥味,这两项发明创新目前已经获得国家专利受理证书。

王宇,一个从农村出来的大学生,目前已经在全国开了近3万家烧烤店,从烧烤小老板成为名副其实的大富翁。

(根据 https://www.sohu.com/a/240090007_117373 网页故事改编)

讨论问题:
1. 促使王宇大学毕业后创业的原因是什么?
2. 王宇第一次创业失败的根源是什么?怎样避免这样的失败?
3. 王宇是怎么迅速积累财富的?

任务1　认识和理解管理

任务1.1　管理定义

1. 认识管理

什么是管理？从字面上看，管理有管辖、处理、管人、理事等意，即对一定范围内的人员与事务进行安排和处理，但是，这种简单的字面解释是不可能严格表达出管理本身所具有的完整意义的。关于管理的定义，至今仍未得到公认和统一。长期以来，许多中外学者从不同的研究角度出发，对管理做出了不同的解释，其中较有代表性的如下：

有人认为管理就是确切地知道你要别人去干什么，并使他用最好的方法去干。在这里，强调管理就是效率，是协调团体的活动，以达到其共同的目标所努力的过程。

有人认为管理是所有人类组织（不论是家庭、企业或政府）共有的一种活动，这种活动主要由五项要素组成：计划、组织、指挥、协调和控制。所以，管理就是实行计划、组织、指挥、协调和控制。

有人认为管理就是由一个或更多的人来协调他人的活动，以便收到个人单独活动所不能收到的效果而进行的各种活动。所以，管理就是设计一种良好的环境，使人在群体里高效率地完成既定目标。在这里强调了协调的重要性以及人在管理中的重要性。

有人认为决策是管理的心脏，管理就是由一系列的决策组成，更确切地说管理就是决策。

有人认为管理就是一种实践，其本质不在于'知'，而在于'行'，其验证不在于逻辑，而在于成果。所以，管理的唯一权威就是成就。这里强调的是管理的实践特性和实用效果，避免了那种为了管理而管理的行为的发生。

有人认为管理还应当加入"创新"的功能，创新是当代管理和企业竞争的需要，是在技术革命浪潮中求得生存与发展的需要。的确，管理就是面对现实的一种挑战，但是，这种挑战又与常规的行为有所不同，它是运用智慧来解决现实的复杂矛盾。什么是智慧呢？这就是事物之间联系最短的路径，一般传统意义上的行为是有效的行为，但不一定是最合乎规律的行为，只有通过"创新"才能实现，因此，管理必然是一种创新。

还有人认为管理是同土地、劳动力和资本一样，是一种生产要素或资源。实际上，管理就已经成为社会发展不可或缺的最重要的因素，成也管理，败也管理说的就是指管理的重要性而言。

有人认为管理是通过其他人完成工作的艺术，或认为管理是这样一种活动，即它发挥某些职能，以便有效的获取、分配和利用人的努力和物质资源，来实现某个目标。

有人认为管理是指通过信息获取、决策、计划、组织、领导、控制和创新等职能的发挥来分配、协调包括人力资源在内的一切可以调用的资源,以实现单独的个人无法实现的目标。

综上所述,可见即使是管理专家,他们每一个人对管理的认识也是不同的,这说明了管理行为的复杂特性和人的认知差别影响。其实,管理的目的很简单,就是用最小的投入来获取最大的收益,但是,在管理的过程中往往因为很多具体问题的不确定性而很难达到这一目标。

2. 管理的定义

总的来看,迄今为止,管理还没有确切的定义。过于简单地认识管理,就会在管理过程中,因为事物的复杂和路径的不明确失去了管理的指导意义。但是,把管理作为一种包罗万象、面面俱到的知识或教条,就会脱离管理的现实环境,使管理行为趋向复杂,不能真正地解决问题。

上述定义从不同侧面揭示了管理的含义或管理的某一方面属性。我们可以概括为:管理是指人们为了实现某种预定目标而对组织内外资源进行计划、组织、指挥、协调和控制的综合性活动。管理是一种工作,要讲究工作的技巧和方法;管理是一种任务,强调目标和行动;管理是一种学问,是一种科学的知识体系,是管理实践经验的总结和升华,能用来指导管理实践;管理活动会形成特定的文化氛围,管理又是一种文化。

案例1-2:鲁滨逊是一位管理者吗?

鲁滨逊出生于一个体面的商人家庭,渴望航海,一心想去海外见识一番,他瞒着父亲出海去伦敦,不幸船在途中遇到风暴触礁,船上水手、乘客全部遇难,唯有鲁滨逊幸存,只身漂流到一个杳无人烟的孤岛上。他用沉船的桅杆做了木筏,一次又一次地把船上的食物、衣服、枪支弹药、工具等运到岸上,并在小山边搭起帐篷定居下来。接着他用削尖的木桩在帐篷周围围上栅栏,在帐篷后挖洞居住。他用简单的工具制作桌、椅等家具,猎野味为食,饮溪里的水,度过了最初遇到的困难。他开始在岛上种植大麦和稻子,自制木臼、木杵、筛子,加工面粉,烘出了粗糙的面包。他捕捉并驯养野山羊,让其繁殖。他还制作陶器等,保证了自己的生活需要。还在荒岛的另一端建了一个"乡间别墅"和一个养殖场。就这样,鲁滨逊在岛上独自生活了28年两个月零19天,后来还拯救了很多人,教会他们一些生存技能,并安排他们做事,并最终把这个荒岛变成了"幸福岛"。

(根据丹尼尔·笛福《鲁滨逊漂流记》故事改编)

讨论问题:鲁滨逊是一位管理者吗?

小 测 试

"一个和尚挑水吃,两个和尚抬水吃,三个和尚没水吃。"这句俗语给我们的启示是〔　〕

   A. 人多力量大

   B. 合作是共享的基础,没有合作就没有共享

   C. 合作就一定能成功

   D. 人都有依赖性

任务1.2 管理者

1. 管理者的定义

管理者(manager)是管理行为过程的主体,管理者一般由拥有相应的权力和责任,具有一定管理能力从事现实管理活动的人或人群组成。管理者及其管理技能在组织管理活动中起决定性作用。管理者通过协调和监视其他人的工作来完成组织活动中的目标。如企业的厂长、公司的经理、学校的校长、医院的院长以及各组织中的各级管理部门的管理人员等。

2. 管理者的类型

一个组织有各种类型的管理人员,可以按照不同的标准进行划分。

(1) 按照不同的管理层次,可以分为一线管理者、中级管理者和高级管理者。

一线管理者主要管理那些涉及生产产品以及提供服务的雇佣工人。其管理活动是把中层管理者的计划变成具体的作业计划,同时协调业务活动者的业务活动,经常被叫作主管。

中级管理者管理一线管理者的工作,其管理活动主要是把高层管理者的战略计划转变为可执行的行动计划,同时协调基层管理者的活动。通常有区域经理、项目经理、策划经理等。

高级管理者是组织结构中的最高管理者,高级管理者有责任做出组织者的外部组织决定,设定计划及对组织有利的需要完成目标。经常被人们称作执行副总裁、总裁、总经理以及业务总裁等。高层管理者的任务是制定组织的目标,并通过促使组织目标的实现。

(2) 按管理工作的范围与管理者职责领域,可分为综合管理者和职能管理者。

综合管理者是指负责整个组织或部门全部管理工作的管理人员。他们是一个组织或部门的主管,对整个组织或该部门目标实现负有全部责任,拥有这个组织或部门所必需的权利,有权指挥和支配该部门组织或该部门的全部资源与职能活动,而不是只对单一资源或职责负责。

职能管理者是指在组织内只负责某种职能的管理人员。这类管理者只对组织中某一职能或专业领域的工作目标负责,只在本职能或专业领域行使职权、指导工作。职能管理者大多具有某种专业或技术专长。

(3) 按职权关系的性质,可分为直线管理者和参谋人员。

直线管理人员是指有权对下级进行直接指挥的管理者。他们与下级之间存在着隶属关系,是一种命令与服从的职权关系。这种命令式的职权关系自上而下,从组织的最高层,经过中间层,一直延续到最基层,形成一种等级链。直线管理人员的主要职能是决策和指挥。直线人员主要指组织等级链中的各级主管,及综合管理者。

参谋人员是指对上级提供咨询、建议,对下级进行专业指导的管理者。他们与直线管理人员的关系是一种服务与协助的关系,上级直线管理者通常授予参谋人员思考、谋划和建议的权利。参谋人员通常是指各级职能管理者。

3. 管理者的角色

个体在组织中通常会扮演不同的角色,这些角色例如学生、兄弟姐妹、雇员、志愿者等,不同的角色代表所期望的不同行为。管理者通常做什么,可以通过考察管理者在工作中所扮演的角色来恰当地描述。所谓管理角色,是指特定的管理行为类型。

(1) 管理者是具有职位和相应权力的人。管理者的职权是管理者从事管理活动的资格,管理者的职位越高,其权力越大。组织或团体必须赋予管理者一定的职权。如果一个管理者处在某一职位上,却没有相应的职权,那么他是无法进行管理工作的。韦伯认为管理者有三种权力:传统权力,传统惯例或世袭得来,比如帝王的世袭制;超凡权力,来源于别人的崇拜与追随,带有感情色彩并且是非理性的,不是依据规章制度而是依据以往所树立的威信;法定权力,法定权力即法律规定的权力,通过合法的程序所拥有的权力,比如通过直接选举产生的总统。

实际上,在管理活动中,管理者仅具有法定的权力,是难以做好管理工作的,管理者在工作中应重视"个人影响力",成为具有一定权威的管理者。所谓"权威",是指管理者在组织中的威信、威望,是一种非强制性的"影响力"。权威不是法定的,不能靠别人授权。权威虽然与职位有一定的关系,但主要取决于管理者个人的品质、思想、知识、能力和水平;取决于同组织人员思想的共鸣、感情的沟通;取决于相互之间的理解、信赖与支持。这种"影响力"一旦形成,各种人才和广大员工都会吸引到管理者周围,心悦诚服地接受管理者的引导和指挥,从而产生巨大的物质力量。

(2) 管理者是负有一定责任的人。任何组织或团体的管理者,都具有一定的职位,都要运用和行使相应的权力,同时也要承担一定的责任。权力和责任是一个矛盾的统一体,一定的权力又总是和一定的责任相联系的。当组织赋予管理者一定的职务和地位,从而形成了一定的权力时,相应地,管理者同时也就担负了对组织一定的责任。在组织中的各级管理人员中,责和权必须对称和明确,没有责任的权力,必然会导致管理者的用权不当,没有权力的责任是空泛的、难于承担的责任。有权无责或有责无权的人,都难以在工作中发挥应有的作用,都不能成为真正的管理者。

责任是对管理者的基本要求,管理者被授予权力的同时,应该对组织或团体的命运负有相应的责任,对组织或团体的成员负有相应的义务。权力和责任应该同步消长,权力越大,责任越重。比较而言,责任比权力更本质,权力只是尽到责任的手段,责任才是管理者真正的象征。如果一个管理者仅有职权,而没有相应的责任,那么他是做不好管理工作的。管理者的与众不同,正因为他是一位责任者。如果管理者没有尽到自己的责任,就意味着失职,等于放弃了管理。

(3) 管理者扮演着多种角色,这些角色又可进一步归纳为三大类:人际角色、信息角色和决策角色。人际角色直接产生自管理者的正式权力基础,管理者在处理与组织成员和其他利益相关者的关系时,他们就在扮演人际角色。人际角色又包括代表人角色、领导者角色和联络者角色。其中,代表人角色通常是组织的象征性首脑,需要履行一些法律性或社会性的例行义务(例如迎接来访者、签署法律文件);领导者角色负责激励下属,承担人员配备、培训以及有关的职责;联络者角色在组织内外建立和维护关系网络。

在信息角色中,管理者负责确保和其一起工作的人员具有足够的信息,从而能够顺利完成工作。由管理责任的性质决定,管理者既是所在单位的信息传递中心,也是组织内其他工作小组的信息传递渠道。整个组织的人依赖于管理结构和管理者以获取或传递必要的信息,以便完成工作。管理者必须扮演的信息角色,具体又包括监督者、传播者、发言人三种角色。其中,监督者角色寻求和获取各种内外部信息;传播者角色将从内外部获取的信息传递给组织的其他成员;发言人角色向外界发布组织的计划、政策、行动、结果等。

在决策角色中,管理者处理信息并得出结论。如果信息不用于组织的决策,这种信息就失去其应有的价值。决策角色具体又包括企业家、干扰对付者、资源分配者、谈判者四种角色。其中,企业家角色寻求组织和环境中的机会,制定"改进方案"等;干扰对付者角色是当组织面临重大的、意外的混乱时,负责采取纠正行动;资源分配者角色将金钱、设备、人员、时间等各种资源加以选择、分配,以满足组织内外的需求;谈判者角色在主要的谈判中作为组织代表,以达成默契,或者签订正式协议。

案例 1-3:管理者的一天

杨浩创办了一家中小规模的制造型企业。他今天刚上班,就遇到一起员工辞职的事情。销售部门的小张因为代表公司开会而耽误了一项业务,受到了主管的批评,觉得受了委屈,提出辞职。杨浩大致了解事情经过后,耐心安抚了小张,小张解开了疙瘩,撤回了辞呈。

小张一走,杨浩开始翻阅秘书送来的报告和报表,结果上个月的产品质量情况令他感到不安,他准备在第二天的生产质量例会上重点解决这个问题。

处理完报告和报表后,杨浩决定到车间巡视一下。在二车间的数控机床旁,发现小王和小李就谁先使用进口设备产生了冲突,杨浩当即给予了纠正。

下午2点,杨浩同人力资源部门经理商议几个重要部门主管的人选与考核制度。

下班时间到了,但杨浩丝毫没有回家的意思。明天上午他应邀去行业的一个联谊会做主题演讲,需要写好演讲稿。

(根据 https://max.book118.com/html/2020/0812/5104114300002330.shtm 改编)

讨论问题:

杨浩这一天中,体现了哪些管理者角色?

---

4. 管理者技能

管理者需要三种基本的技能或者素质,即技术技能、人际技能和概念技能。

技术技能(technical skills)是指熟悉和精通某种特定专业领域的知识,诸如工程、计算机科学、财务、会计或者制造等。对于基层管理者来说这些技能是重要的,因为他们直接处理员工所从事的工作。

人际技能(human skills)是指具有良好人际技能的管理者能够使员工对企业充满热情和信心,这些技能对于各个层次的管理者都是必备的。

概念技能(conceptual skills),是指管理者对复杂情况进行抽象和概念化的技能。运用这种技能,管理者必须能够将组织看作一个整体,理解各部分之间的关系,想象组织如何适应它所处的广泛的环境。对于高层管理者来说,这种技能是非常重要的。

不同层次的管理者,由于其工作内容的侧重点不同,其需要掌握的各项管理技能的程度也是不一样的。各个层次管理者需要掌握的各项管理技能的多寡大致如图1-1所示。

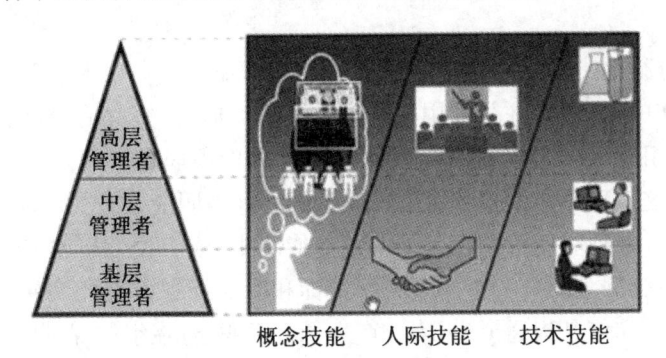

图1-1 管理者需要掌握的各项管理技能

案例1-4:管理者与操作者区别

明月和芙蓉都是韩国乐坊里的舞者,两人参加新一任行首大人的选拔赛,通过跳舞竞选新一任的行首大人职位。两人为准备选拔都付出了努力。芙蓉谦虚地求教于各位前辈,博取众家之长,精益求精;明月流浪民间,历经艰苦执着追求,领悟出舞者的禀赋在于感受生活,舞的精神体现在"于无声中感受音律"。比赛中,芙蓉凭借娴熟的功底,在乐手的伴奏中超越了各位前辈。而明月坚持不遵循传统,不需要乐手的音律伴奏,在无声中起舞。舞至高潮,全场的人均为她的舞韵所感动,乐手情不自禁跟着她的节拍奏起音律,终于获得全场的掌声,赢得了比舞。

难得的是,带头给明月鼓掌的正是明月的竞争对手——芙蓉。也正是芙蓉,在早期就发现了明月的舞蹈天赋,极力向行首大人推荐明月,允许明月在乐坊中跳舞,结果自己在舞蹈上输给了明月。

按照常规,新一任的行首大人,应由胜出的明月担任。出乎意料的,现任行首大人,却任命芙蓉担任新一任的行首大人。芙蓉自己百思不得其解,求行首大人收回成命。行首大人一语道破:明月的专长在跳舞,是一名非常杰出的舞者,不让她跳就是毁掉了一名杰出的舞蹈家,那就让她跳好了。芙蓉具有任人唯贤的公正心态。行首大人的职责,就是不断地发现新人,敢于让新人超越自己,没有宽大的胸襟是做不到的。

(根据http://www.chinavalue.net/Management/Blog/2010-3-26/306130.aspx改编)

讨论问题:

从管理者技能角度看,为什么芙蓉会胜出?

任务1.3 管理过程

管理是人们进行的一项实践活动,是人们的一项实际工作,一种行动。人们发现在不同管理者的管理工作中,管理者往往采用程序具有某些类似、内容具有某些共性的管理行为,即管理包括计划、组织、领导、控制四项活动,又被称为四项职能。

从理论上讲,这四项职能是按一定顺序发生的。计划职能是首要职能,因为管理活动首先从计划开始,而且计划职能渗透在其他各种职能之中,或者说,其他职能都是为执行计划职能即实现组织目标服务的。为了实现组织目标和保证计划方案的实施,必须建立合理的组织机构、权力体系和信息沟通渠道,因此产生了组织职能;在组织保证的基础上,管理者必须选择适当的领导方式,有效地指挥、调动和协调各方面的力量,解决组织内外的冲突,最大限度地提升组织效率,于是产生了领导职能;为了确保组织目标的实现,管理者还必须根据预先制订的计划和标准对组织成员的各项工作进行监控,并纠正偏差,即实施控制职能。可见,管理过程是先有计划职能,之后才依次产生了组织职能、领导职能和控制职能,体现出管理过程的连续性。

从管理实践来考察,管理过程又是一个各种职能活动周而复始地循环进行的动态过程。例如,在执行控制职能的过程中,往往为了纠正偏差而需要重新编制计划或对原有计划进行修改完善,从而启动新一轮管理活动。

1. 计划职能

计划是管理的首要职能,是在活动实施前,通过调查,预测未来,确定企业的发展方向、目标和方针,制定和选择方案。

计划职能的内容包括:调查、预测和决策;制定各项计划;制定实施计划的战略和策略。

2. 组织职能

组织职能指为实现企业的计划和目标,对企业的生产经营活动进行合理的分工和协作组合,合理地配备和使用企业各种资源。

组织职能的内容包括:建立组织机构并根据变化变革组织;划分职责和职权;合理配置各种要素。

3. 领导职能

领导职能就是管理者利用组织所赋予的职权和自身拥有的权利去指挥、影响和激励组织成员为实现组织目标而努力工作的具有很强艺术性的管理活动。

领导职能的内容包括:领导方式的选择;对下属的指挥、沟通和激励。

4. 控制职能

控制职能就是在计划和指令发出后,把执行的情况及时反馈回来,与原定的计划、指令相比较,发现差异,找出原因,及时采取措施并加以纠正,以确保计划目标实现的一类管理活动。

控制职能的内容包括:制定控制标准;选择控制方法;衡量实际效果;采取改进措施等。

案例1-5:扯皮

李董想先洗把脸清醒一下,然后再去主持一次会议,可还没等他走进会议室,门外便传来阵阵争吵声。

"今年我们部门人员最辛苦,为集团创造的效益也比其他部门要大……"

另一个声音马上响起:"你们部门所谓的辛苦,是因为你们的效率太低,而我们部门尽管加班时间不多,但却每次都提前完成工作任务。"

"好,现在开始开会。"李董知道,如果自己不发话,这压抑的气氛会一直持续下去,"今天的会议主题是本年度工作总结,希望各位踊跃发言。"

"那好,我就先介绍一下我们销售部今年的工作状况。"销售经理说,"今年的销售额总体上比去年有所增长,但增长速度放缓。主要原因有:第一,我们的产品过于单一,产品更新换代无法跟上,研发部所开发出来的新产品不能很好地适应客户的需求,产品落后于竞争对手;第二,我们的员工流失率过高,一些优秀的销售人员被竞争对手挖走后,一批客户也流失了,另外,新进员工不能马上承担起相应的职责;第三,我们的产品成本太高,在价格上没有竞争优势。我想,如果研发部、人力资源部、采购部、生产部等部门能把上述问题解决好,那集团的销售状况也不至于走到现在这种境地……"

研发部经理听到销售在指责研发部,马上予以反驳,"研发本来就是一项漫长的工作,需要在长时间的技术积累及充足的资金基础上进行创新。我们的研发费用仅为竞争对手的1/3,财务部还一再削减我们的预算。还有,近来研发部的几名优秀主管也跳槽了,而人力资源部招聘的新员工又无法马上充当'顶梁柱'。即便如此,我们的研发效率还是高于竞争对手。所以,产品滞后市场,主要是我们研发战略定位有问题,而且销售部并没有把客户的真实需求及时反馈,才是最根本的原因。话说回来,研发部只对产品负责,而不对市场负责。如果产品从诞生起就非常抢手,那还要你们销售部门干嘛?"

"是啊,我比较赞同研发经理的观点。"生产部经理附和道,"销售部是负责市场的,产品成本高的责任也不在我们生产部门。今年我们的产量同比增长了20%,加工成本与库存成本与去年同比却下降了5%。我们部门的员工流失率也比较高,新员工都没有经验,导致生产部整体效率的下滑。即便如此,我们仍然实现了20%的增产。如果人力资源部能将相关工作做好一些,我们的成绩会更突出。产品生产成本的增加是因为原材料的采购价格与去年相比上升了17%,我能有什么办法呢?"

"按你的意思就是我们采购部有问题啦?"采购部经理说道,"不错,采购价格与去年相比是提高了。全世界可供选择的供应商就那么几个,今年几大供应商同时宣布提价,我能有什么办法?你难道不采购吗?为了进一步巩固与几大供应商之间的关系,我们也曾经向财务部申请增加相应的交际经费,但财务部认为这不是正常的活动经费,一分钱也没给批。"

"难道大家认为这是财务部的过错吗?"财务经理话语中带着明显的不悦,"财务部是集团资金的管控部门,需要对集团的各种资金动向负责。你们总是抱怨财务部对你们的费用管得太严,抱怨这项或那项的经费没有批,可你们不问问自己,你们所申请的经费都符合集团的规定吗?今年各部门的费用明显增加,再加上采购成本的上升,直接导致了今年集团利润率的下降。我倒想问问各位,你们真是为集团在省钱吗?如果事情没做好,我想应该多从自身找原因,别什么事都拿资金匮乏当借口。"

"是啊,我也认为各部门应该从自身找原因,不要把问题的症结统统归咎于其他部门。"事已至此,人力资源经理也不再沉默,继续说道:"人员流失问题,首先与各部门是否能很好地管理与激励本部门员工有紧密的关系,为什么我们人力资源部没出现严重的人员流失呢?对于新员工,如果你们认为其能力不能满足岗位要求,那为何当初招聘的时候没提出来呢?这些员工可都是经过你们面试并同意之后才招进来的。如果现在把全部责任都推到人力资源部的头上,这不合理吧?"

……

一时之间,好不热闹。因为在表面看来,各部门都能在每次的争吵中找到理由,似乎是"公说公有理,婆说婆有理"。这使得李董非常困惑,也异常地气愤。

(根据http://www.chinavalue.net/Management/Blog/2010-3-26/306130.aspx改编)
讨论问题:
从管理过程来看,你认为该公司存在哪些管理问题?

任务1.4　管理对象

管理对象(manage object)也称为管理客体,是指管理者实施管理活动的对象。在一个组织中,管理对象主要是指人、财、物、信息、技术、时间、社会信用等一切资源,其中最重要的是对人的管理。相应地,按管理对象分,管理可以分类为人力资源管理、财务管理、物资管理、信息管理、技术管理、时间管理、金融管理、公共关系管理,等等。

1. 人力资源管理

"人"指被管理的生产人员、技术人员,以及下属管理人员,从长远的发展来看,还应包括预备劳动力的培养教育,以及整个人力、资源的开发利用。人是社会系统中最基层的子系统,是社会的细胞,高效能的管理应该使人尽其才,才尽其用,用人所长。

人是整个管理中最活跃、最能动、最积极的因素,组织活力的源泉在于脑力和体力劳动者的积极性、智慧和创造力。所以,管理的首要任务是对人的管理,通过对人的组织、指导和调节,去调动人的主动性、积极性和创造性,做到人尽其才。

管理者的责任就是帮助被管理者选择其在管理系统中的角色和掌握必要的知识、技能,让被管理者了解自己的位置、职能、权利和义务,并为被管理者的活动确定方向,引导他们去为实现管理系统的目标而努力。

人有精神,不是完全被动地接受管理。被管理者的思想观念、工作作风、行为准则如何,直接影响到管理活动的效果。因此不仅给予他们以优厚的物质待遇,更重要的是给他们一个宽松的创业、创新的环境,采取人性化管理。

在具体的管理活动中,如果管理者只满足于组织成员对管理系统的制度、秩序和组织纪律的遵守的话,那是一种消极的管理。积极的管理在于调动组织成员的积极性、主动性和能动性。这就要求管理者必须认识和理解组织成员的个性、社会性和能动性,并在这个基础上,根据人的不同情况进行管理,从而使对人的管理具体地落实到每一个人身上。

管理的基本任务是要协调人与人的关系、组织成员与组织目标的关系,创造有益于组织也有益于组织成员个人的环境,使管理系统的目标与组织成员个人的目标结合起来,充分调动起全体组织成员的积极性。

管理系统中人际关系的和谐是衡量管理者管理活动的标准,管理者只有做到如下几个方面,才能有效地协调人际关系:

(1) 善于不断地鼓舞组织成员的士气。管理者自己应当表现出坚定的实现管理系统目标的信念、坚持不懈的精神、百折不挠的意志,从而形成强大的人格魅力,以期对全体组织成员施加影响,激发组织成员的士气。

(2) 善于体察和引导组织成员的工作目的。组织成员的工作目的并不是整齐划一的,管理者有必要根据人们的不同需要来具体地实施管理,还需要积极地引导组织成员的需要,以便使其成为实现组织目标的动力。

(3) 创造良好的内部环境。管理者应当积极地创造一种可以保证组织成员心情舒畅的内部环境。

(4) 善于综合运用行政的、经济的、法律的和思想工作的手段去管好人和用好人。善于运用激励手段。

2. 财务管理

"财"包括经济和财务,是一个组织在一定时期内所掌握和支配的物质资料的价值表现。对财力的管理就应该按经济规律进行有效管理,使资金的使用保证管理计划的完成。

3. 物资管理

"物"指对设备、材料、仪器、能源以及物资的管理,使之物尽其用,提高利用率。

物是管理系统中的基础,一切管理活动必须建立在物质基础上和通过物质手段来实现。

在企业管理中,物主要是指生产资料、资金等;在行政管理中,主要是指行政机构本身和支持行政工作运行的物资设施等;在财务管理中,主要是资金等。

在不同的组织中,物的比重不同,像制造工厂等管理系统,物的因素所占比重较大,而文化、教育、社团以及公共管理系统,物的因素所占比重较小。

物的管理是对管理中所必需的各种物质要素的供应、保管、使用、维护、处理等。

4. 信息管理

"信息"是具有新内容、新知识的消息:在整个管理过程中,信息是不可缺少的要素,信息的管理是提高管理效能的重要部分。

在整个管理过程中,信息在决策、计划、组织和控制等每一个环节中都发挥着重要的作用。现代管理都非常重视对信息的管理,而且通过设置专门的管理信息系统来进行信息的收集和处理。

信息给管理以不断发展的模式,使之日臻完善;信息给人以智慧,激发其创造力。有以下公式:

信息＋管理＋人才＝最大的创造力

从这个公式可以看出,信息是促使发展的最优手段,信息在管理中起着举足轻重的作用。

5. 技术管理

科学技术是第一生产力。在知识经济时代,科学技术在一个组织的发展中起着十分重要的作用。现代组织尤其是现代企业必须加大科技投入,加强科技开发的力度,搞好技术改造,推进科技进步,建立自己的科技研发体系,搞好技术创新,形成企业的核心竞争力,才能够促进一个组织的可持续发展。

案例 1-6:何为企业最重要管理对象?

在美国,与"汽车大王"福特、"石油大王"洛克菲勒等大财阀的名字列在一起的,还有一个"钢铁大王"。卡内基钢铁公司通过白手起家建立成一个生产钢铁的大型钢铁联合企业而获得优势,且数十年保持世界最大钢铁厂的地位,几乎垄断了美国钢铁市场。卡内基与洛克菲勒、摩根并立,是当时美国经济界的三大巨头之一。从不名一文的移民到堪称世界首富的"钢铁大王",在功成名就后,他又将几乎全部的财富捐献给社会。他生前捐赠款额之巨大,足以与死后设立诺贝尔奖奖金的瑞典科学家、实业家诺贝尔相媲美,由此成为美国人心目中的英雄和个人奋斗的楷模。

当卡内基迈出进军钢铁业的第一步,就开始大胆引进最先进的生产技术和人才,大刀阔斧改进生产管理,不断地改进钢铁生产技术,降低成本,使自己一次一次走向成功。

到了19世纪末20世纪初,卡内基钢铁公司已成为世界上最大的钢铁企业。它拥有2万多员工以及世界上最先进的设备,它的年产量超过了英国全国的钢铁产量,它的年收益额达4000万美元。卡内基是公司的最大股东,但他并不担任董事长、总经理之类的职务。他的成功在很大程度上取决于他任用了一批懂技术、懂管理的人才。时至今日,人们还常常引用他的一句名言:"如果把我的厂房设备、材料全部烧毁,但只要保住我的全班人马,几年以后,我仍将是一个钢铁大王。"

他在成名之后,有新闻记者访问他,问他是怎样工作才有今天这样的成就。卡内基回答说:"我之所以能成功,有两个基本因素:第一,我自幼出生在贫苦之家,小时候常常吃饱了这一顿,不知道下一顿的食物在哪里?我晚上常听见父母为了应付面对的穷困而叹息。所以我从小就力求上进与发奋,决心到长大之后要从我手中击败穷困。第二,凡事不论大小,都要认真地去做。我12岁时做过纺织工人,我努力地要把纱纺做好。后来我又做过邮差,我尽量记住我那邮区里每户人家的姓名、住宅外貌,到后来几乎我每一家都熟识了。努力把每一件小事情认真做好,以后才有人敢把大事情放心地交给你了。"

(根据 http://www.chinavalue.net/Management/Blog/2010-3-26/306130.aspx 改编)

讨论问题：
如何理解卡内基说的一句话："如果把我的厂房设备、材料全部烧毁，但只要保住我的全班人马，几年以后，我仍将是一个钢铁大王"？

任务 1.5　管理特点

1. 管理的二重性

案例 1-7："6S 大脚印"

你知道 6S 管理吗？

海尔每天下班前要召开班后总结会，如果有谁违反了 6S 中的任意一条，就要站到这两个大脚印上，自我反省，接受大家的批评，并听取大家的建议，通过这种负激励，有效地规范了员工的行为。作为一种有效的现场管理方法和优秀的企业文化，"6S 大脚印"方法不仅在海尔的中国工厂全面推广开来，同时也在海尔的海外工厂得到了实施。

但是，这样一套在海尔国内工厂行之有效的办法，在美国却遇到了执行上的困难，美国的员工根本不愿意站在大脚印上充当"反面教员"。

于是，"6S 大脚印"这种富有特色的海尔管理方法在漂洋过海之后开始了它的本土化演进，每天只是由工作表现优异的员工站在 6S 大脚印前面向同事们介绍经验。

（案例来源：https://max.book118.com/html/2019/0317/8027053026002013.shtm）

讨论问题：
为什么海尔的"6S 大脚印"到了美国"水土不服"，需要做出一些调整呢？

一个组织成功的经验，在另一个组织则不一定能成功，所以组织的管理者就管理的范式完完全全生搬硬套是行不通的，特别是对于创业者而言，更应该清醒地认识到管理的二重性。

（1）自然属性。管理是人类社会活动的客观需要，也是社会劳动过程中的一种特殊职能。自然属性体现了管理活动的结果通常不因生产关系、社会制度和社会文化的变化而变化，只与生产力发展水平相关的属性。

（2）社会属性。不同的生产关系、不同的社会文化都使管理思想、管理目的以及管理的方式方法呈现出一定的差别，从而使管理具有特殊性和个性，这就是管理的社会属性。

2. 管理的科学性和艺术性

管理是一门科学。它是对社会生产时间中管理活动规律的总结。管理科学揭示管理的规律性，对管理者的管理活动予以普遍性指导，使管理成为规范化的理性行为。掌握了系统的科学的管理知识，就有可能对组织中存在的问题提出可行的、正确的解决办法。管理的科学性要求人们重视管理理论和知识的学习。

管理又是一门艺术。管理是以人为中心的管理,管理活动自始至终,在每一个环节上都是与人打交道的,管理的核心是处理组织中的各种人际关系,而不同的人的心理特点和素质各不相同,组织面临的环境又复杂多变,这要求管理者能审时度势,随机应变。因此,管理体现出高超的艺术性。管理的艺术性说明理论不是万能的,管理工作要做到卓有成效,除了要有理论知识,还要重视实践,在实践中提高管理的艺术水平。

因此,管理应该是理论与实践的统一,是科学与艺术的统一,偏颇任何一方面,都是不应该的。

案例1-8:"闲可钓鱼"与"无暇吃鱼"

(1) "闲可钓鱼"的王业震

新港船厂是一家较为大型的企业,王业震担任该厂厂长。该厂有职工6500人,固定资产1.2亿元。在日常工作中,王业震规定,上级不可越级指挥,但可越级调查;下级不可越级请示,但可越级投诉。明确每个人只有一个直接上级,而每个上级直接管辖的下属为3~9人。归厂长王业震本人直接领导的只有9人。此外,专设3个"厂长信箱",随时了解职工的意见和建议。一次,某车间工人来信反映某代理工段长不称职,王业震于第二天收阅后批转有关部门查处,经调查属实,随即做人事调整,前后仅5天时间。该厂还对会议做了改革。全厂必须召开的15个例会,时间、地点、出席人员都通过制度固定下来。一般会议不超过2小时,每人发言不超过15分钟。王本人每周只召集2次会议:厂长办公会和总调度会。王业震基本上按时上下班,很少加班加点。每逢出差外出,他就委托一位副厂长代行职权。厂里曾经委派一位中层管理人员去日本监造主机,临行前又明确授权让他一并购买主机控制台用的配件。那人到日本后,却接连就价格、手续、归期等事项挂国际长途电话向厂里请示。王业震的答复是:将在外,君命有所不受。你是厂里的全权代表,可以做主,不要遇事请示,那里的事你相机定夺嘛。今后再打电话来,电话费由你自己付。

在王业震领导下,该厂事业蒸蒸日上。

(2) 无暇吃鱼的步鑫生

海盐衬衫总厂从一个仅有30多名职工的合作社性质的小厂,发展到1983年拥有固定资产净值107万元,600多名职工,当年工业总产值1028万元,实现利润52.8万元。厂长步鑫生可谓功不可没。

步鑫生为厂里大大小小的事情操心,可谓"殚精竭虑""废寝忘食"。他性喜吃鱼,却忙得连吃鱼也顾不上了。有一次,食堂里没有别的菜,只有鱼。鱼颇鲜美,正合口味,可是他只吃了几口,因为太费时间,张口将未及咀嚼的鱼连肉带刺吐了出来,三口两口扒饭下肚,急匆匆地走了。他每天工作十五六个小时,从不午睡,每次出差,都是利用旅途小憩,到达目的地立即投入工作。

步鑫生常对厂里职工说:"上班要拿出打老虎的劲头。慢吞吞,磨蹭蹭,办不好工厂,干不成事业。"他主持制订的本厂劳动管理制度规定:不准迟到早退,违者重罚。有位副厂长从外地出差回来,第二天上班迟到了3分钟,也被按规定扣发工资。以1983年计,全厂迟到者仅34人次。步本人开会、办事分秒必争,今天要办的事绝不拖到明天。在他的带动下,全厂上下形成了雷厉风行的作风。只要厂内广播一通知开会,两分钟内,全厂30名中层以下干部凡是在厂的全都能到齐。开会的时间一般不超过15分钟。

进入1984年,在中国刮起了一阵"西装热"。步鑫生先是不为所动,继而办起了一个领带车间,最后终于做出了兴办西装分厂的决策。在与上级主管部门来人的一次谈话中,前后不过2小时,步鑫生做出了这一重大决策。副厂长小沈闻讯提出异议:"不能这样匆忙决定,得搞出一个可行性研究方案。"然而,这一意见被步厂长否定了。

1985年入秋,步鑫生被选送浙江大学管理专业深造。他并不因此而稍有解脱,企业严峻的经营状况令他放心不下。他频频奔波于厂校两地,在厂的日子远多于在校。半年之后,他退学回厂,决心以3年时间挽回企业的颓势。

仍然是精明强干的步鑫生,他的助手多数也很能干,只是当他从早到晚忙着处理厂里的大事小事时,他的助手似乎插不上手。步鑫生备尝创业的艰辛,终因企业濒临于破产窘境而被免去厂长之职。

"我没有预感到会有这个结局,"步鑫生这样说。他进而补充了一句:"我是全心全意扑在事业上的。"副厂长小刘也不讳言:"到现在为止,我敢说步鑫生仍是厂里工作热情最高的人。"

(案例来源:百度文库 https://wenku.baidu.com/view/f55f4b5cbe23482fb4da4c88.html)

讨论:

试分析两位企业成功管理与失败管理的根源是什么?

导入案例1-9

U公司和G公司

U公司是世界上效率最高的快递包裹服务公司之一。该公司雇用了15万名员工,每天将900万件包裹发送到全国各地和世界上多个国家和地区。他们的宗旨是在邮运业中办理最快捷的运送。公司的管理者系统地培训员工,使他们以尽可能高的效率从事工作。让我们来看一下他们的工作情况,公司的工程师们对每位司机的行驶路线进行了时间方面的研究,对送货、取货和暂停等各项活动都设立了工作标准。这些工程师们记录了通行、红灯、按门铃、穿过院子、上楼梯、休息和喝咖啡的时间,甚至包括上厕所的时间,然后将这些数据输入计算机中,从而给出每一位员工每天工作中的详细时间标准。员工必须严格遵守工程师们设定的程序。较高的效率为该公司带来了丰厚的利润。

而在硅谷的G公司是一家互联网公司,不断创新是该公司的生存法则之一,以工程师为主体是该公司人才架构的特色。公司倡导并鼓励一种创新、民主的企业文化。公司CEO的办公室和其他人的区别不大,只是位置稍微好一点;员工可以带孩子和宠物来公司上班;员工从来不必在乎早上闹钟会不会准时响起,他们可以悠闲自得地去上班;公司提倡的弹性工作制也不同于其他企业,他们充分相信员工,把工作时间的掌控权交给员工,由员工根据自己的喜好自由安排工作时间。

(根据王俊峰、李贺主编,上海财经大学出版社《现代企业管理》和陈传明、周小虎主编,机械工业出版社《管理学原理》相关案例改编)

讨论问题：
1. 这两家公司成功的基础分别是什么？
2. 你认为这两家公司的成功经验分别对于何种管理思想进行了验证？

任务 2　管理思想或理论

任务 2.1　人类古代管理思想

自从人类活动以来，就有了早期的管理实践活动，至今已有 6000 年的管理实践活动历史。

1. 西方古代管理思想

埃及在公元前 5000 年到 525 年期间建造了大批金字塔，巨大的方石如何采集、搬运、堆砌，众多人员如何安排吃、住、行等，都对计划和管理能力提出了很高的要求。罗马帝国强盛时期的疆域，西起英国，东至叙利亚，包括整个欧洲和北非，人口约 5000 万。这个庞大帝国的统治为后人提供了许多分权和集权等管理方面的经验。

2. 中国古代管理思想

中国古代管理思想博大精深，虽然没有形成完成的体系，但毕竟是我们先人深深思考的结果，我们承认其在认知上存在某种不足，但也绝对不是一无是处，因此，在对待我国传统管理思想的问题上，我们要保持理想，取其精华而去其糟粕。

《周礼》《墨子》《孙子兵法》等对于计划、组织、指挥、用人等，都有不少适用于今天的精辟见解。《论语》《孙子兵法》《老子》《三国演义》今天已经成为日本、韩国等国企业家的必读之书。

中国古代的管理思想及理论框架基本形成于先秦至汉代这一时期，主要体现在先秦到汉代的诸子百家思想中，如儒家、道家、法家、兵家、商家等。许多古代经典著作，如《论语》《道德经》《孙子兵法》《九章算术》《三国演义》《红楼梦》等，充分反映了我国古代成功的管理思想和经验。《老子》主要体现了管理者的权变谋略和在管理过程中的境界、素质及管理原则的思想；《孙子兵法》主要体现了管理者在人事、决策、环境、组织等方面的战略思想；《韩非子》主要体现了管理者的统御谋略思想；《论语》《孟子》《荀子》主要体现了管理者如何处理人际关系的谋略思想；《三国演义》主要体现了管理者的创造性管理思维；《红楼梦》主要体现了管理者以法治家的时效管理思想；而《九章算术》则是我国古代培训管理人员及供他们日常应用的手册，其中三分之二的题目可与财政或工程官员职能相对应，堪称两千年前世界管理数学之最。

从宏观的角度看,中国古代管理思想大致可分为三个部分:治国、治生和治身。治国主要是处理整个社会、国家管理关系的活动,即"治国之道"。它是治理整个国家、社会的基本思路和指导思想,是对行政、军事、人事、生产、市场、田制、货币、财赋、漕运等方面管理的学问;治生是在生产发展和经济运行的基础上通过官、民的实践逐步积累起来的,它包括农副业、手工业、运输、建筑工程、市场经营等方面的管理问;治身主要是研究谋略、用人、选才、激励、修身、公关、博弈、奖惩等方面的学问。

案例 1-10:吴宫教战

孙子武者,齐人也。以兵法见于吴王阖庐。阖庐曰:"子之十三篇,吾尽观之矣,可以小试勒兵乎?"对曰:"可。"阖庐曰:"可试以妇人乎?"曰:"可。"于是许之。出宫中美女,得百八十人。孙子分为二队,以王之宠姬二人各为队长,皆令持戟。令人曰:"汝知而心与左右手、背乎?"妇人曰:"知之"。孙子曰:"前,则视心;左,视左手;右,视右手;后,即视背。"妇人曰:"诺。"约束既布,乃设鈇钺,即三令五申之。于是鼓之右,妇人复大笑。孙子曰:"约束不明,申令不熟,将之罪也。"复三令五申而鼓之左,妇人复大笑。孙子曰"约束不明,申令不熟,将之罪也;既已明而不如法者,吏士之罪也。"乃欲斩左右队长。吴王从台上观,见且斩爱姬,大骇。趣使使下令曰:"寡人已知将军能用兵矣。寡人非此二姬,食不甘味,愿勿斩也。"孙子曰:"臣既已受命为将,将在军,君命有所不受。"遂斩队长二人以徇。用其次为队长,于是复鼓之。妇人左右前后跪起皆中规矩绳墨,无敢出声。于是孙子使使报王曰:"兵既整齐,王可试下观之,唯王所欲用,虽赴水火犹可也。"吴王曰:"将军罢休就舍,寡人不愿下观。"孙子曰:"王徒好其言,不能用其实。"于是阖庐知孙子能用兵,卒以为将。西破强楚,入郢,北威齐晋,显名诸侯,孙子与有力焉。

(案例来源:《史记》)

讨论问题:
1. 孙子为什么开始训练时"三令五申之"?
2. 既然已经三令五申之,为什么妇人开始大笑不将之罪?
3. 吴宫教战对于现代企业管理有哪些启示?

任务2.2 西方古典管理理论

1. 泰罗的科学管理理论

被后人称为"科学管理之父"的弗雷德里克·温斯洛·泰罗(Taylor,1856—1915)出生于美国费城一个富裕的律师家庭。19岁时考上了哈佛大学,但因眼睛不好而被迫辍学。于是就进入了一家小机械厂当徒工。22岁时进入费城米德维尔钢铁公司,开始当技工,后来迅速被提升为工长、总技师,28岁时任钢铁公司的总工程师。他进行了一系列试验,系统地研究和分析工人的操作方法和劳动所花的时间,在此基础上逐步形成后来被称为"科学管理"或"泰罗制"的管理理论和制度。

(1) 搬运铁块实验。1898年,泰罗在从事管理研究时看到公司搬铁块工作量非常大,有75名搬运工人负责这项工作,把铁块搬上火车运走。尽管每个工人都十分努力,但工作效率并不高,每人每天平均只能搬运12.5吨铁块。泰罗经过认真观察分析,最后测算出,一个好的搬运工每天应该能够搬运47吨,而且不会危害健康。

泰罗首先科学地挑选工人,并进行了培训。经反复挑选,他找到的这个人是个大块头、强壮的荷兰移民,叫施米特。泰罗用金钱激励施米特,使他按规定的方法装运生铁。泰勒的一位助手按照泰罗事先设计好的时间表和动作对这位工人发出指令,如搬起铁块、开步走、放下铁块、坐下休息等。泰罗试着转换各种工作因素,试验了行走的速度、持握的位置和其他变量,以便观察它们对施米特的日生产率的影响。通过长时间的试验,这名工人平均每天工作量从原来的12~13吨猛增至每天装运48吨,工资也增加了70%,于是其他人也渐渐要求泰罗指导他们掌握新的工作方法。从这以后,搬运工作的定额就提高到了47.5吨。泰罗的这项研究把工作定额一下提高了将近三倍,工人的工资也有所提高。其间泰罗几乎完成了每一项重要工作的动作研究,为制定合理的工作定额打下了良好的基础。

(2) 铁砂和煤炭的铲掘实验。早先铲掘工人是自备铲子到料厂去干活的,用铲子去铲铁砂,每铲的重量太大容易疲劳;而用同一个铲子去铲煤则每铲的重量又不足。泰罗研究发现,当一个工人在操作中的平均负荷量大致是每铲21磅时,他就能干出最大的工作量。因此他在进行实验时就不让工人自己带铲子,而是准备了8~10把不同的铲子,每种铲子只适合于铲特定的物料,这不仅是为了使工人能平均铲掘达到21磅,也是为了使这些铁铲能适应若干的条件。为此他建立了一间大型工具房,里面存放着精心设计的各种工具。同时他还设计了两张有标号的纸卡,一张说明工人在工具房所领的工具和该在什么地方干活,另一张说明一天工作的情况,也就是一份工人干活的说明书,上面还记载着前一天的收入。在工人们取得白色纸卡的时候,工人就会明白一切正常,而当取得黄色纸卡的时候就意味着要加油干了,否则就要调离工作。泰罗这项实验主要是要表明"每一项简单的动作都隐含一种科学的成分"。

(3) 科学管理理论要点

① 科学管理的中心问题是提高劳动生产率。

② 为工作挑选"第一流的工人"。所谓"第一流的工人",是指那些自己愿意努力干,工作对他又适合的工人。泰罗还认为培训工人成为"第一流的工人"是领导方面的责任。

③ 要使工人掌握标准化的操作方法,使用标准化的工具、机器和材料,并使作业环境标准化,即所谓标准化原理。

④ 实行刺激性的工资报酬制度。

⑤ 为提高劳动生产率,工人和雇主双方都要来一次"精神革命"。雇主关心的是低成本,工人关心的是高工资,只要劳动生产率提高了,他们才可以都达到自己的目的。所以,双方必须变相互指责、怀疑、对抗为互相信任和合作。他们共同努力所创造的盈余足够给工人增加工资,并同样给制造业者增加利润。

⑥ 把计划职能与执行职能分开。

⑦ 用标准化的方法代替经验工作法。
⑧ 实行职能工长制。
⑨ 实行例外管理。例外原则,就是企业的高级管理人员把一般的日常事务授权给下级管理人员去处理,而自己只保留对例外事项的决策权和监督权,如有关企业重大政策的决定和重要人事的任免等。泰罗提出的这种以例外原则为依据的管理控制原则,后发展成为管理上的分权化原则和实行事业部制等管理体制。

案例 1-11:流水线生产的深思

流水线生产是泰罗科学管理原理的一种具体应用,但是在实际应用中也饱受争议。

美国电影艺术家卓别林主演的《摩登时代》的主人公叫查理,他是一家工厂流水线上的一名钳工,每天的工作就是拧紧螺母,单调而又疯狂的机械劳动使其精神失常,看见人的鼻子、纽扣等圆形的东西,就忍不住要用扳手拧紧。

(案例来源:卓别林主演影片《摩登时代》)

讨论问题:

1. 泰勒的科学管理理论是否存在缺陷?
2. 如果你是一名创业者,这个案例对你的管理理念有何启发?

---

2. 法约尔的一般管理理论

亨利·法约尔被后人称为"一般管理理论之父",他认为按照管理一般过程,管理职能包括计划、组织、命令、协调和控制。他还提出了著名的管理14条原则:

(1) 劳动分工原则(division of work)
(2) 权力与责任原则(authority and responsibilities)
(3) 纪律原则(discipline)
(4) 统一指挥原则(unity of command)
(5) 统一领导原则(unity of direction)
(6) 个别利益服从整体利益原则(subordination of individual interest to the general interest)
(7) 人员报酬原则(remuneration)
(8) 集权与分权原则(centralization and decentralization)
(9) 等级制度原则(line of authority)
(10) 秩序原则(order)
(11) 公平原则(equity)
(12) 人员的稳定原则(stability of tenure of personnel)
(13) 首创精神原则(initiative)
(14) 人员的团结原则(unity of personnel)

3. 韦伯的行政组织理论

马克斯·韦伯出生于德国一个有着广泛的社会和政治关系的富裕家庭,他在管理思想上的最大贡献是提出了"理想的行政组织体系理论"。因此他被后人称为"组织理论之父"其理论要点如下：

(1) 明确职权分工。

(2) 明确职权范围和协作形式。

(3) 职业管理人有固定的薪金作为报酬,绝大多数有权享受养老金,有明文规定的升迁制度。

(4) 人员的考评和培训。

(5) 在任何情况下,组织成员都要遵守规则和纪律,而不能受个人感情的影响。

(6) 组织中人员之间的关系是一种不受个人情感影响,完全以理性为准则的关系。

案例 1-12：金属切削实验

在米德维尔公司时,泰罗为了解决工人怠工问题,对金属切削进行了研究。在使用车床、钻床、刨床等机床切削金属时,无论何时都必须决定适用什么样的刀具、用多大的切削速度,以便获得最佳的金属加工效率。然而要确定这些要素多达12种变量,如金属的成分、工件的直径、切削的深度、进刀量等。这项实验非常复杂和困难,原来预计的6个月实际上用了26个年头,并花费了巨额的资金,耗用了80万吨钢材。最后在巴思和怀特等十几名专家的帮助下取得了重大进展。这项实验的成果形成了金属加工方面的工作规范,另一重要的副产品是高速钢的发明并取得了专利。

(案例来源：百度文库 https://wenku.baidu.com/view/252b7e32a32d7375a417800a.html)

讨论问题：

金属切削实验说明管理者应该采取哪些措施才能提高劳动生产率？

任务2.3 行为科学管理理论

古典管理理论的代表人物泰罗、法约尔、韦伯等,都把人看成是只为钱而干的"经济人",因此将问题的重点放在操作方法、规章制度、管理原则上,而对人的因素关心较少。但后来人们发现,单纯运用古典管理理论方法并不能始终有效地控制工人为提高劳动生产率和利润而努力,于是行为科学管理理论就应运而生了。

1. 霍桑试验

1924年到1932年期间,在美国芝加哥西部电器公司所属的霍桑工厂进行的心理学研究是由哈佛大学的心理学教授梅奥主持,史称霍桑试验。霍桑实验共分四阶段：

(1) 照明实验,时间为1924年11月至1927年4月。

当时认为影响工人生产效率的是疲劳和单调感等,于是当时的实验假设便是"提高照明度有助于减少疲劳,使生产效率提高。"可是经过两年多实验发现,照明度的改变对生产效率并无影响。具体结果是：当实验组照明度增大时,实验组和控制组都增产；当实验组照明度减弱时,两组依然都增产,甚至实验组的照明度减至0.06烛光时,其产量亦无明显下降;直至照明减至如月光一般实在看不清时,产量才急剧降下来。

(2) 福利实验,时间为1927年4月至1929年6月。

实验目的总的来说是查明福利待遇的变换与生产效率的关系。经过两年多的实验发现,不管福利待遇如何改变(包括工资支付办法的改变、优惠措施的增减、休息时间的增减等),都不影响产量的持续上升,甚至工人自己对生产效率提高的原因也说不清楚。

(3) 访谈实验。研究者在工厂中开始了访谈计划。此计划的最初想法是要工人就管理当局的规划和政策、工头的态度和工作条件等问题做出回答,但工人认为重要的事情并不是公司或调查者认为意义重大的那些事。访谈者了解到这一点,及时把访谈计划改为事先不规定内容,每次访谈的平均时间从三十分钟延长到1~1.5个小时,多听少说,详细记录工人的不满和意见。访谈计划持续了两年多。工人的产量大幅提高。

(4) 群体实验。梅奥等人在这个试验中是选择14名男工人在单独的房间里从事绕线、焊接和检验工作。对这个班组实行特殊的工人计件工资制度。实验者原来设想,实行这套奖励办法会使工人更加努力工作,以便得到更多的报酬。但观察的结果发现,产量只保持在中等水平上,每个工人的日产量平均都差不多,而且工人并不如实地报告产量。深入的调查发现,这个班组为了维护他们群体的利益,自发地形成了一些规范。他们约定,谁也不能干的太多,突出自己;谁也不能干的太少,影响全组的产量,并且约法三章,不准向管理当局告密,如有人违反这些规定,轻则挖苦漫骂,重则拳打脚踢。进一步调查发现,工人们之所以维持中等水平的产量,是担心产量提高,管理当局会改变现行奖励制度,或裁减人员,使部分工人失业,或者会使干得慢的伙伴受到惩罚。

案例1-13:态度实验

梅奥后期还对工人做了两万多人次进行态度调查,规定实验者必须耐心倾听工人的意见、牢骚,并做详细记录,不做反驳和训斥,而且对工人的情况要深表同情。结果产量大幅度提高。

(根据刘文端著,管理学家杂志社,《霍桑的访谈实验与心理学研究》改编)

讨论问题:

为什么调查小组只是倾听和记录了工人的诉说就使工人产量大增?

2. 霍桑实验结论

① 职工是"社会人";
② 企业中存在着"非正式组织";
③ 满足工人的社会欲望,提高工人的士气,是提高生产效率的关键。

案例1-14:"非正式组织"

在企业中,有因为共同的兴趣爱好而形成的趣缘群体,也有因价值观相似而形成的志缘群体,还有像校友和战友有类似的经历和社会背景的群体,这些都是企业中的"非正式组织"。"非正式组织"这个概念最初是由梅奥提出的。在企业中,除了正式组织外,实际上还存在着各种形式的非正式组织。正式组织只反映了组织成员之间的职能(或职务)关系,不能表现出他们之间的相互接触、相互作用的社会关系,而这种社会关系却时时都在影响着他们的行为,从而影响着企业的生产效率。所谓非正式组织是指那些无正式规定的、自发产生的,成员的地位与角色、权利和义务都不明确,也无固定编制的群体。在非正式群体中,起支配作用的价值标准是感情逻辑,要求每个成员都必须遵守基于成员之间共同感情而产生的行为规范。

讨论问题:
1. 这些非正式组织所存在的影响,对管理是利还是弊?
2. 如何管理这些非正式组织?

任务 2.4　现代管理理论

① 管理过程学派:创始人亨利·法约尔。该学派的主要特点是把管理说与管理人员的职能联系起来。他们认为,无论是什么性质的组织,管理人员的职能是共同的。

② 经验学派:代表人物德鲁克和戴尔。该学派主张通过分析经验(即指案例)来研究管理问题。通过分析、比较、研究各种各样成功和失败的管理经验,就可以抽象出某些一般性的管理结论或管理原理。

③ 系统管理派:主要代表人物卡斯特和落森茨。系统管理派认为,组织是由一个相互联系的若干要素组成,为环境所影响的并反过来影响环境的开放的社会技术系统。它是由目标和价值、结构、技术、社会心理、管理等五个分系统组织。必须以整个组织系统为研究管理的出发点,综合运用各个学派的知识,研究一切主要的分系统及其相互关系。

④ 决策理论学派:主要代表人物赫伯特·西蒙。决策理论学派认为,管理就是决策。管理活动的全部过程都是决策的过程,管理是以决策为特征的;决策是管理人员的主要任务,管理人员应该集中研究决策问题。西蒙将决策分为程序性决策和非程序性决策,他的研究重点放在非程序性化决策方面,提倡用电子计算机模拟人类思考和解决决策问题。

⑤ 管理科学学派:管理科学学派主张运用数学符号和公式进行计划决策和解决管理中的问题,求出最佳方案,实现企业目标;经营管理是管理科学在管理中的运用;信息情报系统就是由计算机控制地向管理者提供信息情报的系统。

⑥ 权变理论学派:该学派认为,由于组织内部各个部分之间的相互作用和外界环境的影响,组织的管理并没有绝对正确的方法,也不存在普遍适用的理论,任何理论和方法都不见得绝对有效,也不见得绝对无效,采用哪种理论和方法,要视组织的实际情况和所处的环境而定。

案例 1-15:冷冻食品厂出了什么问题?

李伟是一位冷冻食品厂厂长,该厂专门生产一种高奶油含量的冰激凌。在过去四年中,每年销售量都稳步递增,但今年情况发生了变化。到8月份,累计销售量比去年同期下降

17%,生产量比所计划的减少15%,缺勤率比去年高出20%,迟到早退现象也有所增加。李伟认为此情况可能与管理有关,他就此去请教管理专家。

(根据刘文瑞著,管理学家杂志社,《霍桑的访谈实验与心理学研究》改编)

讨论问题:

假若李伟分别去请教具有科学管理思想、行为管理思想、权变管理思想的三位专家,你认为这三位专家将如何诊断该厂的问题,他们各自会提出什么样的解决问题的方法?如果你是李伟,你将采取什么措施解决目前企业存在的问题?

导入案例1-16

"第一研究生面馆"

2013年12月24日,成都市一所高校食品科学系6名研究生自筹资金20万元,在成都著名景观——琴台故径边上开了家"六味面馆"。

第一家店还未开张,六位股东已经把目光放到了5年之后,一说到今后的打算,他们六位异口同声地说:"当然是开分店啦!今年先把第一家店搞好,积累经验,再谈发展。我们准备两年内在成都开20家连锁店,到时候跟肯德基、麦当劳较量。"

而后,由于面馆长时间处于无人管理和经营欠佳的状况,只能被公开转让。这家当初在成都号称"第一研究生面馆"的餐馆仅仅经营了4个多月,就不得不草草收场。

(案例来源:https://china.findlaw.cn/gongsifalv/zhaoshang/dongtai/20110311/42648.html)

讨论问题:

你知道应该如何创办及管理好一家企业吗?

任务3 中小微企业创业流程和创业管理

任务3.1 中小微企业创业流程

大多数创业者都会选择创办一家中小微企业,中小微企业是指中型、小型、微型三种规模类型的企业,具体标准结合行业特点,根据企业从业人员、营业收入、资产总额等指标制定。中小微企业管理机制灵活,是活跃市场经济的必然需要。虽然相较于大企业而言,中小微企业的管理复杂性较低,但在激烈的市场竞争环境中,中小微企业想要成功落地并发展壮大,对于创业者的管理素养和能力要求也是不小的挑战。首先,创业者需要了解如何创办一家企业,熟悉从商业机会的构思到形成新事业,直至新事业成长为成熟企业的整个流程。具体来说,创业流

程可分为创业认知、创业筹备和企业成立三个阶段,每个阶段还包含多项工作:

1. 创业认知阶段

创业者在此阶段主要是处于对创业的认知形成和能力积累阶段,明确"我是否适合创业"以及"适合的创业方式"等问题。创业者需要储备创业的相关基础知识,培养自身的创业能力;探索所处行业的发展与前景,评估创业机会;制定创业计划。

(1) 培养创业能力。对于每一位创业者而言,即使了解了一些商业知识或熟悉行业动态仍是不够的。要想成功地创办和管理一家中小微企业,创业者特别重要的创业能力包括:

① 项目管理能力:现实中,由于创业活动的盲目性导致资金周转困难的例子数不胜数,所以创业也是一个项目,要求创业者能够运用专门的知识、技能和工具,通过各种计划、组织、领导、控制活动的推进,在限定的资源条件内,使创业的项目能够实现或超过预期的目标。

② 计划决策能力:在激烈的市场竞争环境中,创业者的科学计划和果断决策,才能保障企业的可持续发展。

③ 商务谈判能力:在商业活动中,企业之间和利益相关者之间的谈判越来越多,对于初创者而言,提高商务谈判能力是企业赢得利润和发展空间的重要举措。

④ 危机管理能力:危机管理是为了应对突发的危机事件,尽量使损害降至最低点而事先建立的防范、处理体系和应对措施。成功的创业者不仅能够妥善预防和处理危机,而且能够化危机为商机。

(2) 评估创业机会。创业机会选择的基本原则是必须具有吸引力、持久性、适时性,而且这个机会所涉及的产品或服务必须能够为其购买者或最终使用者创造一定的价值。所以,建议创业者从市场吸引力、资源需求和获利能力三个方面对创业机会进行评价。

① 市场吸引力。市场对创业者的吸引力大小取决于市场规模的大小、市场结构分析以及商机持续时间长短等因素。通常,规模较大或正在成长中的市场,也会存在较多的商机;市场竞争越激烈,新创企业想要从中成功突围的难度就越大;而转瞬即逝的商机对于创业者挑战也会更大。

② 资源需求。即使是创办中小微企业,创业者也需要投入一定的资金、土地、技术、劳动力等资源,资源的需求越高对于创业者而言,投入、难度和风险也就越大。

③ 获利能力。一家企业未来有没有发展前景,看重的还是企业的获利能力。评估创业机会的获利能力主要是反映该创业机会能带来的经济回报情况的评价,常用的评价指标有毛利率、税后净利率、现金流、销售额增长率、投资回报率、投资回收期等。例如,毛利率反映的是利润在销售收入中的占比情况,比例越高,说明企业获利能力越强。

(3) 制定创业计划。"计划"作为管理的首要职能,是组织为了达成目标,确定实现目标的方法和具体的实施内容。创业活动也需要制定计划,创业计划的制定能够帮助创业团队把握创业思路,理清管理理念,明确目标,避免创业活动过程中可能存在的盲目性,使各项工作有条不紊、循序渐进地开展下去。

创业计划的书面文件通常体现为创业计划书。创业计划书描述创业的机会本质及创业者打算如何运用此机会创立自己的事业,并阐明了足以决定该事业成败的相关因素,还可以起到募集资金等作用。

> **案例 1-17：为什么要有创业计划书**
>
> 著名的创业投资家、仙童半导体公司的共同创始人、KPCB 公司的创始合伙人尤金·克莱纳(Eugene Kleiner)告诫创业者："在创业计划书的第一稿中，你完全不必想着怎么获得资金。应将计划过程用于判断企业是否会如你想象的那样好。问问自己是否真的愿意在一生中花上 5 年的时间来做这件事，你要记住，这会占用你人生黄金阶段时间的 10%，因此你要严肃地考虑创业经历究竟是否值得。"克莱纳还认为："即使你拥有所需的资金，你也应该写一份计划书来表明你将如何运营你的企业。如果没有计划书，你将不知道企业会向何处去，也无法衡量企业的发展进度。有些情况下，在完成计划书后，你可能会改变企业的运营方式，甚至放弃在此时进入某个领域的计划。"
>
> （案例来源：张帏、姜彦福. 创业管理学. 北京：清华大学出版社. 2018）
>
> 讨论问题：
> 根据克莱纳的建议，你能理解创业计划书的重要性吗？

2. 创业筹备阶段

在创业的筹备阶段，创业者需要组建起创业团队、筹集创业资金。

（1）组建创业团队。因为企业的创办者不可能万事皆通，他可能是技术方面的天才，但对管理、财务和销售可能是外行；他也可能是管理方面的专家，但对技术却无法精通。因此，组建一支才能互补的创业团队，对新创企业而言是十分必要的。当来自唱片工业的吉姆·利维于 1979 年创办游戏公司"活影"时，他很快招来另外四个创办人，他们都是资深的电子游戏设计师。活影公司得到了 70 万美元的风险资本，推出一款影像游艺机产品，风靡一时。在 1981 年，其销售额迅速达到 6000 万美元。利维说，如果他的班子里没有其他四个合伙创办人，他很难得到能确保活影公司开张的风险资本。

（2）筹集创业资金。任何创业活动都需要一定的资金支持。能否快速、高效地筹集到资金已经成了决定创业成败的关键性因素。创业资金需求量的估算通常考虑一次性投入的固定设施、设备投资、软件开发费用、开办费等；日常运营投入的采购费用、营销费用、人员薪酬福利、交通住宿、接待开支、设备维护、房屋租金、宽带费用、水电费用以及其他日常的办公费用；预备的用于涨价、损失、遗漏等各种意外支出的资金。

对于中小微企业的创业者而言，首先需要认识三个典型的资金筹集要点，一是启动资金的预测是创业筹资预测的核心，特别是对于需要大量启动资金的制造型企业而言，资金的预测要尽量准确；二是认识债务性融资的难度，新创企业由于没有历史信息、信用记录以兹考察，也没有资产提供抵押保证，债务性融资存在一定的难度；三是经营风险和财务风险的反向搭配战略，对于投资人而言，新创企业有着很高的经营风险，所以只有许以很高的投资回报才能吸引资金，这就大大增加了新创企业的融资成本。如果此时新创企业再以较大的比例进行债务性融资，那么会导致财务风险增加。所以，为了控制企业运营的风险，新创企业一般会遵循经营风险和财务风险反向搭配的战略，即在高风险的创业阶段较多地使用权益性资本以降低财务风险，从而实现控制总风险的目标。

其次，创业者还需要寻求筹集创业资金的渠道，具体介绍如下：

（1）自有资金。筹集自有资金是创业者自己出资或者从家庭、亲朋好友处筹集资金，大多数中小微企业的创业者都会靠筹措自有资金创办企业，这不仅是因为自有资金筹集最为快捷方便，还是创业者吸引来自其他渠道成员投资到本项目的基础。

（2）银行贷款。银行贷款也是新创企业非常重要的筹资方式。从目前的情况看，银行贷款有以下4种：

① 抵押贷款，指借款人向银行提供一定的抵押品作为物品保证的贷款方式。抵押品通常包括有价证券、国债券、各种股票、房地产，以及货物的提单等各种证明物品所有权的单据。

② 信用贷款，指银行仅凭对借款人资信的信任而发放的贷款，借款人无须向银行提供抵押物。

③ 担保贷款，指由借款人或第三方依法提供担保而发放的，并在必要时由第三人承担连带还款责任的一种贷款。

④ 贴现贷款，指借款人以未到期的票据向银行申请贴现而融通资金的贷款方式，信用关系简单。

（3）非银行金融机构资金。非银行金融机构资金是指信托投资公司、保险公司、租赁公司、证券公司、企业集团所属的财务公司等为企业提供的信贷资金投放，典型的是融资担保公司资金、典当行资金等。此类资金来源灵活多样，但筹资成本相对较高。

（4）政府扶持资金。我国各级政府对创业的重视程度越来越高，陆续出台一系列针对中小微企业创业和发展的优惠政策，包括各项扶持基金、中小企业创新基金、留学生创业基金等。

（5）天使投资。天使投资是股权投资的一种形式。20世纪90年代末，天使投资者就已经在我国出现了，参与者主要是对中国市场感兴趣的外国人和海外华侨、跨国公司在华机构的高层管理人员、成功的民营企业家以及其他成功人士。例如搜狐公司张朝阳从MIT斯隆管理学院的著名天使投资人爱德华·罗伯特教授和《数字化生存》的作者尼古拉·庞蒂等三人那里共获得了22.5万美元的创业资本；易趣的第一轮创业融资中，也有一部分来自天使投资人。

近年来，我国还出现了一些投资非常早期创业项目的专业投资机构，也被称为天使投资机构，如创新工场、真格基金等。一些创客空间、孵化器也开展早期阶段的投资。其实他们在运作模式上和传统意义上的创业投资机构区别不是很大。另外，随着互联网的发展，众筹也开始成为一些企业创业融资的方式。

3. 企业成立阶段

企业成立需要完成选择企业名称、选址、申办注册等工作。

（1）选择企业名称。最新修订的《企业名称登记管理规定》自2021年3月1日起施行。《企业名称登记管理规定》贯彻落实党中央、国务院关于深化"放管服"改革、优化营商环境的部署要求，充分尊重企业自主选择企业名称的权利，进一步释放企业名称资源，简化企业名称登记流程，降低企业开办成本，强化事中事后监管，维护企业合法权益和良好市场秩序。

《企业名称登记管理规定》规定企业名称应当使用规范汉字；每家企业只能登记一个企业名称，企业名称受法律保护；企业名称由行政区划名称、字号、行业或者经营特点、组织形式组成。其中，行政区划冠以本企业所在地县级以上行政区划的名称，例如常州市、武进区等;字号通常由两个及以上的汉字组成,是一家企业区别于其他企业的重要标志,例如红梅、欢庆等;行业特征主要反映企业经营活动所属国民经济的行业或企业经营特点的用语,例如餐饮、服饰等;除了依据《中华人民共和国公司法》申请登记的以外,其他企业的组织形式均不得申请为"有限公司(有限责任公司)"或"股份有限公司",可以使用"厂""店""馆""社"等。

企业名称是企业形象的首要元素,且不得有下列情形:

① 损害国家尊严或者利益;

② 损害社会公共利益或者妨碍社会公共秩序;

③ 使用或者变相使用政党、党政军机关、群团组织名称及其简称、特定称谓和部队番号;

④ 使用外国国家(地区)、国际组织名称及其通用简称、特定称谓;

⑤ 含有淫秽、色情、赌博、迷信、恐怖、暴力的内容;

⑥ 含有民族、种族、宗教、性别歧视的内容;

⑦ 违背公序良俗或者可能有其他不良影响;

⑧ 可能使公众受骗或者产生误解;

⑨ 法律、行政法规以及国家规定禁止的其他情形。

创业者在拟定好企业名称后,可以通过企业名称申报系统或者在企业登记机关服务窗口提交有关信息和材料,对拟定的企业名称进行查询、比对和筛选,选取符合本规定要求的企业名称。

(2) 为新创企业选址。在为新创企业选择地址的时候需要考虑的因素包括:劳动力条件(数量、素质)、自然条件(地理、气候)、交通运输条件、资源供给条件(对原材料的依赖,用量大小或可运性)、基础设施条件(交通、水、电、煤、通讯、三废处理)、能源供应条件、安全条件、产品销售条件、环境保护条件、科技依托条件、政治和文化条件等。

对于不同行业的企业而言,在选址时参考的主要因素或侧重点会有所不同:

① 制造企业选址须考虑因素。制造企业生产实物产品。如果创业者想要创办一家企业生产并销售日用品、化妆品、电子产品或家具等,那么选址时需要考虑的因素包括政策法规、基础设施条件、劳动力资源、接近于市场、接近于原料供应地、水电供应和物流运输条件等。

② 服务企业选址须考虑因素。服务企业通常提供服务或劳务。如房屋装修、邮件快递、搬家公司、家庭服务、法律咨询、技术培训等都是服务企业。服务企业选址须考虑的因素包括租金、人群密度、与顾客接近程度、聚集效应、交通条件、收入及消费水平、与竞争对手的相对位置等。

③ 贸易企业选址考虑因素。贸易企业从事商品的买卖活动,从制造商或批发商处购买商品,再把商品卖给顾客或其他企业。所有把商品卖给最终消费者的商店都是零售商,而批发商则是从制造企业购买商品,然后再转给零售商。如蔬菜、水产、瓜果、文具、日用品批发中心等都是批发商。贸易企业选址通常考虑的因素包括租金;城市商业条件,包括城市类型、设施建设等;人口因素,包括人口规模、人口年龄性别构成等;地段客流规律;交通条件;商业环境;城市规划等。

④ 农、林、牧、渔企业选址须考虑因素。这类企业利用土地或水域进行生产,种植或饲

养的产品多种多样,可能是种果树,也可能是养珍珠等,选址的因素包括地方优惠政策;当地的自然、社会和经济条件;周围环境的污染情况;当地劳动力资源;交通条件等。

综上,创业者在确定了创办企业的类型后,需要根据企业的特点以及对市场的要求为企业选址,并运用科学的方法决定创业企业的地理位置,使之与企业的整体经营运作系统有机结合,以便有效、经济地达到企业的经营目的。

(3) 新创企业的申办手续

工商部门 → 企业名称自主申报 → 工商部门 → 注册登记 → 公安局指定刻章处 → 刻制图章 → 银行 → 银行开户

图 1-2 企业申办流程图

① 企业名称自主申报。根据《国务院关于印发"十三五"市场监管规划的通知》(国发〔2017〕6号)等文件精神,冠以省及所辖市行政区划的市场主体名称,可以选择自主申报。创业者对拟定名称进行自主查询、比对、判断、申报,并承担法律责任。涉及工商登记前置审批的,可以选择到窗口进行名称预先登记。企业名称自主申报的受理机构是工商部门,实行分级管理,一般企业由所在市、县工商部门负责。

② 注册登记。企业办理注册登记手续时需要提交齐全的,且符合法定形式申请材料。合伙企业的办理材料包括《合伙企业登记(备案)申请书》、全体合伙人的主体资格证明、全体合伙人签署的合伙协议、全体合伙人对各合伙人认缴或者实际缴付出资的确认书和主要经营场所使用证明等。申请公司设立登记的办理材料包括《公司登记(备案)申请书》,公司章程(有限责任公司需由全体股东签署),法定代表人、董事、监事和经理的任职文件,住所使用证明等。

工商部门在收到创业者的申请材料后,将完成受理和审查工作,并做出准予登记决定或不予登记的决定。

根据新公司法,注册公司不再需要提交验资报告,大大降低了创业的门槛。然而,不需要验资并不是说注册公司就没有注册资金了。现在注册公司实行的是认缴申报制,就是把验资这个环节延后,可以先注册公司赚钱,运营赚钱之后再验资。

以前,在工商局注册登记后,创业者还要到国家质量技术监督部门领取组织机构代码(根据国家标准编制,并赋予每一个企业在全国范围内唯一、终身不变的法定标识),到税务机关进行税务登记。

2015年10月1日起,创业者只需前往工商部门领取加载有统一社会信用代码的营业执照即可,也就是原来的工商营业执照、税务机关税务登记证、质监局组织机构代码证,合并成为一张新的工商营业执照。上面标注有税务代码和组织机构代码,三张证简化为一张,节省了审批申办程序。

③ 刻公章。注册完成后,创业者还需要找公安局指定的刻章点刻印公章、财务章、合同专用章、发票专用章和法人章。实际工作中,公章等在办理其他手续时往往需要随身携带,要有保管和防范意识,以防因公章等丢失影响后续工作。

④ 开设企业银行账户。创业者还需要在企业所在地就近开设企业银行账户,是以企业

名称开立的,一般按用途分为基本存款账户、一般存款账户、专用存款账户、临时存款账户。特别需要注意的是,基本存款账户是存款人因办理日常转账结算和现金收付需要开立的银行结算账户,每家企业只能在银行开立一个基本存款账户,企业的工资、现金的支取只能通过该账户办理。

案例 1-18:新零售选址是门学问

无论是阿里旗下盒马等零售商还是以便利蜂为代表的新型便利店、无人货架,近年来,零售业兴起了一股新零售布局热潮。新零售精细化运营是一个系统工程,涉及线上线下的方方面面。以选址为例,不能简单地理解为抢占核心商圈。如果选址不到位,哪怕在后续运营中下再多功夫,也可能达不到预期效果。

在选址开店时,传统零售时代亘古不变的法则之一是"位置就是流量"。新零售时代,选址逻辑悄然发生转变。位置之于新零售的重要性较传统零售有所弱化,选址首先要考虑的是门店开给谁,流量因人群的不同而出现差异,常规操作是利用大数据技术事先摸底覆盖人群的消费特点,其次才是开在哪里,最后还要综合考量周边配套等因素。

盒马、便利蜂分别代表生鲜超市和新型便利店的两大新零售业态,透视它们的选址逻辑,你会发现,新零售背景下选址法则真的变了。

盒马选址的评判标准主要基于用户端数据,包括门店所在区域的用户密度、当地商业区基础,以及前期调研过程中的用户需求等。相比到店购物人群,盒马更看重配送范围内能否覆盖到足够用户量,只要周边3公里能覆盖到更多人口,所谓"黄金铺位"并非必要条件。

便利蜂在选址上,遵循同一区域密集开店的原则,主要得益于其三大优势:一是在一定区域内,提高品牌效应,与消费者建立信任度;二是集中一定范围,店与店的较短距离能提升物流和配送效率;三是广告和促销宣传更见成效。每个门店会根据地理特征、商圈情况、社区特征、客群构成、面积大小等因素,由系统匹配相应的运营模型,在选品、陈列上差异化经营。

(https://baijiahao.baidu.com/s?id=1647609562582260930&wfr=spider&for=pc)

讨论问题:

观察身边的新零售,你还能发现其他选址规律吗?

任务 3.2 中小微企业创业管理

很多中小微企业的创业者在创业阶段都会碰到一系列壁垒或困难,在运作、人员、资金等方面出现问题,这也就导致了不少企业刚成立不久,便由于能力有限而无法抵御内外部环境中的压力而不得以失败告终。所以,我们需要研究创业者作为企业管理层的创业行为,研究其如何持续注入创业精神和创新活力,增强创业管理的竞争优势。

在实施创业管理时,考虑到中小微企业的实际情况,通常存在以下几个方面的问题需要创业者注意:

首先,新创企业需要明确自己的角色,包括企业的定位和创业团队的角色任务,因为在角色到位和任务执行过程中,新企业容易出现问题,所以需要一定的学习成本。

其次,新创企业的团队成员之间需要磨合,因此会影响组织社会化的过程。且企业在和外界的沟通和贸易过程中,也会缺乏一个双方都接受的认知模式和信息结构体系,所以会造成新企业交易和沟通的成本较高的情况。

再者,新企业需要设计和实施一套完整的管理制度,这需要花费很大的精力,而且有可能会出现冲突和暂时无效率的情况,所以会在一定程度上影响企业绩效表现的稳定性。

最后,由于和市场、供应商等都没有确立稳定的联系,供应链上下关系也未完全打通,必然会使新创企业在市场竞争中存在弱势。

基于以上四个方面的问题,创业者在实施创业管理时,必须要冷静和清晰地制定、实施和调整相关的管理制度。

1. 确保新企业的合法性

企业的合法性对于其生存和发展而言是至关重要的,因为只有确保企业的合法性,才能证明企业在社会体系中的角色和活动是被认可的。对于大多数企业来说,至少可以通过两种方式来确保合法性:一是从内部调试自身的管理框架、资源配置等;二是利用外部资源,包括公关、广告等让企业得到所在的外部环境认可。具体来说,新创企业可以采取依从、选择和创造三种策略来获得企业的合法性。

(1) 依从制度环境。创业过程中,企业可以通过服从现有的制度要素所提出的各项要求来寻求合法性,即在开展新的业务或进入新的市场环境时,主动严格遵守既有的社会规范和认知,不违背约定俗成的规章制度,服从现有的各种制度要素的要求。这也是创业企业首选的策略,因为企业新进入某一地区或市场时,往往缺乏资源,同时影响力也比较小,所以很难对现有的制度结构发起挑战。采取服从制度环境策略,可以快速获取制度的合法性,打下资源基础,进一步提升新创企业的竞争能力。

(2) 选择制度环境。并非所有的企业都有足够的能力来约束自己的行为,去适应环境,选择对企业较为有利的经营环境也是可供选择的另一种策略。每家企业都面对着复杂的外部环境,在整体大环境下,企业的创业行为不一定被视为"合法"或"合规",但在某些细分的小环境中,却可能具有取得合法性的基础。采取选择制度环境策略的企业,就是要选择对自己最为友善的细分环境作为经营环境,从而获得合法性。例如,中小微企业需要跨地区经营时,创业者需要选择相对有利的地区。

(3) 创造制度环境。在个别极端的情况下,创业过程所面对的外部环境并没有现成的规律可循,新创企业想要获得合法性,必须通过自身主动创造一套为后来者所接受和遵守的合法性制度。例如苹果公司推出的 iphone 手机,在全世界范围内引起了一场手机革命,各大手机厂商纷纷效仿苹果手机的功能属性,这里苹果公司就创造了特有的行业规则及消费价值观。在所有的合法性获取策略中,创造制度环境是对外部环境改变最大,也是最难控制和最少采用的主动性获取方式。在特定环境下,新创企业可以改变现有的制度结构,创造出新的规则、规范、价值观和商业模式。

2. 造就成功的商业模式

商业模式,是企业价值创造活动的主要组成及其相互关系的整体逻辑分析框架。商业模式描述了企业所能为客户提供的价值,以及企业的内部结构、合作伙伴网络和关系资本等用以实现这一价值并产生可持续盈利收入的要素。

(1) 商业模式的基本要素。从企业创造价值的角度来看价值,商业模式的基本要素至少包括价值主张、目标客户与价值链。

① 价值主张:企业必须要有自己的产品与服务;
② 目标客户:这些产品与服务要能够卖得出去,即能够满足顾客的需求;
③ 价值链:企业必须建立一定的生产与销售体系。

显然,商业模式作为企业生存与发展的方式,还需要保证企业能从生产与销售这些产品中能够获利,支持自身的生存与发展,如果能够满足这一条件,才能叫作可盈利的商业模式。

(2) 成功的商业模式。对于创业者来说,如何创建能够在市场中取得成功的商业模式呢?

1) 专业化视角。从专业化视角分析,成功的商业模式需要具备以下三个属性:
① 差异化:强有力的差异化价值主张是实现增长和盈利的关键;
② 快速反应:企业组织必须能够感知客户和市场变化,并迅速做出反应;
③ 高效率:用灵活的方式调整成本结构和业务流程,以保持高生产率和低风险。

2) 独特性视角。另一种观点是考虑如何在多变的环境中保持独特优势,埃森哲咨询公司提出,成功的商业模式应当难以复制,至少应具有以下三个特点。

① 要能提供独特的价值:独特的价值表现为产品和服务独特性的组合,可以向顾客提供额外的价值,使得顾客能用更低的价格获得同样的,甚至更多的利益。

② 胜人一筹而又难以模仿的盈利模式:好的商业模式是很难被复制或模仿的,企业通过确立自己与众不同的商业模式,如对顾客的悉心服务、无与伦比的实施能力等来建立利润屏障,提高进入门槛,从而保证利润来源不受侵犯。例如,餐饮行业中的海底捞,细致周到的餐饮服务为企业赢得了竞争优势。

③ 成功的商业模式把盈利模式建立在对客户行为准确理解的基础上。

3. 将产品和服务成功推向市场

创业成功的标志就是成功实现产品和服务的销售。从创业者的角度来说,这其中涉及如何建立企业营销组织、如何寻找市场机会、如何分析创业市场、如何确立要进入的创业目标市场、如何制定营销策略、如何克服市场壁垒等问题。以下就新创企业如何进入市场等几个方面的创业管理内容进行介绍:

(1) 新创企业如何进入市场。对于新创企业来说,要想在市场竞争中获胜并长久生存下去,关键要具备善于发现各种商机和有效组织企业内外部资源的能力。新创企业为了成功进入市场,可以采用以下战略形态:

① 模仿战略。传统产业中新创的中小微企业若基本定位于产品市场的成熟期,则可以采用成为市场中跟随者的策略。企业对于投资研发新产品、新技术持谨慎态度,可以模仿市场上已有的产品或服务。

② 前摄战略。新创企业采用成为新兴市场中跟随者的策略,可以和其他先进企业达成战略合作,并利用其新技术,根据目标市场的需求加以调整,制造新产品,开发新市场,这种

战略成功与否取决于目标市场对新产品的需求潜力、市场的竞争程度、与战略合作者的合作情况及对方的可靠程度等。

③ 替代战略。在目标市场中,消费者难以购买高档产品的情况下,新创企业虽然在技术实力及创新能力上无法与大公司相比,但仍可以以制造成本低,但功能类似的产品满足顾客的需要。这样既提高了自己的竞争力,吸引到更多的顾客,又可以给顾客提供更实惠的价格。

④ 利基战略。拥有独特资源或技术的中小微企业可以打入大企业忽视或者不愿加入竞争的特定市场,为特定的消费者提供特殊的产品和服务,建构出较高的进入障碍,从而获取盈利。美国著名的黑人饶舌说唱歌手罗素·西蒙斯凭借自身在嘻哈文化中的影响力,以嘻哈文化为起点,于1992年推出了用自己昵称命名的嘻哈时装品牌——Phat Farm,目标顾客就是喜欢嘻哈文化的年轻人。

⑤ 早期跟随战略。在新兴产业中除技术创新、产品创新者外,新创企业如能迅速跟进,领会新技术并付诸实施,综合现有基础和新技术,使产品及时打入市场,往往能够得到快速的发展。

⑥ 创新战略。科技发明及其商业应用促成新产业及新产品的诞生,新创中小微企业在创造新市场和创新资源利用方式中也可以发挥突出的作用。在新的市场中,只有不断创新,并及时利用新技术为市场提供新型产品和服务,才能使自身具备强大的竞争能力。

(2) 新创企业进入市场的基本策略

1) 产品策略。创业者在制定经营策略时,首先要明确企业能提供什么样的产品和服务去满足顾客的要求,也就是要解决产品策略问题。产品策略通常是市场营销组合策略的基础。新创企业为了获得竞争优势,在生产、销售产品时所运用的一系列措施和手段,包括整体产品概念和品牌策略等。

① 产品整体概念。产品思维,是市场竞争环境下,对产品概念的深入理解。其中,产品概念的三层次理论,从三个层次较好地反映了消费需求的多层面性,特别是解释了消费需求的动机,以及实体产品与服务的不可分割性。核心产品是顾客购买的核心驱动,是产品的灵魂,是产品的使用价值或效用,是顾客真正购买或使用该产品的动因。形式产品是顾客购买的决定要素,是核心产品的具体表现形式,也是整个产品内涵的有形载体。附加产品是顾客购买的影响要素,即企业能提供的附加服务或利益,例如免费安装、检修服务等。

正确地认识和研究产品整体概念,可以科学引导新创企业根据顾客的需求,提供产品和服务。

② 品牌定位和保护。新创企业的产品和服务进入市场,制定什么价格,选用什么渠道,都要由品牌定位决定。品牌,是一个集合概念,包括品牌名称、标志和商标。随着市场竞争激烈化程度的加剧,企业不仅要时刻应对竞争者的挑战,而且还要加强对自身品牌的保护。

2) 制定合适的价格策略。新创企业由于缺乏管理经验和历史资料,在价格制定上会面临一定的难度。很多企业第一次定价最常犯的错误是定价过低,这可能是由于未能充分了解产品的制造和销售成本,或由于受一开始就降价竞争的诱惑。

新创企业在确定价格时要考虑许多重要的因素:

① 成本。成本是企业生产和销售产品(包括提供劳务)所发生的各种支出和耗费。在制定价格前核算成本的原因是利润是企业经营永恒的目标,在收入一定的情况下,成本越

低,利润空间就越大。

所以,创业者在核算成本时要确保已将产品制造与销售发生的全部成本都科学、合理地考虑在内,不能仅依赖"猜测"与"常规",而要准确地知道固定成本(房租、利息、人工成本等)是多少,以及单位变动成本(原料、辅料等)是多少。

② 消费者心理。通常情况下,价格属于"价值判断"问题,但消费者对价值的判断也可能与成本关系甚小或无关。例如,关注水质的消费者愿意以一瓶软饮料的价钱买一瓶水,现在纯净水更成了一种"奢侈品",相对高的价格也有助于树立品牌的形象。

③ 竞争因素。当新创企业在初创期的经营目标就是击败某个或某些竞争对手;或企业刚刚进入某一市场,对如何定价尚无经验;又或者新创企业经营的是大宗商品,价格只需随行就市等情况时,就可以以竞争对手的价格为依据制定本企业产品的价格。

3) 决定广告和促销的途径。新创企业必须利用有限的创业资源来提高企业在目标顾客心中的知名度。通过一定的媒体有计划地向公众传递有关产品、企业的信息,借以影响受众的态度,进而诱发或吸引其采取购买行动是一种最为有效,也最常见的促销方式,即广告。除此之外,企业常用的促销手段还有人员推销、公共关系和营业推广等。

① 广告。广告可以有效地引发消费者的消费欲望和兴趣。特别是对于新创企业来说,广告是最为直接有效的沟通和促销方式之一。新创企业在合理的预算范围内应做好广告目标决策、预算决策和媒体决策。其中,广告目标是企业借助广告活动所要达到的目的,不仅取决于企业整体的营销组合策略,还取决于企业面对的客观市场情况。广告可以帮助新创企业的新产品开拓市场,提高知名度,有效地唤起市场的初步需求,建立需求偏好。广告预算是企业为从事广告活动而准备投入的费用。广告的频率、产品的替代性、市场竞争的激烈程度、市场份额等因素都将决定预算的支出。企业还需要恰当的选择广告媒体,争取以最低的广告费用达到最佳的沟通目标。

② 人员推销。人员推销是企业利用推销人员推销产品,这是一种传统的、有效的促销方法,尤其是在工业产品的推销中,对于开拓市场、联络客户和扩大销售具有重要的作用。

③ 公共关系。公关将创业者或企业的良好形象向大众展示,成本相对较低,有时甚至无成本。而且由于树立的良好形象,大众能立即引起注意,并易于接受,有时比一般的广告更有效。美国肯特州有一家花店叫 Hop Shop,店主发现《时代》的专栏作家住在不远的地方,于是邀请这位作家到他的干花店,并提供 48 种不同的干花及照片。一个月后,在《时代》周六休闲版上一篇关于干花的文章发表了,这引来了 200 多位顾客垂询,还有远自新加坡的航空订单。这篇文章成为干花店最好的宣传材料。

④ 营业推广。在促销过程中,为配合广告宣传和人员推销,企业可以开展一些刺激中间商和消费者购买的活动。常见的营业推广手段包括优惠券、样品、赠品、退款优惠、有奖销售、现场的陈列和示范、折扣和减价等。

4) 决定销售渠道与销售方式。创业者还要研究如何将产品送到顾客手中,是派推销人员上门推销或以其他方式自销,还是通过中间商分销。如果决定通过中间商分销,企业还要进一步决定选用什么类型和规模的中间商。最后,在渠道终端完成销售,带动往返的资金流和物流,企业也因此获得利润和经营活力。传统的销售渠道只是完成销售的功能,但是现代的销售渠道还被赋予了营销推广的职能。所以对创业者来说,制定营销渠道决策也是一项重要的工作任务。

在这一决策过程中,创业者需要经过分析顾客需求、建立渠道目标、确定可供选择的主要渠道方案等几个阶段。

① 分析顾客需求。设计销售渠道的第一步,是要了解目标市场上顾客购买什么、通常在哪里购买和怎样购买,顾客的这些购买特点是对销售渠道服务水准的要求,这些要求通常表现在一次购买批量的大小、交货时间的长短、空间便利性、商品多样化和服务支持等方面。实际上,创业者要有效地设计渠道,不仅要考虑顾客希望的服务内容和水平,还要考虑渠道提供这些服务的能力以及费用。因为提高服务水平,意味着渠道费用的增加和顾客也要承受更高的价格。

② 确定营销渠道目标。渠道目标是在企业营销目标的总体要求下,所选择的销售渠道应达到的服务产出目标。这种目标一般要求所建立的销售渠道达到总体营销规定的服务水平,同时使整个渠道费用减少到最低或合理的程度。企业可以根据顾客需要的不同服务要求细分市场,然后决定服务于哪些细分市场,并为之设计选择最佳的渠道。

③ 制定可供选择的渠道方案。创业者在确定了目标市场和期望的服务目标后,必须明确选定几个主要的渠道方案。渠道选择方案通常涉及三个因素:

一是中间商的类型。如果没有合适的中间商,也可以采用直接销售的方式。信息沟通的日益方便及销售渠道费用的普遍上升,已经使直销渠道具备了良好的发展前景。而在某些场合,企业仍然要选择中间商为合作伙伴,从而克服在现代化社会大生产下产销在空间、时间、信息、价格、供求数量、花色和品种等方面存在的矛盾。

二是确定中间商数目。创业者必须确定在每一渠道层次中合作的中间商的数目,由此形成所选择取销售渠道的宽度类型,即密集式销售、选择性销售或是独家经销。密集式销售较多为日用消费品和通用性工业品厂家采用,批发商和零售商一般不愿分担广告费用,而要求厂家负担。厂家应考虑到这一情况,并仔细比较广告促销费用和销售带来的收益增加之间的大小关系。选择性销售多为信誉良好的企业和希望以某些承诺来吸引经销商的新企业所采用,由于经销商数目较少,企业容易和经销商形成良好的业务关系,从而有效降低成本。独家经销多用于汽车、大型电子产品和那些有特色的品牌产品的销售,通过授权独家经销,厂商希望销售活动更加积极并有的放矢,同时可能在价格、促销、信用和各种服务方面对经销商的政策加强控制。

三是规定渠道成员的条件与责任。创业者必须确定渠道成员的参与条件和应负担的责任。在交易关系中,这种责任条件主要包括价格政策、销售条件、中间商的区域权利,和各方应承担的责任。价格政策是由制造商制定出价格目录和折扣标准,制造商必须确保价格和折扣是公平合理的,也是中间商认可的。销售条件是指付款条件和制造商承诺,如对提前付款的中间商给予现金折扣,对产品质量的保证,对市场价格下降时的降价或不降价策略等。中间商的区域权利是渠道关系中一个重要的组成部分,中间商希望了解制造商将什么地区的特许经营权授予其他中间商,还希望制造商承认其特许经营范围内的所有销售业绩,制造商应对此一一加以明确。各方应承担的责任,通常应通过制定相互服务与责任条款来明确各方责任,对此必须谨慎行事,特别是在选择特许经销和独家代理经销的时候。服务项目和各自承担的责任应规定的尽量明确、具体。例如奶茶品牌一点点向其加盟店提供店面促销支持、文件保存系统、培训、通用管理和工艺支持等。相对地,加盟店必须达到有关的物质设备标准、统一的装修风格、保证维护品牌声誉、适应新的促销方案、提供所需信息及购买指定的食品原料等。

案例1-19：特斯拉为何拒绝交车

2020年7月,不少网友发现一家名为"宜买车旗舰店"的拼多多商家上线了特斯拉Model 3的"团购",特斯拉Model 3 2019款的拼多多补贴后秒杀价比官方报价便宜了两万。7月21日,特斯拉官方在微博发布了声明,大意是说,特斯拉并没有与宜买车或拼多多有任何合作,不对这次活动负任何责任。7月26日,特斯拉秒杀活动仍然按时进行,拼多多平台的商户"宜买车旗舰店"为秒杀成功的五名用户提供2万元的购车补贴。到了8月14日,据电商报的报道,一名参与到万人秒杀的特斯拉准车主提车被拒,特斯拉给出的原因是该用户违反了"禁止转卖"条款,特斯拉"怀疑此订单为拼多多或其他商家以您的名义下单。实际上构成向我司隐瞒真实下单信息,我司此前公告已经声明拼多多的该团购活动未经授权,您应当向付款购车的商家要求交付车辆或者退款。"

对于面向个人消费者的企业来说,因为个人客户分布在各地,如果所有的销售都是企业直销,那么就会错过大量的商机,所以很多企业都选择发展代理商、转售商、代办点等,通过这些营销合作伙伴发展业务。

但是,如果代理商破坏了企业的营销体系,渠道出现了串货和异地倾销,就会导致企业的整体利益受损。所以企业做渠道管理和生态规划时,为保障群体利益的最大化,要明确对合作伙伴的行为约束要求和条款。

(根据 https://www.sohu.com/a/413336005_114837 改编)

讨论问题：
1. 你是否支持特斯拉的做法？
2. 如果你是一名创业者,如何面对电商平台对本企业营销体系带来的冲击？

项目小结

1. 管理是人们为了实现某种预定目标而对组织有关对象进行计划、组织、指挥、协调和控制的综合性活动。

2. 管理者通过协调和监视其他人的工作来完成组织活动中的目标。管理者需要三种基本的技能或者素质,即技术技能、人际技能和概念技能。

3. 按照管理过程分,管理包括计划、组织、领导、控制四项职能。

4. 在一个组织中,管理对象主要是指人、财、物、信息、技术、时间、社会信用等一切资源,其中最重要的是对人的管理。管理是理论与实践的统一,是科学与艺术的统一。

5. 中国古代的管理思想集中体现在先秦到汉代的诸子百家思想中,如儒家、道家、法家、兵家、商家等。西方古典管理理论主要有泰罗的科学管理理论、法约尔的管理过程理论、韦伯的行政组织理论；梅奥等人的人际关系学说及以后的组织行为科学。第二次世界大战后,管理理论流派纷成,进入管理理论的丛林时代。

6. 中小微企业的创业流程通常可分为创业认知、创业筹备和企业成立三个阶段。

7. 创业者在实施创业管理时,要确保新企业的合法性,造就成功的商业模式,并将产品和服务成功推向市场。

思考与练习

1. 美国管理家彼得·德鲁克说过,如果你理解管理理论,但不具备管理技术和管理工具的运用能力,你还不是一个有效的管理者;反过来,如果你具备管理技术和能力,而不掌握管理理论,那么充其量你只是一个技术员。谈谈你对这句话的理解。

2. 案例讨论

案例:是裁员减薪还是增薪励志?

美国麦考密克公司有段时间不景气,最后陷入裁员减薪的困境,公司濒临倒闭的边缘。员工把死里逃生的希望全部寄托在新任总裁C麦考密克身上。他认为提高士气是振兴公司的根本。他对员工庄严宣布:本公司生死存亡的重任落在诸位肩上,希望大家同舟共济,协力共渡难关。从本月起全体员工的薪水每人增加10%,工作时间适当缩短。

绝路逢生的员工被新总裁的决心和决定所感动,士气大振,全公司共同努力,仅用一年时间就实现了扭亏为盈公司得救了。

(案例来源:https://www.freetiku.com/view-7-q5u3eTzAfPY1NqfS.html)

讨论:

美国麦考密克公司的起死回生给我们哪些管理上的启示?

3. 案例讨论

案例:西西弗书店的经营模式

贵阳西西弗书店提出把书店经营成一种生活方式模式。西西弗最先成立于遵义,1993年由几个年轻人创办,当时营业面积20平方米,随后发展成为具有十家连锁店的大型书店,以图书零售、批发为主,兼营文具、音像、咖啡,同时提供图书行业管理咨询服务。

西西弗书店的座右铭,感动过无数购书人:"背包太重,存吧! 站着太累,坐吧! 买了太贵,抄吧! 手弄脏了,洗吧! 您有意见,提吧!"

书店成立以来一直秉承"参与构成本地精神生活"的价值理念,以及"引导推动大众精品阅读"的经营理念,致力成为文化理想的主张者和行动者。

书店负责人说:"西西弗不仅仅是一个书店,还是读者在喧嚣与烦躁的背后一个心灵的港湾,我们为购书者提供图书的同时,也为他们提供阅读空间,让他们在读书的现场感中闻到书香,获得快乐。也就是说,我们在卖书的同时,还给读者提供阅读、交流和其他文化活动场所。我们更注重书店的社会功能,这就是西西弗不怕竞争,能够有非常忠诚读者的深层次原因。"

(根据司春林.商业模式创新.北京:清华大学出版社.2013改编)

讨论问题:

(1) 从经营模式的角度分析,西西弗和传统书店有何区别?

(2) 你能描述出西西弗的商业模式吗?

项目二

计　　划

课件及参考答案

能力目标

能够运用所学知识为某一专项活动做出合理的计划的能力;能够根据资料利用决策方法做出决策;能够根据目标管理的程序为组织制定并实施一个完整的目标管理过程的能力;能够为创业项目制定科学合理、内容翔实的创业计划。

知识目标

明确计划的概念及其在管理中的作用;熟悉计划的种类及其之间的相互作用;掌握决策方法;掌握目标管理的特点及其基本程序;理解创业机会的概念。

素质目标

理解企业的目标,以及有效地实现企业目标的方法;具备团队协作精神,理解创业团队的重要性。

导入案例2-1

有关行走的实验

曾经有人做过一个实验:三组人分别向着十公里以外的三个村子步行。

甲组不知道村庄的名字,也不知道路程有多远,只告诉他们跟着向导走就是了。这个组刚走了两三公里就有人叫苦,走了一半时,有些人几乎愤怒了,他们抱怨为什么要大家走这么远,何时才能走到,又走了一段路程,有的人甚至坐在路边,不愿走了。越往后,人的情绪越低,七零八落,溃不成军。

乙组知道去哪个村庄,也知道它有多远,但是路边没有里程碑,人们只能凭经验估计大致要走两小时左右。这个组走到一半时才有人叫苦,大多数人想知道他们已经走了多远了,比较有经验的人说:"大概刚刚走了一半的路程。"于是大家又簇拥着向前走。当走到四分之三的路程时,大家又振作起来,加快了步伐。

丙组最幸运,大家不仅知道所去的是哪个村子,它有多远,而且路边每公里有一块里程碑。人们一边走一边留心看里程碑。每看到一个里程碑,大家便有一阵小小的快乐。这个组的情绪一直很高涨。走了七、八公里以后,大家确实都有些累了,但他们不仅不叫苦,反而开始大声唱歌、说笑,以消除疲劳。最后的两三公里,他们越走情绪越高,速度反而加快了。因为他们知道,要去的村子就在眼前了。

(根据 https://www.docin.com/p-940436501-f3.html 网页故事改编)

讨论问题:

同样的目的地、同样的行走条件、同样的里程,为什么三组人的行为与心态明显不同?

任务 1　计划的含义

计划是管理的首要职能,是管理职能中一个最基本的职能。计划是任何一个组织成功的核心,它存在于组织各个层次的管理活动中。管理者的首要职责就是做计划,就是组织企业员工进一步理解企业的目标,以及有效地实现企业目标的方法。

任务 1.1　计划概述

1. 计划的概念

在日常生活、工作、学习中,我们常常会听到、看到或用到"计划"这个词,大到阿波罗登月计划,小到班级的春游计划乃至个人的学习计划,计划可谓无处不在。古人运筹帷幄、决胜千里、未雨绸缪等指的都是计划。"凡事预则立,不预则废",这个"预"字指的也是计划。

"计划"一词可以从两个方面理解:从名词意义上说,计划是指用文字和指标等形式表达的,在制定计划工作中所形成的各种管理性文件;从动词意义上说,计划是指为实现决策目标而制定计划工作的过程。

计划工作也有广义和狭义之分。广义的计划工作是指制定计划、执行计划和检查计划执行情况三个紧密衔接的工作过程。狭义的计划工作则是指制定在未来一定时期内要达到的目标,以及实现目标的途径。它使组织中各种活动有条不紊地进行的保证。计划工作还是一种需要运用智力和发挥创造力的过程,它要求高瞻远瞩地制定目标和战略,严密地规划和部署,把决策建立在反复权衡的基础之上。

我们主要指狭义的概念,它是指根据环境的需要和组织自身的实际情况,通过科学的预测,确定在未来一定时期内组织所要达到的目标以及实现目标的方法。计划工作就像一座桥梁,它是组织各个层次管理人员工作效率的根本保证,能够帮助我们实现预期的目标。

2. 计划的内容

计划工作的内容描述为"5W1H"(如图 2-1 所示):

What(what to do)—做什么?目标。明确计划工作的具体任务和要求,每一时期的中心任务、工作重点、活动内容和工作要求。

Why(why to do)—为什么做?原因。明确计划工作的宗旨、目标和战略,论证可行性,说明为什么做,原因是什么。

Who(who to do)—谁去做?人员。明确计划工作中的人员安排、部门安排、奖罚措施。

When(when to do)—何时做?时间。明确计划工作的开始时间、进度安排、完成时间,以便进行有效的控制和对能力与资源的。

Where(where to do)—何地做?地点。明确计划工作实施的地点、空间组织和布局。

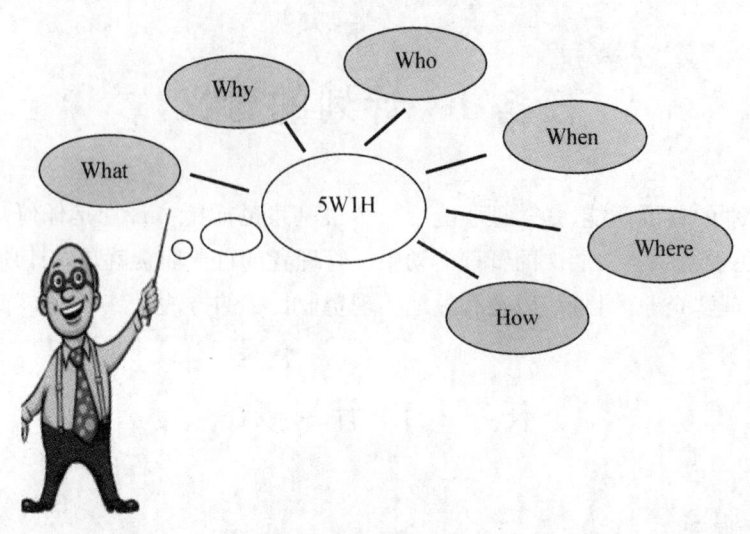

图 2-1 "5W1H"图示

How(how to do)——怎样做？手段。明确实施计划工作的手段、途径、主要战术、规则，对资源进行合理分配和集中使用,对人力、物力、财力进行综合平衡,说明计划工作的方式。

案例 2-2:A 公司的难题

A 公司是以设备产品生产和销售为主营业务的企业,公司销售有淡旺季之分,在春节前后,相关企业均减少对固定资产的投资。因此,春节前后公司订单相对较少,也就是经营淡季。在这个时期,虽然订单量较少,但每月不加班仍然完不成月初既定的生产计划,还出现了部分产品供货延误的情况。特别是在月底,哪个客户要得急,就先生产哪个客户的产品,造成很多客户都抱怨没有按期供货。

通过调查发现 A 公司生产计划工作存在很多问题,比如一些客户到了月底才将下月订单提供给公司,导致生产计划制定出来,这个月已经过去一周了。当一些客户在月度中间追加部分订单时,公司就调整其他客户产品的生产,紧急生产这些追加的订单,从而导致计划的执行率低。

从内部而言,没有完成生产任务。从外部而言,打乱了原有的生产计划,无法保证按期供货,造成客户的不满,甚至流失,给公司带来了一定的损失。

（根据 https://www.docin.com/p-940436501-f3.html 网页故事改编）

讨论问题:

为什么 A 公司会出现上述问题呢？

小 测 试

古人所说的"运筹帷幄",就是对[   ]职能的最形象的概括。

A. 控制　　　　　B. 计划　　　　　C. 决策　　　　　D. 指挥

3. 计划的类型

由于组织活动是多样和复杂的，使得组织的计划种类也很多，它们的重要程度也有差别。为便于研究和指导实际工作，有必要按不同的标准对计划进行分类（表 2-1）。

表 2-1　计划分类表

分类原则	计划种类	分类原则	计划种类
按计划的表现形式	宗旨	按计划范围的广度分类	战略计划
	目标		策略计划
	战略		作业计划
	政策	按组织职能分类	生产计划
	程序		供应计划
	规则		销售计划
	规划		财务计划
	预算		人力资源计划
按计划的期限	长期计划		……
	中期计划	按计划的明确程度分类	指导性计划
	短期计划		具体性计划

> **案例 2-3：中石化卖咖啡**
>
> 2019 年 9 月 3 日，中石化官方微信号发布微信称，中石化的加油站咖啡正式面市，中石化易捷全新品牌"易捷咖啡"首店落户苏州。
>
> 中石化拥有遍布全国 31 个省的 3 万多座加油站，3 万多家门店，这对任何一个零售业态来说都充满着想象和机遇。所以开在加油站里的"易捷咖啡"，咖啡名字也非常特别，主推 92#（黑白咖啡）、95#（时尚特饮）和 98#（精品系列）共 3 个系列的产品。
>
> （根据 https://www.docin.com/p-940436501-f3.html 网页故事改编）
>
> 讨论问题：
> 根据案例资料，指出中石化卖咖啡的战略计划、策略计划和作业计划分别是什么？

4. 计划的作用

在管理实践中，计划是对未来的部署，它为组织的发展提供了方向。计划是其他管理职能的前提和基础，并且还渗透到其他管理职能之中，它是管理过程中的中心环节。列宁指出过："任何计划都是尺度、准则、灯塔、路标。"在复杂多变和充满不确定性的组织环境中，一个科学、准确的计划，会减少各种变化所带来的影响，为管理者实现既定的管理目标起到事半功倍的作用。计划的作用主要体现在以下几个方面：

（1）计划可以预知未来的不确定因素，减少变化带来的影响。计划是面向未来的，但未来的组织生存环境又具有很大的不确定性。计划的重要性就是要充分分析并了解未来环境的变化规律和变化趋势,掌握未来组织可能出现的机会和面临的挑战,从而将不确定性降到最低限度。因此,这就要求管理者进行周密的预测,把计划做得科学、准确,才能变被动为主动,变不利为有利。首先需要选择实现目标的最佳方案,其次需要从空间上和时间上对计划的实施做出周密的安排。

(2) 有利于组织目标的实现。每个计划及其派生出来的计划,目的在于促使组织目标的实现。计划为组织确立了明确而具体的目标,并且选择了有利于组织实现目标的方案,计划工作可以使人们的行动对准既定的目标。由于周密细致、全面的计划工作统一了部门之间的活动,才使主管人员从日常的事务中解放出来,而将主要精力放在随时检查、修改、扩大计划上来,放在对未来不确定的研究上来。这既能保证计划的连续性,又能保证全面地实现奋斗目标。

(3) 计划工作设计了良好的工作流程,便于有效地进行管理。计划工作强调效率性。在具体的目标方案中,计划工作明确了组织中每个部门的职能分工,使得每个职能部门的工作能够协调一致,用均匀的工作流程代替不均匀的工作流程,从而有利于资源的合理配置;同时计划工作对人力、物力、财力和时间都做出了明确而具体的规定,保证人、财、物得到最合理的安排,使得经营活动的费用能够降低到最低限度。因此,计划工作能细致地组织经营活动,有效地提高组织的经济效益。

(4) 计划设立目标,有利于进行控制。计划和控制是一个事物的两个方面,没有计划的活动是无法控制的,可以说,计划是控制的基础。控制活动就是通过纠正计划的偏差使活动保持既定的方向,正是由于计划工作确定了目标,才使得控制职能能够将实际的业绩与计划目标进行对照,一旦出现重大偏差,可以及时偏差。因此,没有计划,也就没有控制。

案例2-4:小赵有计划吗?

个体户小赵得知销售某高档啤酒销售利润丰厚,就托关系以预付30%款项的方式从厂家批发5000箱。同时招一批推销员以每瓶2角的报酬组织促销队伍,并进行饮食店和宾馆代销。但因促销不力及市场变化等原因,2000箱啤酒积压在库房。小赵的爱人责怪他做事没有计划,小赵感到很委屈。

(https://www.baidu.com/link? url)

讨论问题:
1. 你认为小赵有计划吗?
2. 如果你是小赵,你会如何做?

任务1.2　计划编制

任何计划的编制过程都是相似的,依次包括以下内容:估量机会,确定目标,确定前提条件,拟定备选方案,评价各种备选方案,选择方案,拟定派生计划,编制预算。如图2-2所示。

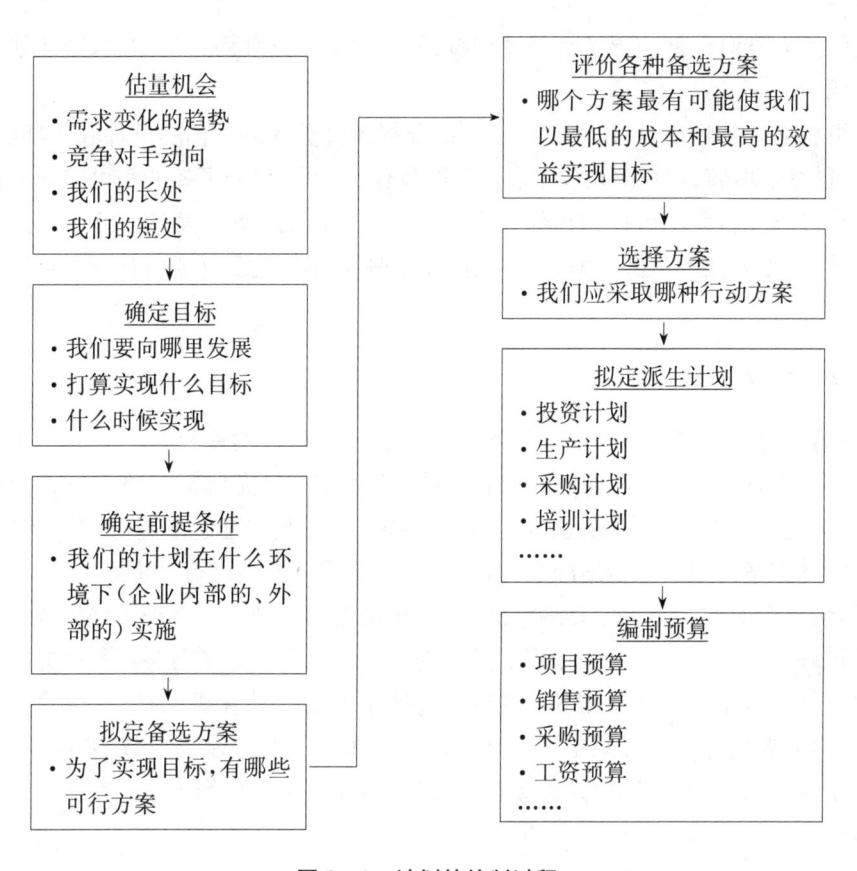

```
┌─────────────────┐              ┌─────────────────┐
│ 估量机会        │              │ 评价各种备选方案│
│ ·需求变化的趋势 │              │ ·哪个方案最有可能│
│ ·竞争对手动向   │─────┐        │  使我们以最低的 │
│ ·我们的长处     │     │        │  成本和最高的效 │
│ ·我们的短处     │     │        │  益实现目标     │
└────────┬────────┘     │        └────────┬────────┘
         ↓              │                 ↓
┌─────────────────┐     │        ┌─────────────────┐
│ 确定目标        │     │        │ 选择方案        │
│ ·我们要向哪里发展│    │        │ ·我们应采取哪种 │
│ ·打算实现什么目标│    │        │  行动方案       │
│ ·什么时候实现   │     │        └────────┬────────┘
└────────┬────────┘     │                 ↓
         ↓              │        ┌─────────────────┐
┌─────────────────┐     │        │ 拟定派生计划    │
│ 确定前提条件    │     │        │ ·投资计划       │
│ ·我们的计划在什么│    │        │ ·生产计划       │
│  环境下(企业内部│     │        │ ·采购计划       │
│  的、外部的)实施│     │        │ ·培训计划       │
└────────┬────────┘     │        │ ……             │
         ↓              │        └────────┬────────┘
┌─────────────────┐     │                 ↓
│ 拟定备选方案    │     │        ┌─────────────────┐
│ ·为了实现目标,有│─────┘        │ 编制预算        │
│  哪些可行方案   │              │ ·项目预算       │
└─────────────────┘              │ ·销售预算       │
                                 │ ·采购预算       │
                                 │ ·工资预算       │
                                 │ ……             │
                                 └─────────────────┘
```

图 2-2 计划的编制过程

1. 估量机会

对机会的估量,要在实际的计划工作开始之前就着手进行。它虽然不是计划的一个组成部分,但却是计划工作的一个真正起点。其内容包括:对未来可能出现变化和预示的机会进行初步分析,形成判断;根据自己的长处和短处搞清自己所处的地位;了解自己利用机会的能力;列举主要的不肯定因素,分析其发生的可能性和影响程度;在反复斟酌的基础上,下定决心,扬长避短。估量机会的一般依据有:市场因素、竞争环境、顾客要求、企业所处的地位优劣等。

2. 确定目标

所谓计划工作的目标,是指组织在一定时期内所要达到的效果。目标是存在的依据,是组织的灵魂,是组织期望达到的最终结果。在确定目标的过程中,要说明基本方针和达到的目标是什么,要告诉人们战略、政策、程序、规划和预算的任务,要指出工作的重点。

3. 确定前提条件

计划工作的第二步是确定一些关键性的计划前提条件,并使设计人员对此取得共识。所谓计划工作的前提条件就是计划工作的假设条件,换言之,即计划实施时的预期环境。负责计划工作的人员对计划前提了解得越细越透彻,并能始终如一地运用它,则计划工作也将做得越协调。

按照组织的内外环境,可以将计划工作的前提条件分为外部前提条件和内部前提条件;还可以按可控程度,将计划工作的前提条件分为不可控的、部分可控的和可控的三种前提条件。外部前提条件多为不可控的和部分可控的,而内部前提条件大多是可控的。不可控的前提条件越多,不肯定性越大,就越需要通过预测工作确定其发生的概率和影响程度的大小。

4. 拟定备选方案

"条条道路通罗马""殊途同归",都描述了实现某一目标的途径是多条的。在计划的前提条件明确以后,就要着手去寻找实现目标的方案和途径。完成某一项任务总会有很多方法,即每一项行动都有异途存在,这就是"异途原理"。方案不是越多越好,我们要做的工作是将许多备选方案的数量逐步地减少,对一些最有希望的方案进行分析。

通常,最显眼的方案不一定是最佳的方案,在过去的计划方案上稍加修改或略加推演也不会得到最好的方案。这一步工作需要发挥创造性。只有发掘了各种可行的方案才有可能从中选出最优的方案。计划工作者往往要通过数学方法和计算机来择优,排除希望最小的方案。但是,需要注意的是方案也不是越多越好。即使我们可以采用数学方法和借助电子计算机的手段,还是要对候选方案的数量加以限制,以便把主要精力集中在少数最有希望的方案的分析上面。

5. 评价各种备选方案

评价各种备选方案是按照前提和目标来权衡各种因素,比较各个方案的利弊,对各个方案进行评价。评价的实质是一种价值判断。它一方面取决于评价者所采用的标准;另一方面取决于评价者对各个标准所赋予的权数。显然,确定目标和确定计划前提条件的工作质量,直接影响方案的评价。因此,评价各种备选方案是计划的关键一步。在评价方法方面,可以采用运筹学中较为成熟的矩阵评价法、层次分析法以及在条件许可的情况下采用多目标评价法。

另外,评价方案要注意考虑以下几点:第一,认真考虑每一备选方案的制约因素和隐患;第二,要用总体的效益观点来衡量备选方案;第三,既要考虑每一备选方案的有形的可以用数量表示出来的因素,又要考虑到无形的不能用数量表示出来的因素;第四,要动态地考察备选方案的效果,不仅要考虑执行该方案所带来的效益,还要考虑执行该方案所带来的损失,特别应注意那些潜在的、间接的损失。评价方法分为定性和定量两类。

6. 选择方案

选择可行方案就是选择行为过程,正式通过方案。选择方案是计划工作最关键的一步,也是抉择的实质性阶段。在做出抉择时,应当考虑在可行性、满意度和可能效益三方面结合得最好的方案。有时我们在评选中会发现一个最佳方案,但更多的时候可能有两个或多个的方案是合适的,在这种情况下,管理者应决定首先采用哪个方案,而将其余的的方案也进行细化和完善,作为后备方案。被挑选出来的方案应采用文字形式,清楚地确定和描述 5W1H 内容,即 What(做什么)、Why(为什么做)、Who(谁去做)、Where(何地做)、When(何时做)、How(怎样做)。

7. 拟定派生计划

派生计划就是总计划下的分计划,也可称为辅助计划。其作用是支持总计划的贯彻落实。一个基本计划总是需要若干个派生计划来支持,只有在完成派生计划的基础上,才可能完成基本计划。而且,基本计划还需要派生计划的支持。比如,某一企业年初制定了"当年销售额比上年增长 15%"的销售计划,与这一计划相连的许多计划,如生产计划、促销计划等。再如,当某一企业开拓一项新的业务时,这个决策是制定很多派生计划的信号,比如雇佣和培训各种人员的计划、筹集资金计划、广告计划等。

8. 编制预算

计划工作的最后一步是把计划转化为预算,使之数字化。预算实质上是资源的分配计划。预算工作做好了,可以成为汇总和综合平衡各类计划的一种工具,也可以成为衡量计划完成进度的重要标准。

综上所述,计划工作就是在内外部环境分析的基础上,确定未来应达到的组织目标,并将组织目标具体化为行动方案。内外部环境的分析是计划工作的前提;目标管理是进行计划工作的主要方法和手段;决策是管理的基础,是计划工作的核心,也是主管人员的首要工作。

案例 2-5:悉尼歌剧院的曲折建筑史

悉尼歌剧院是澳大利亚的标志,是著名的旅游胜地和艺术中心。悉尼歌剧院最初的设计构想是由丹麦建筑师 Jorn Utzon 提出来的,当时评委从 11 个国家的 233 份参赛作品中,确定这名丹麦建筑师的作品为最佳参赛作品。但当时它只是一个简单的草图,没有规划,也没有效果图。随后的任务,就是怎样把构想图变成建造的设计图,但是这位建筑师没有设计和建造这样规模宏大的建筑物的经验,也缺乏对原材料估价的经验,因此他对项目的造价没有任何概念。

尽管有很多不确定因素,这个项目最终还是立项了。政府对这个项目的成本预算是 700 万美元。但后来发现,一切进展没有事先想象的那么顺利。由于工程非常浩大,又面临海港强烈的风,这个设计难以实现。为了防止屋顶被风吹走,它的强度和各个方面都要进行设计。Utzon 最早提出的椭圆形抛物线的水泥屋顶设计后来被证实无法施工,他和设计施工团队又耗费了数千小时将设计转化为半球形幅度设计。为了加快项目进度,政府把这个项目分成三个部分进行建造,包括地基、屋顶及其他建筑。

直到 1973 年 10 月,历经 15 年的艰难曲折,悉尼歌剧院终于在几度搁浅、几度绝望后建成竣工,落成时工程总花费 1.07 亿美元。

(根据 http://blog.sina.com.cn/s/blog_537c84e40100z1a9.html 改编)

讨论问题:
1. 悉尼歌剧院项目仅凭着 Utzon 的草图就定下方案开始施工,这样做会有什么问题?
2. 在项目管理活动中应该如何做好计划?

导入案例 2-6

"囚徒困境"的例子

人类的一切行为都是决策的结果,决策活动渗透于生活的各个层面。现实中,我们不难发现类似"囚徒困境"的例子:在市场上,你所在的公司和另一家公司互相竞争,两家公司的广告互相影响,即如果顾客接受你所在公司的广告,那么你所在的公司会夺取另一家公司的部分收入。若两家公司同时期发出质量类似的广告,收入增加很少但成本增加。但若不提高广告质量,生意又会被对方夺走。

有一天,对方公司找到你商议,一同降低广告投入。

(根据 https://zhuanlan.zhihu.com/p/413761394 改编)

讨论问题:
你会怎么做?

任务 2　决　策

在棋界有句话:"一着不慎,满盘皆输;一着占先,全盘皆活"。它喻示一个道理,无论做什么事情,成功与失败取决于决策的正确与否。错误的决策会使组织陷入被动,濒临险境。决策决定成败,在管理活动中起着非常重要的作用。人们在进行决策时,常常会面临目标突出问题。人们的行动方案充满了矛盾,不确定性和不一致性。人们经常会面对种种吸引人的选择,做出后果无法预料的决定。所有的管理者都曾面临过这种进退两难的境地:选择集权式组织还是分散式组织?全球化还是本地化?大而全还是小而精?寻求代理商还是自己培养业务员?当断不断,反受其乱。作为管理者,必须深刻地了解和掌握决策的含义与方法。

任务 2.1　决策概述

决策是管理者从事管理工作的基础。管理者在从事各项工作时,会遇到各种各样的问题,问题有的大,有的小;有的简单,有的复杂。但它们都需要解决,都需要管理者在若干个可行的解决方案中做出抉择。

决策是管理的基础和核心。可以认为，整个管理过程都是围绕着决策的制定和组织实施而展开的。诺贝尔经济学奖得主西蒙甚至强调管理就是决策，决策充满了整个管理过程。可见，决策在管理中处于十分重要的地位。

1. 决策的概念

决策有狭义和广义之分。狭义的决策是在集中行动方案中做出抉择；广义的决策是指对未来行动确定目标，并从多个行动方案中选择一个合理方案的分析判断过程。

人们对于现代决策正趋于取得共同的认识：决策是人们为了实现一定的目标而制定的行动方案，进行方案选择并准备方案实施的活动，是一个提出问题、分析问题、解决问题的过程。这是一个建立在环境和条件分析基础上，对未来的行动确定目标，对实现目标的若干可行性方案进行抉择并决定一个优化合理的满意方案的分析判断过程。决策的内涵有以下几个方面：

（1）决策的前提：要有明确的目的。决策或是为了解决某个问题，或是为了实现一定的目标。没有目标就无从决策，没有问题则无需决策。

（2）决策的条件：有若干可行方案可供选择。一个方案无从比较其优劣，也无选择的余地，"多方案抉择"是科学决策的重要原则；决策要以可行方案为依据，决策时不仅要有若干个方案来相互比较，而且各方案必须是可行的。

（3）决策的重点：方案的分析比较。每个可行方案既有其可取之处，也有其不利的一面，因此必须对每个备择方案进行综合的分析与评价，确定每一个方案对目标的贡献程度和可能带来的潜在问题，以明确每一个方案的利弊。而通过对各个方案之间的相互比较，可明晰各方案之间的优劣，为方案选择奠定基础。

（4）决策的结果：选择一个满意方案。科学决策理论认为，追求最优方案既不经济又不现实。因此，科学决策遵循"满意原则"，即追求的是诸多方案中，在现实条件下，能够使主要目标得以实现，其他次要目标也足够好的可行方案。

2. 决策的特点

（1）目标性。任何决策都是为了实现一定的目标而进行的方案选择，如果决策的目标是模糊不清的或不正确的，那就无法以目标为标准评价方案，也就无从选择方案，因此也就谈不上决策。犹豫不决，通常也是由于目标很模糊或设立的不合理。

（2）可实践性。一个合理的决策是以充分了解和掌握各种信息为前提的，即通过组织外部环境和组织内部条件的调查分析，根据实际需要与可能选择切实可行的方案。

（3）可抉择性。决策的基本含义是抉择。决策是从若干备选的方案中进行选择，如果只有一个方案，就无法比较其优劣，亦无选择余地，也就无所谓决策。没有比较就没有鉴别，更谈不上所谓"最佳"。因此，决策要求必须提供可以相互替代的多种方案。

要求多个可行方案的过程，通常是一个创新的过程。每个可行方案都要具有下列条件：第一，能够实现预期目标；第二，各种影响因素都能定性与定量地分析；第三，不可控的因素也大体能估计出其发生的概率。在制定可行方案时，还应满足整体详尽性和相互排斥性的要求。

(4) 满意性。所谓满意决策是指在现实条件下，决策者的决策使得目标的实现在总体上已达到预期的效果。决策过程是一个研究复杂的、多变的和多约束条件问题的过程，同时人们对客观事物的认识也是一个不断深化的过程，对于任何目标，都很难找出全部的可行方案。因此，决策者只能得到一个适宜和满意的方案，不可能得到最优的方案。

(5) 过程性。决策不是简单的罗列方案和选择方案，而是需要决策者做一系列大量的工作。决策者应先进行调查、分析和预测，然后确定行动目标，找出可行方案，再进行判断、分析，选出最终方案。因此，决策是一个过程。

3. 决策的分类

(1) 从决策的主体看，决策分为群体决策与个人决策。

① 个人决策。个人决策是指由单个人做出的决策。个人决策的优点是处理问题快速、果断；缺点是容易出现鲁莽、武断。

② 集体决策。集体决策是指由若干人组成的集体共同做出的决策。集体决策的优点是能够汇总更多的信息，拟定更多的备选方案，有利于提高决策的质量；组织成员之间能够更好地沟通，有利于决策方案的接受性；各部门之间的相互协调，有利于决策的更好执行。集体决策的缺点主要是花费的时间较长、费用较高，并且可能导致责任不清和从众现象。

(2) 按照决策的内容划分，决策分为战略决策、战术决策和执行决策。

① 战略决策。战略决策关系到组织的生存与发展，是关于组织全局性、长期性的目标和方针等方面重大问题的决策。通常包括组织目标、方针的确定，组织机构的调整，企业产品的更新换代，技术改造，企业上市、兼并等，这些决策牵涉组织的方方面面，具有长期性和全局性。

② 战术决策。战术决策又称管理决策，是在组织内贯彻的决策，属于战略决策执行过程中的具体决策。如企业生产计划和销售计划的制订、设备的更新、新产品的定价等。

③ 执行决策。执行决策又称业务决策，是日常工作中为提高生产率、工作效率而做出的决策，牵涉范围较窄，只对组织产生局部影响。属于业务决策范畴的主要有：工作任务的日常分配和检查、工作日程（生产进度）的安排和监督、库存的控制以及材料的采购等。

(3) 按决策问题是否重复出现，决策分为程序化决策和非程序化决策。

① 程序化决策。程序化决策是指能按规定的决策程序和方法解决管理中重复出现的问题的例行决策，又称常规决策、例行决策、重复性决策。这类决策问题比较明确，有一套固定的程序来处理，如订货日程、日常的生产技术管理等。由于程序化决策所涉及的变量比较稳定，可以通过制定程序、决策模型和选择方案的表转，由计算机处理。在管理工作中，有80%的决策属于程序化决策（可以降低管理成本）。

② 非程序化决策。非程序化决策是指不经常重复出现、不经常出现或偶尔发生的问题的决策，又称非常规性决策、例外决策、一次性决策。其决策步骤和方法难以程序化、标准化，不能重复使用。战略性决策一般都是非程序化的，如新产品的开发等。由于非程序化决策要考虑内外条件变动及其他不可量化的因素，决策者个人的经验、知识、洞察力和直觉、价值观等主观因素对决策有重大影响。

(4) 按决策问题所处的条件不同，决策分为确定型决策、风险型决策和不确定型决策。

① 确定型决策。确定型决策是指各种可行方案需要的条件都是已知的,并且一个方案只有一种确定的结果。在确定型决策中,决策者确切知道自然状态的发生,每个方案只有一个确定的结果,最终选择哪个方案取决于对各个方案结果的直接比较。如某人有笔余款,他有几个备选方案:1) 购买国库券,年利率7%;2) 存一年期银行定期存款,利率3.25%;3) 存银行活期存款,利率1.5%。如果这个决策者的目标只是想多获利息,那么他的决策是一种稳定条件下的决策。(选买国库券)确定型决策的各种可行方案的条件都是已知的,并且非常明确,只要比较各个不同方案的结果,就可以选择出最佳方案。

② 风险型决策。风险型决策是指各种可行方案下需要的条件大都是已知的,但是每一方案的执行都将会出现两种以上的不同结果,并且对各种结果将来出现的概率都是可以预测到的。在这类决策中,自然状态不止一种,决策者不能知道哪种自然状态会发生,但能知道有多少种自然状态以及每种自然状态发生的概率(可能性大小)。所以不管哪个决策方案都是有风险的。如企业开发一种新产品,产品价格在10元情况下,销路好的概率是50%,9元30%,11元20%。

③ 不确定型决策。不确定型决策是指各种可行方案出现的结果是未知的,且自然状态出现的概率也不清楚,或者只靠主观概率判断。在不确定型决策中,决策者可能不知道有多少种自然状态,即便知道,也不能知道每种自然状态发生的概率。大多数企业决策属于这种。如某公司欲发展海外业务,想选择一种进入海外市场的方式:间接出口、直接出口或者直接投资。由于环境不确定,目标国可能存在政治风险(政变、法律条款改变等),汇率波动,文化习惯对产品的影响……使每个备选方案都可能成功也可能失败,可能性无法衡量。不确定型决策关键在于尽量掌握有关信息资料,根据决策者的直觉、经验和判断果断行事。

(5) 按决策目标的多少,决策分为单目标决策和多目标决策。

① 单目标决策。单目标决策是指决策行动只力求实现一种目标。单目标决策是针对单个属性或目标所进行的决策。它在生活中是比较常见的。例如学习某一门课程,老师为学生提供了一本参考书,学生自己是否购买就是一个单目标决策。

② 多目标决策。多目标决策是指决策行动需要力图实现多个目标。多目标决策是涉及多个属性、多个目标(或准则、指标、因素、性能等)和目的,是根据多个目标准则来确定一个方案好坏的决策过程。由于各个目标之间经常不可同时达到,甚至有些是矛盾或冲突的,所以要求多个目标同时实现最优是非常困难的,一般要把各目标特征量转化为效用函数,然后赋予各个目标相应权重,再做综合评价,从而确定最优方案。例如风险投资就是常见的多目标决策问题。

(6) 按决策目标与使用方法分,决策分为定性决策和定量决策。

① 定性决策。定性决策一般难于用数学方法来解决,而主要依靠决策者的经验和分析判断能力。

② 定量决策。定量决策是指能够运用数学方法和数学模型,借助电子计算机进行决策的一种方法。

4. 决策的影响因素

(1) 环境。环境的影响是双重的,一方面环境的特点影响组织的活动选择。比如,就企业而言,则需对经营方向和内容经常进行调整。位于垄断市场上的企业,通常将经营重点致力于内部生产条件的改善、生产规模的扩大以及生产成本的降低,而处在竞争市场上的企业,则需密切注视竞争对手的动向,不断推出新产品,努力改善营销宣传,建立健全销售网络。

另一方面对环境的习惯反应模式也影响组织的活动选择。即使在相同的环境背景下,不同的组织也可能做出不同的反应。而这种调整组织与环境之间关系的模式一旦形成,就会趋向固定,限制人们对行动方案的选择。

(2) 过去的经验。今天是昨天的继续,明天是今天的延伸。历史总是要以这种或那种方式影响未来。在大多数情况下,组织决策不是在一张白纸上进行初始决策,而是对初始决策的完善、调整或改革。组织过去的决策是目前决策过程的起点;过去选择的方案的实施,不仅伴随着人力、物力、财力等资源的消耗,而且伴随着内部状况的改变,带来了对外部环境的影响。"非零起点"的目前决策不能不受到过去决策的影响。过去的决策对目前决策的制约程度要受到它们与现任决策者的关系的影响。如果过去的决策是由现在的决策者制定的,而决策者通常要对自己的选择及其后果负管理上的责任,因此会不愿对组织活动进行重大调整,而倾向于仍把大部分资源投入到过去方案的执行中,以证明自己一贯正确。相反,如果现在的主要决策者与组织过去的重要决策没有很深的渊源关系,则会易于接受重大改变。

(3) 决策者对风险的态度。风险是指失败的可能性。任何决策都是必须冒一定程度的风险。对待风险态度不同的决策者会影响行动方案的选择。愿意承担风险的组织,通常会在被迫对环境做出反应以前就已采取进攻性的行动;而不愿承担风险的组织,通常只能环境做出被动的反应。愿冒风险的组织经常进行新的探索,而不愿承担风险的组织,其活动则要受到过去决策的严重限制。

(4) 决策者的知识和能力,包括个人能力、个人价值观、决策群体的关系融洽程度。这些主体因素影响决策过程的顺畅,以及决策结果的科学性和正确性。

(5) 组织文化。组织文化制约着组织及其成员的行为以及行为方式。在决策层次上,组织文化通过影响人们对改变的态度而发生作用。在具有开拓、创新气氛的组织中,人们渴望变化、欢迎变化、支持变化。显然,欢迎变化的组织文化有利于新决策的实施。相反,在偏向保守、怀旧、维持传统的组织中,人们总是对将要发生的变化产生怀疑、害怕和抵御的心理和行为,从而影响组织的决策。

5. 决策的依据

并非每一项决策都能够轻易做出,但在组织做出一项决策时需遵循以事实、价值以及环境、条件为依据的原则。

(1) 事实依据。事实依据是指将客观存在或客观发生过事物作为判断依据,是决策的基本依据。西蒙把事实定义为:"关于可以观察到的事物及其运动方式的陈述"。这里所说的事实是指决策对象客观存在的情况,包括决策者对这种情况的客观了解和认识,主要强调的是决策对象存在的客观性,与我们平常所说的实事求是的"事实"是相同的。在决策中,只有把决策对象的客观存在情况搞清楚,才能真正找到目标与现状的差距,才能正确地提出问题和解决问题。否则,如果事实不清楚,或者在对事实的认识和理解中掺进了个人偏见,不管是说得过好还是过坏,都会使决策失去基本依据,造成决策从根本上的失误,这种情况在实际中并不少见。

(2) 价值依据。在这里所说的价值是决策者的价值观、伦理道德和某些心理因素,这些因素虽然都有主观性,但仍然是决策的依据或前提。这是因为对任何事物的认识或判断都不可避免地要掺进这些主观因素,否则就不能解释,为什么对同一事物会有截然不同的看法,为什么对同一方案会有截然不同的两种或多种选择。我们应当承认价值观、伦理道德、心理因素在决策中的影响和作用,承认这些虽然不是唯心主义,但是也需要我们正确地认识事物依据与价值依据的关系。这里一个最基本的关系就是价值判断要以事实为基础,如果离开了这个基础,就不是一种正确的价值观,虽然有时可能做出"好"的决策,却永远也做不出正确的决策。

(3) 环境、条件依据。所谓环境、条件依据是指决策对象除事实因素和决策者价值因素以外的各种因素,如自然条件、资源条件、社会制度条件、科学技术条件以及人们的文化传统和风俗习惯条件等。在决策中之所以必须考虑这些因素,是因为这些因素对整个决策,包括决策目标的确定、决策方案的选择以及决策方式方法的采用等都起着制约作用。因此,在决策中,不但要看决策对象在事实上能够达到的程度,决策者在价值判断上希望达到的程度,还要看由各种环境和条件所制约而可能达到的程度。

案例 2-7:三个囚犯

有三个人要被关进监狱三年,监狱长答应满足他们三个每人一个要求。美国人爱抽雪茄,要了三箱雪茄。法国人最浪漫,要一个美丽的女子相伴。而犹太人说,他要一部与外界沟通的电话。三年过后,第一个冲出来的是美国人,嘴里鼻孔里塞满了雪茄,大喊道:"给我火,给我火!"原来他忘了要火了。接着出来的是法国人。只见他手里抱着一个小孩子,美丽女子手里牵着一个小孩子,肚子里还怀着第三个。最后出来的是犹太人,他紧紧握住监狱长的手说:"这三年来我每天与外界联系,我的生意不但没有停顿,反而增长了200%,为了表示感谢,我送你一辆劳施莱斯!"

(根据 https://tiku.baidu.com/web/view/3c1b28f2581b6bd97e19eae8 改编)

讨论问题:为何这三个人出狱之时状态差距那么大?

任务 2.2 决策理论

1. 古典决策理论

(1) 古典决策理论的基本观点

古典决策理论又称规范决策理论,是基于"经济人"假设提出来的,主要盛行于20世纪50年代以前。古典决策理论认为,应该从经济的角度来看待决策问题,即决策的目的在于为组织获取最大的经济利益(追求利润最大化)。这一理论认为决策者是完全理性的,能够做出"最优"选择。古典决策理论认为人是坚持寻求最大价值的经济人,具有最大限度的理性,能为实现组织和个人目标而做出最优的选择。

(2) 古典决策理论的主要内容

① 决策者必须全面掌握有关决策环境的信息情报;

② 决策者要充分了解有关备选方案的情况;

③ 决策者应建立一个合理的自上而下的执行命令的组织体系;

④ 决策者进行决策的目的始终都在于使本组织获取最大的经济利益。

大多数学者认为这种模型仅是描述了一种理想状态,对现代决策行为的描述不够真实。管理既是科学,又是艺术,决策包含相当大的艺术成分,不可能像规范决策那样,把纷繁复杂的现实简化,因而简单地用它来进行实际决策往往是行不通的。

2. 行为决策理论

行为决策理论又称西蒙模型。20 世纪 50 年代,诺贝尔经济学奖获得者赫伯特·A. 西蒙提出"有限理性标准"和"满意标准"。用"社会人"取代"经济人",大大拓展了决策理论的研究领域。行为决策理论认为,影响决策者进行决策的不仅有经济因素,还有其个人的行为表现,如态度、情感、经验和动机等。

行为决策理论认为人的理性是完全理性和完全非理性之间的一种有限理性。决策者追求理性,但又不是最大限度追求理性,决策者只要求"有限理性"。这是因为人的知识有限,决策者既不可能掌握全部信息,也无法认识决策的详尽规律;人的计算能力有限,不要说人,即使借助计算机,也没有办法处理数量巨大的变量方程组;人的想象力和设计能力有限,不可能把所有备选方案全部列出;人的价值取向并非始终如一,目的经常改变;人的目的往往多元化,而且互相抵触,没有统一的标准。

决策者在决策中追求满意标准,而非最优标准。在决策过程中,如果有一个备选方案能较好地满足定下的最基本的要求,决策者就实现了满意标准,他就不愿意再去研究寻找更好的备选方案了。生活也是如此,很多事情不能追求十全十美,刻意追求完美,有时会失落,随遇而安。

行为决策理论主张把决策视为一种文化现象。文化的影响其实就是一种社会的压力,会有意无意地迫使决策者按照自己的文化传统与认知、决断和行动,这一切并不是建立在理性的基础之上的。父子在同一个问题上认识不同,儿子如何决策呢? 按中国文化,儿子应当洗耳恭听接受教育;按美国文化,家长尊重子女的个性与独创,不要求顺从,儿子可以与父亲争辩。哪种选择是理性的呢?

任务2.3 决策过程

管理的核心作用体现在决策上,搞好决策是管理的根本要求。而决策是否合理、科学、及时、有效,在很大程度上取决于对内部条件和外部环境的预测是否准确。决策的正确与失误关系到组织和事业的兴衰存亡,因此,每一个管理者都必须认真研究决策科学,掌握决策理论、决策的科学方法和技巧,在千头万绪中找出关键之所在,权衡利弊,及时做出正确的可行的决策。

决策过程是指从问题到方案确定所经历的过程。决策是一项复杂的活动,有其自身的工作规律,需要遵循一定的科学程序。在现实工作中,导致决策失败的原因之一就是没有严格按照科学的程序进行决策,因此,明确和掌握科学的决策过程,是管理者提高决策正确率的一个重要方面。

1. 判断问题

决策是为了解决现实中提出的需要解决的问题或者为了达到需要实现的目标。决策是围绕着问题而展开的。没有问题就不需要决策;问题不明,则难以做出正确的决策。

决策的正确与否首先取决于判断的准确程度,因此,认识和分析问题是决策过程中最为重要也是最为困难的环节。当然在一个组织中总是存在许许多多的问题。例如在一个企业中,存在着企业如何在市场竞争中发展自己、开发什么样的新产品、开发新产品的资金如何筹措等问题需要解决。在一个具有两个或两个以上层次的组织中,仅仅将问题提出来是不够的,还必须在提出问题的基础上,对众多的问题进行分析,以明确各种问题的性质,弄清楚哪些是涉及组织全局的战略性问题,哪些只是涉及局部问题,哪些是非程序性的问题,哪些是程序性问题,由此确定解决问题的决策层次,避免高层决策者被众多的一般性问题所缠绕而影响对重大问题的决策。现代管理要求管理人员运用现代管理科学的"望远镜和显微镜"以及分析问题的系统化技术,揭开纷繁的现象,显示其本质和核心,以使管理决策立足于真正问题之源上。

作为一个高效率的管理者来说,必须时刻注视形势的变化,以免使自己因毫无思想准备而陷入被动状态。环境因素的许多暗示都会预示着是否面临决策的问题。管理者还应对环境的变化进行认真的分析,只有通过对各种预兆进行分析,才能透过表象看到环境变化的本质,才能找到造成问题的真正原因,对事物的发展做出超前的、正确的预计。不过,因为对形势的分析会受到决策者个人行为的影响,因此对同一现象,不同的管理者就可能得出不同的结果,自然也就做出了不同的决策。例如,日本索尼公司的盛田昭夫经常讲一个故事:两个买鞋的商人旅行,来到非洲一个落后的农村地区,其中一个商人向他的公司发电报,说"当地人都赤脚。没有销售前景";另一个商人也向他的公司发电报,内容却是"居民赤脚,急需鞋子,立即运货"。

因此决策的第一步就要求决策者必须主动地深入实际调查研究,及时发现并提出新问题进而解决问题,以保证组织的健康发展。判断问题的过程主要包括两个方面的内容即找出问题和寻找原因。

(1) 找出问题。一切决策都是从问题开始的。如果什么问题都不存在,那就没有必要做出决策。问题可以理解为在现有条件下,应该可以达到的理想状况和现实状态之间的差距(期望目标与实际情况间的差距)。只有正确地找出差距,才能进行有效的诊断。例如,医生诊断病人,心目中必然有一个健康人的模型作为标准,然后诊断病人有哪些地方出了毛病以致不符合健康人的标准,管理者的决策也是如此。

（2）寻找原因。找到了差距，就要找到造成差距的原因。在决策过程中，如果根本原因不明确，为消除差距而设计的方案就不可能有效，或是仅仅为解决表面问题而付出巨大代价。

2. 确定目标

在所要解决的问题及其责任人明确以后，则要确定应当解决到什么程度，明确预期的结果是什么，也就是要明确决策目标。所谓决策目标是指在一定的环境和条件下，根据预测，对这一问题所希望得到的结果。

目标的确定十分重要，同样的问题，由于目标不同，可采用的决策方案也会大不相同。目标的确定，要经过调查和研究，掌握系统准确的统计数据和事实，然后进行一定的整理分析，根据对组织总目标及各种目标的综合平衡，结合组织的价值准则和决策者愿意为此付出的努力程度进行确定。确立目标时注意以下几个问题：

（1）要有层次结构，建立目标体系；
（2）目标是可能计量其成果、规定其时间、确定其责任的；
（3）要规定目标的约束条件，如产值、利润等；
（4）建立衡量决策的近期、中期、远期效果的三级价值标准；
（5）目标的确定，要经过专家与领导的集体论证。

3. 搜集资料，掌握情报信息

搜集资料是进行科学决策的重要依据。资料的来源：一方面是统计调查资料；另一方面是预测资料。在搜集资料时要达到以下要求：

（1）资料必须具有完整性；
（2）资料情报必须具有可靠性；
（3）对资料要做系统分析；
（4）对一些不确切的问题或疑难问题，要召集专家及有关人员进行集体会诊，以做出定性分析和概率估计。

4. 拟定备选方案

决策要求有两个以上的备选方案，以便比较选择。要拟定尽可能多的备选方案来解决问题。关于决策，人们在实践中总结出两条规则：一是在没有不同意见前，不要做出决策；二是"如果事情看来似乎只有一种方法去做，那么这种方法通常是错误的，也是危险的。"寻找方案的方法有两种：经验和创造。经验可能是决策者或决策群体自己的，也可能是别的管理者或别的群体的实际做法。很多问题都是例行问题，例行决策。在竞争激烈的现代社会，决策者应具有随机应变的创造力。企业的发展需要新颖的、独创的方案，它不是过去的再现，也不是别人的翻版，而是一种独到的、适应当前环境的新做法，只有这样才能走在别人的前面，确立竞争优势。换个思路来说就是，在制定备选方案既注意科学性，又要注意有创造性。无论哪一种备选方案，都必须建立在科学的基础上。方案中能够进行数量化和定量分析的，一定要将指标数量化，并运用科学、合理的方法进行定量分析，使各个方案尽可能建立在客观科学的基础上,减少主观性。要充分发挥集体的智慧才能,让大家畅所欲言,充分发表自己的意见,然后通过集体充分的讨论,这样制定出来的备选方案往往会更有针对性和创造性。

决策实际上是对解决问题的种种行动方案进行选择的过程。为解决问题,必须寻找切实可行的各种行动方案。各种行动方案都有其优点和缺陷,决策要求以"满意原则"来确定方案。拟定备选方案过程要求做到:

(1) 必须制定多种可供选择的方案,方案之间具有原则区别,便于权衡比较;
(2) 每一种方案以确切的定量数据反映其成果;
(3) 要说明本方案的特点、弱点及实践条件;
(4) 各种方案的表达方式必须做到条理化和直观化。

5. 优选方案

实际生活中发现有些备选方案从某个角度讲是合理的,但从另一个角度看却有缺陷,这时如何合理分析每个备选方案的利弊,最终选择最有希望解决问题的方案,这是决策过程中的最关键工作。应注意预测所有方案执行后可能产生的后果。要明智的评价备选方案,必须设法预测该方案执行后可能产生的后果,应尽量把所有可能性都估计到。对方案的后果做了预测之后,还要对其进行评估,用满意标准,如果一个方案达到这个标准就是可以接受的,运用这种方法可以使决策过程简化。不合格的备选方案被否决,减少决策工作量。

6. 实施决策方案

在方案选定之后,决策者就要执行方案,否则难以达到决策的目标。决策者要及时制定实施方案的具体措施和步骤,确保方案有效、正确实施;确保与方案有关的各种指令能被所有有关人员充分接受和彻底了解;应用目标管理方法把决策目标层层分解,落实到每一个执行单位和个人;建立重要的工作报告制度,以便及时了解方案进展情况,及时进行调整。

7. 监督和评价决策效果

这是决策过程中的最后一个步骤。一个决策者应该通过信息的反馈来衡量决策的效果。决策是一种事前的设想,在实际实施过程中,随着形势的发展,实施决策的条件不可能与设想的条件完全相吻合,况且,在一些不可控因素的作用下,实施条件和环境与决策方案所依据的条件之间可能会有较大的出入。这时,需要改变的不是现实,而是决策方案了。所以,在决策实施过程中,决策者应及时了解、掌握决策实施的各种信息,及时发现各种新问题,并对原来的决策进行必要的修订、补充或完善,使之不断地适应变化了的新形势和条件。一项决策实施之后,对其实施的过程和情况进行总结、回顾既可以明确功过,确定奖惩,还可使自身的决策水平得到进一步的提高。比如,如果一个方案实施后达到了原来的要求,那么这一方案就达到了理想的效果;如果没有达到原来的要求,那么就要分析管理者是否对前一决策形势的认识和分析有错误或是这一方案在执行过程中的方法是否正确,从而决定是对方案本身进行修改还是对实施的方法进行改变。

> **案例 2-8：从淘金到卖水**
>
> 亚默尔，原来是一介农夫，他卷进了当时美国加州的淘金热潮，当在山谷难圆黄金梦时，他注意到矿场气候干燥，水源缺乏，淘金者很难喝到水。甚至有饥渴难耐的掘金者声称："给我一杯清水，我愿用一块金子来换。"于是亚默尔决心转移淘金的目标——变为挖掘水渠卖水，只要把水运到矿场，便可赚大钱。他用挖金矿的铁锹挖井，掘出的不是黄金，而是地下的水。他把水送到矿场，受到淘金者的欢迎。许多人嘲笑他的选择，但他坚持自己的决策。果然如他所料。当水送到淘金地时，一块块金币也流入了亚默尔的腰包。此时的资本积累为他日后经营大企业打下了基础。
>
> （根据 https://www.pinlue.com/article/2017/05/2913/432194185231.html 改编）
>
> 讨论问题：亚默尔的决策说明了什么决策问题？

任务2.4 决策的基本方法

决策的科学性主要体现在决策过程的理性化和决策方法的科学化上，管理者应为进行正确决策而学会一整套专门的决策方法。一般来说，决策方法可归为两大类：定性决策方法和定量决策方法。

1. 定性决策方法

定性决策方法是指在经营过程中充分发挥人们的主观能动性，运用社会学、心理学、组织行为学、政治经济学等有关专业知识、能力和经验，探索所决策事物的规律性，从而做出科学、合理的决策。这种决策方法适合于社会因素影响较大的、战略性非程序化问题的决策。常用的定性决策方法有：

（1）头脑风暴法。头脑风暴法是指依靠一定数量专家的创造性逻辑思维对决策对象未来的发展趋势及其状况做出集体判断的方法。

该方法是由美国创造工程学家奥斯本于1939年为了帮助一家广告公司产生观点而制定的。这种方法问世后，被广泛应用到许多需要大量的新方案来回答某一具体问题的场合。通常是将对解决某一问题有兴趣的人集合在一起，用小型会议的形式，启发大家畅所欲言，充分发挥创造性，经过相互启发，让创造性设想产生连锁反应，从而引发更多的创造设想的灵感火花。这种方法需要创造一种有助于观点自由交流的气氛，开始只注重提出尽可能多的设想，并且不过多地考虑其现实性，某些人提出一些想法后，鼓励其他人以此为基础或利用这些想法提出自由的设想。通过这些方法找到新的或者是异想天开的解决问题的方法。

头脑风暴法运用的关键是要创造一个良好的环境，任何人提出的任何意见都要受到尊重，不得指责或批评，也不准暗示或贬低别人的意见，更不能阻挠发言。目的在于克服群体压力，发掘人们内心的创造力。

（2）名义小组法。管理者先召集一些有知识的人，将问题的关键告诉他们，请他们独立思考,要求每个人尽可能地把自己的备选方案和意见写下来。然后再按次序让他们一个接一个地陈述自己的方案和意见。在此基础上,全体小组成员对各种行动方案投票表决。

(3) 德尔菲法。德尔菲法主要是由调查者拟定调查表,按照既定程序,以函件的方式分别向专家组成员进行征询;专家组成员以匿名的方式(函件)提交意见。经过几次反复征询和反馈,专家组成员的意见逐步趋于集中,最后获得具有很高准确率的集体判断结果。

德尔菲法运用时首先要设法取得有关专家的合作,然后把要解决的关键问题告诉各位专家,收集并综合各位专家的意见,再把综合后的意见反馈给各位专家(一般不超过 20 人),让他们再次进行分析并发表意见,如此反复多次(经过 3~5 轮),最终得到一个满意结果。由此可见,德尔菲法本质上是一种反馈匿名函询法,是一种利用函询形式进行的集体匿名思想交流过程。它有以下三个明显区别于其他专家预测方法的特点:

① 匿名性。采用这种方法时所有专家组成员不直接见面,只是通过函件交流,这样就可以消除权威的影响。这是该方法的主要特征。匿名是德尔菲法极其重要的特点,从事预测的专家彼此互不知道其他有哪些人参加预测,他们是在完全匿名的情况下交流思想的。后来改进的德尔菲法允许专家开会进行专题讨论。

② 反馈性。该方法需要经过 3~4 轮的信息反馈,在每次反馈中使调查组和专家组都可以进行深入研究,使得最终结果基本能够反映专家的基本想法和对信息的认识,所以结果较为客观、可信。小组成员的交流是通过回答组织者的问题来实现的,一般要经过若干轮反馈才能完成预测。

③ 统计性。最典型的小组预测结果是反映多数人的观点,少数派的观点至多概括地提及一下,但是这并没有表示出小组的不同意见的状况。而统计回答却不是这样,它报告 1 个中位数和 2 个四分点,其中一半落在 2 个四分点之内,一半落在 2 个四分点之外。这样,每种观点都包括在这样的统计中,避免了专家会议法只反映多数人观点的缺点。

(4) 电子会议法。电子会议法是将名义小组法与尖端计算机技术相结合的一种最新的群体决策方法。

目前电子会议法所需要的技术已经比较成熟,概念和操作也比较简单。它要求人数众多的人(可多达 50 人)围坐在一张马蹄形的桌子旁。这张桌子上除了一系列的计算机终端外别无他物。主办者将问题显示给决策参与者,决策参与者把自己的回答显示在计算机屏幕上,个人评论和票数统计都投影在会议室内的屏幕上。

电子会议法的主要优点是匿名、诚实和快速,而且能够超越空间的限制。决策参与者能不透露姓名地表达出自己所要表达的任何信息。它使人们充分地表达他们的想法而不会受到惩罚,它消除了闲聊和讨论偏题。

2. 定量决策方法

定量决策方法是建立在数学公式(模型)计算基础上的一种决策方法,它运用统计学、运筹学、计算机等科学技术,把决策的变量与目标,用数学关系表示出来,求方案的损益值,选择出满意的答案。可分为确定型、风险型和非确定型三种决策方法。

(1) 确定型决策方法。确定型决策具备的条件是:决策要达到的一个明确目标,有可供选择的两个以上的可行方案,只出现一种自然状态,其概率为 1,在这种自然状态下的损益值可以计算。由于一个方案只有一个结果,因此,易于凭结果判断方案的优劣而进行决策。常用的决策方法有量本利分析法、线性规划法等,这里主要介绍量本利分析法。

量本利分析法又称盈亏平衡分析法,它是根据产量、成本和利润三者之间关系,进行盈亏分析的一种数学方法。它是一种简单有效、使用范围较广的定量决策方法,它广泛应用于生产方案的选择、目标成本预测、利润预测、价格制定等决策问题上。

盈亏平衡分析法的关键是找到盈亏平衡点,即企业生产、经营一种产品达到不盈不亏时的产量。掌握盈亏变化的临界点(即保本点),掌握盈亏变化的规律,指导企业选择能够以最小的生产成本生产最多产品并可使企业获得最大利润的经营方案。

显然,生产量低于这个产量时,则发生亏损;超过这个产量时,则获得盈利。随着产量的增加,总成本与销售额随之增加,当到达平衡点 A 时,总成本等于销售额(即总收入),此时不盈利也不亏损,正对应此点的产量口即为平衡点产量;销售额只即为平衡点销售额。同时,以 Q_0 点为分界,形成亏损与盈利两个区域。此模型中的总成本是由固定成本和变动成本构成的。按照是以平衡产量 Q_0 还是以平衡点销售额 S_0 作为分析依据,可将盈亏平衡分析法划分为盈亏平衡点产量(销量)法和盈亏平衡点销售额法。

企业的成本可分为固定成本和变动成本。所谓固定成本,是指在一定的生产能力范围内,其总额相对固定,不随产量或销量变化的成本。如办公费、固定资产折旧、管理人员的工资等,固定成本总额不变,而单位产品分摊的固定成本的高低与产量变化成反比。所谓变动成本,是指在一定条件下,其总额随产量或销量的变动而变动的成本。如原材料、产品包装费、生产工人工资等,其单位产品可变成本保持不变。产量、成本、利润三者之间关系如图 2-3 所示。

图 2-3 盈亏平衡图

量本利分析法的基本公式如下:

$$S = P \times Q$$
$$C = F + V \times Q$$
$$I = P \times Q - (F + V \times Q)$$

式中　S——销售额;

　　　P——销售单价;

　　　Q——产销量;

　　　C——总成本;

　　　F——固定成本;

　　　V——单位产品变动成本;

　　　$V \times Q$——变动成本;

　　　I——利润。

盈亏平衡时 $I=0$,企业不亏不赢,则有:

$$P \times Q = F + V \times Q$$

$$Q_0 = \frac{F}{P-V}$$

式中 Q_0——盈亏平衡点产量。

当 $I \neq 0$ 时,则可得:

$$Q = \frac{I+F}{P-V}$$

例题:某企业 A 产品计划销售单价为 1000 元,年计划固定成本总额为 1600 万元,该产品单位变动成本为 500 元。要求算:(1)盈亏平衡时的销售量和销售额。(2)年产销量为 48 000 件时的利润额。

解:① 盈亏平衡时的销售量和销售额分别为:

$$Q_0 = \frac{F}{P-V} = \left(\frac{1600 \times 10^4}{1000-500}\right) 件 = 32\,000 \text{ 件}$$

$$S_0 = (32\,000 \times 0.1) 万元 = 3200 \text{ 万元}$$

② 当年产销量为 48000 件时的利润额为:

$$I = (P-V) \times Q - F = (0.1-0.05) \times 48\,000 - 1600 \text{ 万元} = 800 \text{ 万元}$$

量本利分析法还可对企业经营安全状态做出分析,预测一定销售量下的利润水平。企业的经营状况的好坏可以通过经营安全率来加以判定,经营安全率的计算公式为:

$$L = \frac{Q_1 - Q_0}{Q_1} \times 100\%$$

式中　L——经营安全率

　　　Q_1——实际销售量

　　　Q_0——盈亏平衡点销售量(额)

经营安全率是反映企业经营状况的一个重要指标,它可以根据表 2-2 中的数值来判断企业的经营安全状态:

表 2-2　企业经营安全率

经营安全率	>30	25~30	15~25	10~15	<10
经营状态	安全	较安全	不太好	要警惕	危险

(2)风险型决策方法。风险型决策方法是指未来自然状态是不确定的,当我们已知各种自然状态出现的可能性大小,那么就可以依据统计学的观点进行决策。决策者在决策时,无论采用哪一个方案,都要承担一定风险。风险型决策问题,可以借助决策树这一工具来进行决策。

决策树分析法是指借助树形分析图,根据各种自然状态出现的概率及方案预期损益,计算与比较各方案的期望值,从而抉择最优方案的方法。如图 2-4 所示。

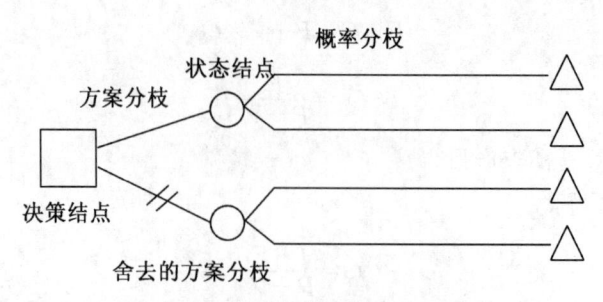

图 2-4 决策树结构和形式示意图

① 决策树的组成
□决策结点:用方框表示,从它引出的分枝叫方案分枝。
○状态结点:用圆圈表示,从它引出的分支叫概率分枝。
△结果结点,即某种自然状态下采用某一方案后的收益值。

② 决策树的决策步骤
第一步是绘制决策树图形。首先从左端决策点(用□表示)出发,按备选方案引出相应的方案分枝(用"—"表示),每条方案分枝上注明所代表的方案。然后,每条方案分枝到达一个方案结点(用"○"表示),再由各方案结点引出各个状态分枝(也称作概率分枝,用"——"表示),并在每个状态分枝上注明状态内容及其概率。最后,在状态分枝末端(用"△"表示)注明不同状态下的损益值。决策树完成后,再在下面注明时间长度。

第二步是计算损益期望值。损益期望值的计算要从右向左依次进行。首先将各种自然状态的收益值分别乘以各自概率枝上的概率,再乘以计算期限,然后将各概率枝的值相加,标于状态结点上。

第三步是剪枝。比较各方案的损益期望值。剪掉损益期望值小的方案,最终只剩下一条贯穿始终的方案分枝,它的损益期望值最大,是最佳方案,将此最大值标于决策结点上。

例题:某企业计划未来10年内生产某种产品,需要确定其产品批次。经过对市场的分析,提出大、中、小三种批量的生产方案。这三种方案的投资额分别为200万元、180万元、130万元,三种方案在不同的自然状态下的收益值如表2-3所示,试用决策树法进行决策。

表 2-3 三种方案在不同自然状态下的收益值(单位:万元)

方案	自然状态及概率		
	畅销 $p=0.4$	一般 $p=0.5$	滞销 $p=0.1$
大批量(投入200)	120	80	30
中批量(投入180)	100	90	50
小批量(投入130)	80	80	20

解:绘制决策树如图 2-5 所示。
大批量的损益期望值=[(120×0.4+80×0.5+30×0.1)×10-200]万元=710万元
中批量的损益期望值=[(100×0.4+90×0.5+50×0.1)×10-180]万元=720万元
小批量的损益期望值=[(80×0.4+80×0.5+20×0.1)×10-130]万元=610万元

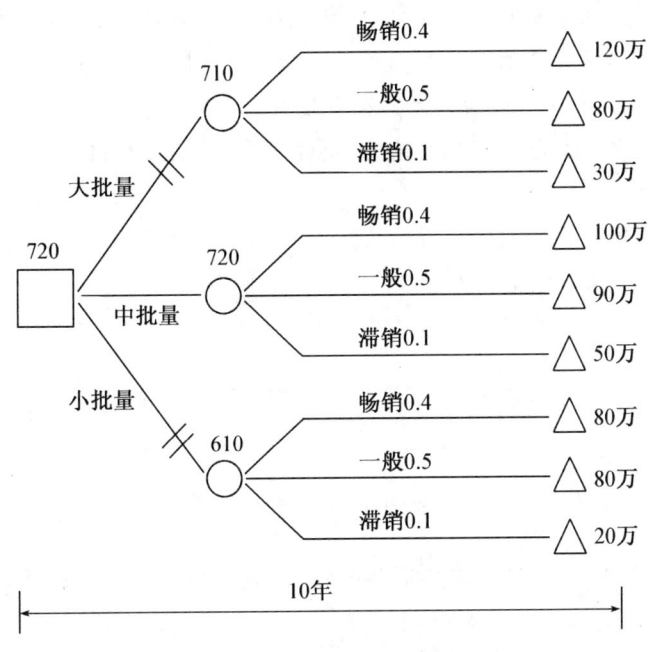

```
                          畅销0.4
                  710  ┬─────────── △ 120万
                       │ 一般0.5
                       ├─────────── △ 80万
                       │ 滞销0.1
              大批量   └─────────── △ 30万

                          畅销0.4
                  720  ┬─────────── △ 100万
        720            │ 一般0.5
        ☐   中批量     ├─────────── △ 90万
                       │ 滞销0.1
                       └─────────── △ 50万

              小批量       畅销0.4
                  610  ┬─────────── △ 80万
                       │ 一般0.5
                       ├─────────── △ 80万
                       │ 滞销0.1
                       └─────────── △ 20万
```

├──────────── 10年 ────────────┤

图 2-5 三种方案的决策树

可见中批量方案较优,应减去其他两个方案。

(3) 非确定型决策方法。非确定型决策是指由于存在不可控因素,一个方案可能出现几种不同的结果,而对各种可能的结果没有客观概率作为依据的决策。

由于决策者对决策问题的价值观念,胆识和经验等个性素质不同,可根据不同的标准和原则,选择自己认为满意的方案。主要有以下选择标准:

① 最大最大(乐观)决策准则。最大最大决策准则是决策者从最好的自然状态出发,从各个行动方案的最大收益中,选取收益最大的方案为最优方案。

② 最小最大(悲观)决策准则。最小最大决策准则是决策者从最坏的自然状态出发,从各个决策方案的最小收益值中选取收益值最大的方案为最优方案。

③ 最小最大后悔值决策准则。最小最大后悔值决策准则先计算各个方案在各种状态下的后悔值,所谓后悔值是指所选方案的收益值与最优方案的收益值之差。然后找出各个方案在各种状态下后悔值中的最大后悔值,最后从各个最大后悔值中选择最小后悔值所对应的方案即为最优方案。

案例 2-9:董事会的决策

某有色贸易公司是一家进出口集团公司控股的下属公司,专门从事有色金属的进出口业务。为扩大业务领域,该公司的铜矿进出口业务部打算通过招投标方式参与某重点公路工程的沥青进口采购工作。经过艰苦努力,该业务部的招标方案和另外几家公司的招标方案同时中标,分配给该公司的大致是2000万人民币左右的沥青供应任务,资金通过银行贷款能够解决,这一业务可使公司获利60万元。这一方案提交董事会讨论时由于资金需要量大、收回投资周期长风险大(待工程验收合格期满后才能收回货款)而被否决。方案被否决后,从事这项工作的员工积极性受到重创,情绪低落;因中标而不做,其信誉在公路工程中受到损害,以后想再进入公路工程建设项目的可能性极小;此外还损失了参与投标而交的28.9万元押金(这28.9万元押金最后以新产品开发费入账)。

材料来源:张平亮.管理基础[M].北京:机械工业出版社,2011

讨论问题:

1. 该董事会的决策是否正确?为什么?
2. 该案例给你带来什么启示?

导入案例2-10

阿里巴巴的目标

2017年12月6日,马云现身在广州举行的2017《财富》全球论坛,并表示:"阿里巴巴刚满18岁,我们的目标是成为百年企业,所以还有几十年等着我们去活。我们是1999年成立的,20世纪我们只活了一年,要完成跨这个世纪,我们至少要活101岁,所以我们一定会争取活100岁,我们刚刚还是个小孩,这个世界太有趣,我还舍不得这个世界,这个世界充满了机遇。人工智能、云计算刚刚起步,如何让它们来赋能我自己的公司,赋能我的企业和我服务的企业,我如何基于这些技术,通过电商平台来打造一个互联互通的商业世界,这是我的梦想。我觉得我们就是个小婴儿,就算不是小婴儿,也是个年轻人。我们现在的总价值是全球排位第2,但是我们的目标是2036年成为第6大企业。"

(根据http://www.nbd.com.cn/articles/2017-12-06/1168681.html改编)

讨论问题:

基于阿里巴巴企业目标,如果你是阿里的员工会给自己制定什么样的个人目标呢?

任务3 目标管理

古典管理理论偏重于以工作为中心,忽视了人的一面;而行为科学理论又偏重于以人为中心,忽视了人与工作的结合。有没有一种管理方法,将上述两种思想结合起来,将为实现组织目标所需做的工作和做这些工作的人相结合呢?这就是目标管理。目标管理就是把经理人或经营者的工作由监督、控制下属转变为与下属共同设定管理标准和目标,变被控制为自我控制。现代管理大师杜拉克在20世纪70年代专门讨论过目标管理的问题。他说,目标管理的概念来自民间,真正的运用也是在第一次世界大战后由杜邦公司实施的。从实施原则及实施的好处来看,目标管理的实施牵涉企业的各个层次及所有人员,其管理运用是系统性的而不是局部性的,其运用的有效性决定企业运行的成功与否,也是企业管理水准的体现。

任务 3.1　目标管理的概念和特点

1. 目标管理的概念

目标是组织存在的依据,是组织的灵魂,是组织期望达到的最终结果。任何一个组织要想存在,都要有他的任务和使命,即组织的目的。根据组织的目的,再确定组织成员能够努力并付诸实施的具体目标。目标是组织行动的出发点和归宿。目标为管理决策指明了方向,并同时作为标准用来衡量实际的绩效。组织正是通过这些标准来引导组织成员的行动并考核行为的结果。

组织目标的性质主要有:第一,目标的多样性。一个组织的目标往往是多个而非单一。一项针对美国最大 80 家公司的调查表明,每家公司设立的目标数量为 1~18 个,平均为 5~6 个。第二,目标的层次性。组织目标从上到下可分为多个等级层次,从而形成一个有层次的体系,并且目标的层次性与组织的层次性密切联系(图 2-6)。第三,目标的网络性。一个组织的总目标通常是通过各种互为联系的活动相互影响、相互支持来实现的。

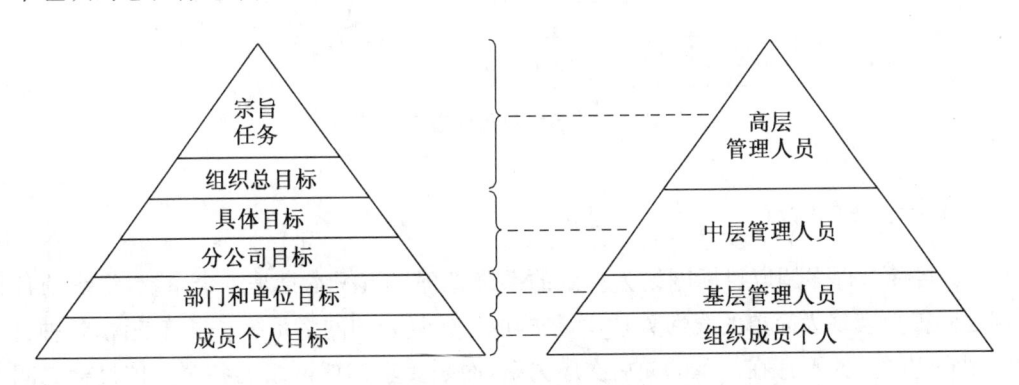

图 2-6　目标层次与组织层次的关系

目标管理的英文名称是(Management By Objectives,简称 MBO)。目标管理创始于 20 世纪 50 年代的美国,是以泰罗的科学管理和行为科学理论为基础形成的一套管理制度。1954 年,彼得·德鲁克在《管理的实践》一书中首先提出了"目标管理和自我控制的理论",并对目标管理的原理做了较全面地概括。我国企业于 20 世纪 80 年代初开始引进目标管理,现在,目标管理已成为世界上比较流行的一种企业管理制度,它被广泛地应用在企业、医院、学校和政府机构中,特别是应用在对管理人员进行管理的活动中。

芮明杰给目标管理下的定义是:"概括地说,目标管理是一种综合的以工作为中心和以人为中心的系统管理方式。它是一个组织中上级管理人员同下级管理人员,以及同员工一起共同来制定组织目标,并把其具体化开展至组织每个部门、每个层次、每个成员那儿,与组织内每个单位、部门、层次和成员的责任和成果相互密切联系,明确地规定每个单位、部门、层级和成员的职责范围,并用这些措施来进行管理、评价和决定对每个单位、部门、层次和成员的贡献和奖励报酬等一整套系统化的管理方式。"

目标管理的概念可以概括为：组织的最高领导层与各级管理人员共同参与制定出一定时期内经营活动所要达到的各项工作目标，然后层层落实，要求下属各部门主管人员以至每个员工根据上级制定的目标制定出自己工作的目标和相应的保证措施，形成一个目标体系，并把目标完成情况作为各部门或个人考核依据的一套管理方法。

目标管理有三层含义：第一，组织目标是共同商定的，是一种双向参与的过程，由上级和下级共同制定目标，上级目标有下级目标的参与，下级的目标也是上下级协商确定的，而不是上级下指标、下级提保证（具体如图2-7所示）；第二，根据组织的总目标决定每个部门以及每个人负担什么任务、责任以及应达成的分目标；第三，以这些总目标和分目标作为单位经营和个人活动的依据，一切活动都是围绕着如何达到这些目标的，将履行职责变为达到目标，个人和单位考核也以目标为依据。

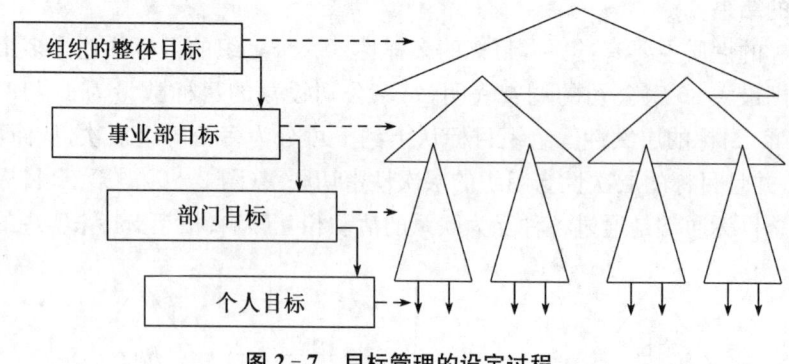

图2-7 目标管理的设定过程

2. 目标管理的特点

（1）目标管理强调以目标网络为基础的系统管理。组织本身是一个系统，组织的各种目标之间很少表现为简单的线性关系，而是构成比较复杂的网络系统。也就是说，各种目标的实现在逻辑上并不存在简单的先后次序关系，而是要求构成网络的各个具体目标之间必须保持彼此之间的协调明了，使得各种计划都能有条不紊地如期实现。

目标管理首先由管理层确定一定时期的总目标，然后对总目标进行分解，层层下达，逐级展开，形成不同层次、不同要求的多个目标。这些目标之间相互关联、相互支持，形成整体的目标网络系统，从而保证组织目标的整体性和一致性。

（2）目标管理强调"自我控制"。目标管理既重视科学管理，又重视人的因素。目标管理认为，员工是愿意负责的，愿意在工作中发挥自己的聪明才智和创造力。如果我们控制的对象是一个社会组织中的"人"，则必须通过对动机的控制来实现对行为的控制。目标管理的主旨是用"自我控制管理"代替"压制性的管理"，这种"自我控制"可以激励员工尽自己最大的努力把工作做好。

（3）目标管理促使权力下放。目标管理促使权力下放，是一种民主的管理。目标管理的网络化将目标层层分解下达，这就要求各级管理人员要明确自己的管理目标和管理责任。上级要根据目标的需要，授予下级部门和个人相应的权力，才能激励下级部门和个人充分发挥自己的聪明才智，保证目标的顺利实现。因此，授权是提高目标管理效果的关键，推行目标管理,可以促使权力下放。

(4) 目标管理注重成果。德鲁克强调,凡是其业绩影响企业组织健康成长的所有方面,都必须建立目标。由于目标管理有一套完整的目标考核体系,就能够对组织成员中的实际贡献和业绩大小进行评价,从而克服了以往凭印象、主观判断等传统的管理方式的不足。

(5) 目标管理强调时间性。任何组织目标都有时间性,所以在确定组织目标时必须明确其时间跨度。另外,由于计划制定者认识上的局限性和环境条件的多变性,可能发生计划与实际不完全相符的情况,因此管理者要根据组织内外条件的变化及时制定出新的目标,即组织目标是随着时间而发展变化的。

目标管理强调时间性,是指制定的每一个目标都有明确的时间期限要求,如一个季度、一年、五年,或在已知环境下的任何适当期限。在大多数情况下,目标的制定可与年度预算或主要项目的完成期限一致。但并非必须如此,这主要是要依实际情况来定。某些目标应该安排在很短的时期内完成,而另一些则要安排在更长的时期内。同样,在典型的情况下,组织层次的位置越低,为完成目标而设置的时间往往越短。

案例 2-11:失败的目标管理

北京蓝德通讯有限公司按照以下几个步骤实行目标管理:

一、目标的制定

总目标的确定:财年初的部门经理会议上,总经理和副总经理、各部门经理讨论协商确定该财年的目标,并告之全体员工。

部门目标的制定:每个部门在前一个月的 25 日之前确定下一个月的工作目标,并以目标管理卡的形式报告给总经理,总经理办公室留存一份,本部门留存一份。

目标的分解:各个部门的目标确定以后,由部门经理根据部门内部的具体的岗位职责以及内部分工协作情况进行分配。

二、目标的实施

每个月月中由相关负责人了解目标进行的情况,了解工作进展与完成情况。

三、目标结果的评定与运用

1. 目标管理卡首先由各部门的负责人自评,自评过程受人力资源部与办公室的监督,最后报总经理审批,总经理根据每个月各部门的工作情况,对目标管理卡进行相应的调整以及自评的调整。

2. 目标管理卡最后以考评得分的形式作为部门负责人的月考评分数,部门的员工的月考评分数一部分来源于部门目标管理卡。同时,这些考评分数作为月工资的发放的主要依据之一。

这是一个看起来比较完善的计划,但在一年多的执行过程中却有诸多不顺,各部门经理都对每个月目标管理卡的填写或制作不满。有一些部门,例如财务部门目标管理卡的内容重复性特别多;行政部门的工作临时性的特别多,目标管理卡很难确定……

最严重的问题是员工认为,如果领导每个月不对本部门员工解释明白,他们根本就不知道他们的工作目标是什么,只是每个月领导叫干什么就干什么,显得很被动……

(案例来源:从蓝得通讯目标管理问题说开去……[J].新浪潮,2004 年 11 月)

讨论问题：
1. 该公司的目标管理总体上存在哪些问题？
2. 为什么会出现"员工不知道他们的工作目标是什么，领导叫干什么就干什么"的情况，这个问题如何解决？

任务3.2 目标管理的基本程序

管理家斯蒂芬·罗宾斯认为目标管理共有8个步骤，如表2-6所示。

表2-6 目标管理的典型步骤

1. 制定组织的整体目标和战略
2. 在经营单位和部门之间分配主要目标
3. 各单位的管理者和他们的上级一起设定本部门的具体目标
4. 部门的所有成员参与设定自己的具体目标
5. 管理者与下级共同商定如何实现目标的行动计划
6. 实施行动计划
7. 定期检查实现目标的进展情况，并向有关单位和个人反馈
8. 基于绩效的奖励促进目标的成功实现

根据斯蒂芬·罗宾斯目标管理的八个步骤，我们可以概括成：目标管理主要是由目标体系的建立、目标实施和目标业绩考评三个阶段形成的，表2-6中的第一步到第五步概括为目标体系的建立阶段，第六步改为目标实施阶段，第七步和第八步概括为目标业绩考评阶段，这是一个周而复始的循环，预定目标实施后，又要制定新的目标，进行新一轮循环。用图2-8可以帮助我们比较清楚地、直观地了解目标管理三个基本程序。

1. 目标体系的建立

实行目标管理，首先要建立一套完整的目标体系。根据组织的宗旨，充分研究组织的外部环境和内部环境，分析可供利用的机会和面临的威胁以及组织自身的优势和弱点，通过上级管理者的意图与员工意图的上下沟通，对目标项和项目值反复商讨、评价、修改，取得统一意见，最终确定出组织一定时期特定的总目标。这项工作总是从企业的最高主管部门开始的，然后由上而下地逐级确定目标。上下级的目标之间通常是一种"目的—手段"的关系；某一级的目标，需要用一定的手段来实现，这些手段就成为下一级的次目标，按级顺推下去，直到作业层的作业目标，从而构成一种锁链式的目标体系。

上下级的目标之间形成的"目的—手段"关系，总目标是分目标的目的，分目标是总目标的保证，这也是目标纵向性的表现。目标展开示意图如图2-9所示。

目标分解展开的要求如下：
（1）组织开展多方位、多层面的协调活动。上下级间应进行深入的交流和沟通，一方面

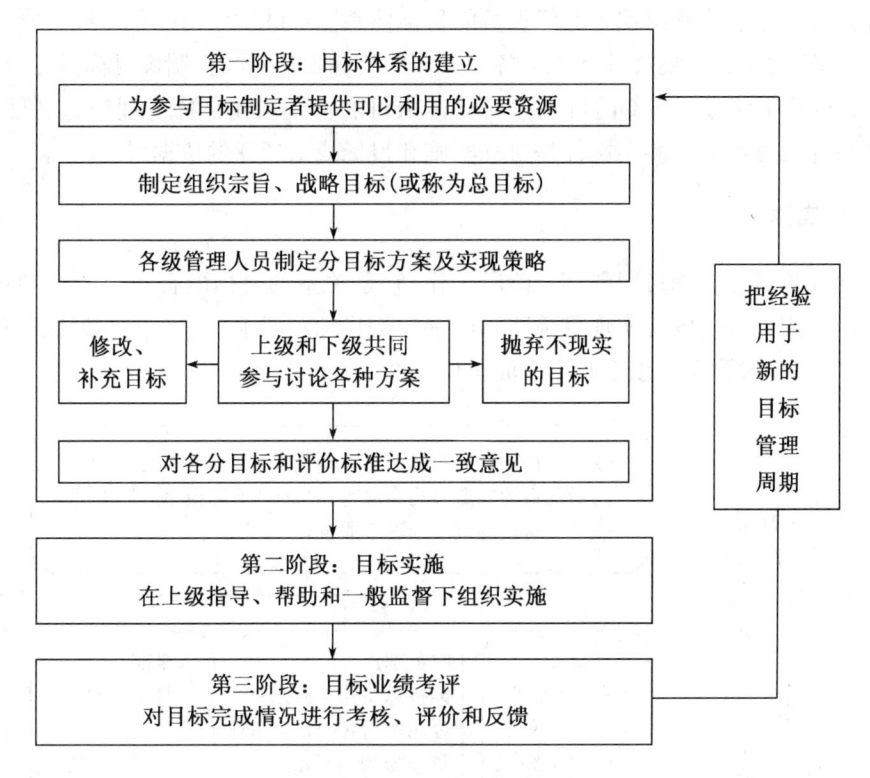

图 2-8　目标管理基本程序

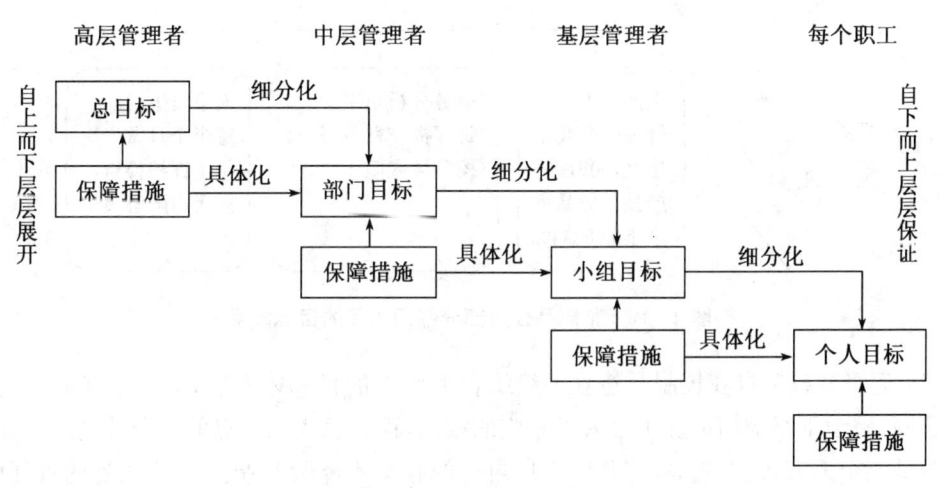

图 2-9　目标展开示意图

对各级目标的目标项、目标值反复商讨和评价。力争做到目标实施计划编制细致,问题分析透彻,各项保证措施具体、明确;另一方面,对目标成果考评内容和目标成果考评办法反复商讨和评价,目标成果考评内容必须与目标管理计划相符合,目标成果考评办法将影响目标成果考评结果,进而决定各类人员的利益和待遇。另外要力争做到,目标成果考评内容规范、考核标准公平合理。

(2) 建立一套以组织总目标为中心的一贯到底的目标体系。根据目标促使计划和目标

· 69 ·

成果考评内容与办法绘制组织各部门人员的目标体系图(如图2-10所示)或绘制目标措施表,形成目标管理实施计划文件。落实各级人员的目标责任,同时,明确目标进度日期要求。

(3) 举行签字仪式。各部门负责人与目标项目的责任人在目标管理实施文件上签字,以便确认目标责任计划。签字文件是目标实施和目标成果考评的依据。

2. 目标实施

目标实施是目标管理过程的第二阶段工作,它是关系到目标能否实现的关键环节。这一阶段的所有工作都是围绕实现目标体系所确定的目标和要求来进行的。为保证目标的顺利实现,在实施阶段要做好以下两个方面工作。

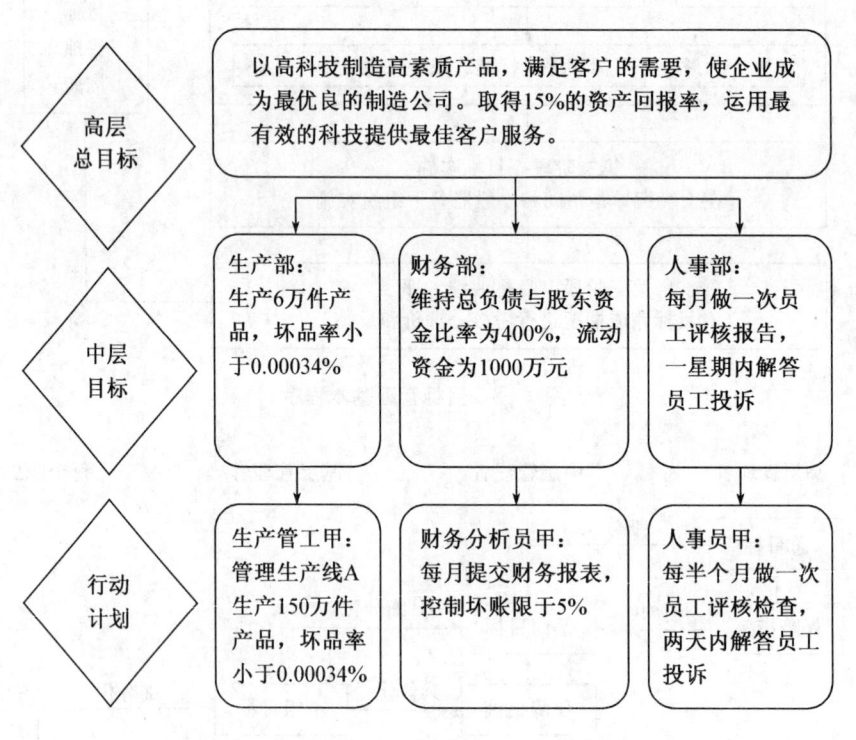

高层总目标： 以高科技制造高素质产品,满足客户的需要,使企业成为最优良的制造公司。取得15%的资产回报率,运用最有效的科技提供最佳客户服务。

中层目标：
- 生产部：生产6万件产品,坏品率小于0.00034%
- 财务部：维持总负债与股东资金比率为400%,流动资金为1000万元
- 人事部：每月做一次员工评核报告,一星期内解答员工投诉

行动计划：
- 生产管工甲：管理生产线A生产150万件产品,坏品率小于0.00034%
- 财务分析员甲：每月提交财务报表,控制坏账限于5%
- 人事员甲：每半个月做一次员工评核检查,两天内解答员工投诉

图2-10 某制品公司部分部门人员的目标体系

(1) 逐级授权和自我控制。建立了组织自上而下的目标体系后,上一级就根据责权相等的原则,授予下级部门或员工个人以相应的权利,而自己去抓重点的综合性管理。让下级部门或员工个人有权、有责,在工作中发挥自己的聪明才智和创造性,产生强烈的责任感,自行决定目标实施的具体途径和方法,实行自主管理。如果在明确了目标之后,作为上级主管人员还像从前那样事必躬亲,便违背了目标管理的主旨,不能获得目标管理的效果。

(2) 实施过程的检查和控制。在目标实施过程中,上级管理者应对目标实施过程实行检查和控制,主要体现在指导、协助、检查、提供信息以及创造良好的工作环境等方面。检查一般实行下级自查报告和上级巡视指导相结合的方法。如果发现问题,应及时给予解决。另外,在实施过程检查的基础上,应将目标实施的各项进展情况、存在的问题等用一定的图标和文字反映出来,对目标值和实际值进行比较分析,实现目标实施的动态控制。

3. 目标业绩考评

目标业绩考评就是对各级目标的完成情况,进行检查和评价。目标成果的考评结果将决定各类人员的利益和待遇。目标成果考评内容必须与目标管理计划相符合。

目标业绩考评一般实行自我评价和上级评价相结合,共同协商确认成果的方法。自我考评,就是员工个人对照目标和所取得的成绩来判断自己做得如何。上级考评,就是组织的上级部门对下级部门及组织成员进行考评,考评过程也是对照工作业绩与目标进行分析判断。

目标业绩的具体评价一般采用综合评价法,即在考评过程中主要考评三个方面的内容。按目标的完成进度、目标的复杂困难程度和在实现目标过程中的努力程度三个要素对每一个目标进行评定,确定各要素的等级分,修正后得出单项目标的分数值,再结合各单项目标在全部目标中的重要性权数,便得出综合考虑的目标成果值,以此来确定目标成果的等级评价要素重要性权数参考数据表(见表2-7)。

表2-7 评价要素重要性权数参考数据表

不同情况＼评价要素	完成程度	复杂程度	努力程度
一般职工	5	3	2
基层领导或管理人员	6	2	1
上级领导	7	2	1

(1) 目标的完成程度。目标的完成程度是指目标的实际完成值和目标计划值之比,分为A、B、C三级。定量目标按目标的完成率进行定量评定;而对于那些如"提供职工工作积极性"或"提高服务质量"之类只有定性表示的目标,可以结合民意测验进行定性评定。

(2) 目标的复杂难易程度。目标的难度是指目标任务本身的性质、客观条件、环境变化以及实现目标必须付出的代价大小,分为A、B、C三级。

(3) 成员主观努力程度。主要是看个人在完成目标时,发挥主观能动性的情况。在实施目标过程中,会遇到各种有利或不利的条件,此时,目标责任者的主观努力程度是不同的,也分为A、B、C三级。各部门的目标成果登记也用同样的方法进行评价。

目标管理的工作评价特别强调把评价的中心放在工作的成效上而不是放在个人品格上,这样的评价方法具有建设性,可以激发人们的工作热情,并能促使员工成长和发展。目标业绩考评是目标管理的最后阶段,也是下一个目标管理循环的开始。通过目标业绩考评,组织及时宣传成功的经验、总结失败的教训,并据此制定相应的规则或标准,为下一循环打好基础。

案例2-12:保险销售员的故事

有个同学举手问老师:"老师,我的目标是想在一年内赚100万!请问我应该如何计划我的目标呢?"

老师便问他:"你相不相信你能达成?"他说:"我相信!"老师又问:"那你知不知到要通过哪个行业来达成?"他说:"我现在从事保险行业。"老师接着又问他:"你认为保险业能不能帮你达成这个目标?"他说:"只要我努力,就一定能达成。"

"我们来看看,你要为自己的目标做出多大的努力,根据我们的提成比例,100万的佣金大概要做300万的业绩。一年:300万业绩。一个月:25万业绩。每一天:8300元业绩。"老师说,"每一天8300元业绩。大概要拜访多少客户?"

"大概要50个人。""那么一天要50人,一个月要1500人;一年呢?就需要拜访18 000个客户。"

这时老师又问他:"请问你现在有没有18 000个A类客户?"他说没有。"如果没有的话,就要靠陌生拜访。你平均一个人要谈上多长时间呢?"他说:"至少20分钟。"老实说:"每个人要谈20分钟,一天要谈50个人,也就是说你每天要花16个多小时在与客户交谈上,还不算路途时间。请问你能不能做到?"他说:"不能。老师,我懂了。这个目标不是凭空想象的,是需要凭借一个能达成的计划而定的。"

(根据 https://xw.qq.com/amphtml/20211007A08ZRW00 相关案例改编)

讨论问题:老师和学生的这段对话从目标管理的角度说明了什么问题?

任务3.3 制定目标的原则

1. 明确性(Specific)

所谓明确性就是要用具体的语言清楚地说明要达成的行为标准。有的工作岗位,其标准很好量化,典型的就是销售人员的销售指标,做到了就是做到了,没有做到就是没有做到。而有的岗位,工作标准会不太好量化,比如R&D(研发部门),但还是要尽量量化,可以有很多量化的方式。

明确的目标几乎是所有成功团队的一致特点。很多团队不成功的重要原因之一就因为目标定得模棱两可,或没有将目标有效地传达给相关成员。

比如说,将目标定为——"增强客户意识"。这种对目标的描述就很不明确,因为增强客户意识有许多具体做法,如减少客户投诉,过去客户投诉率是3%,现在把它减低到1.5%或者1%。提升服务的速度,使用规范礼貌的用语,采用规范的服务流程,也是客户意识增强的一个方面。有这么多增强客户意识的做法,我们所说的"增强客户意识"到底指哪一块?不明确就没有办法评判、衡量。所以建议这样修改,比方说,我们将在月底前把前台收银的速度提升至正常的标准,这个正常的标准可能是两分钟,也可能是一分钟,或分时段来确定标准。

实施要求:目标设置要有项目、衡量标准、达成措施、完成期限以及资源要求,使考核人能够很清晰地看到部门或科室月计划要做哪些事情,计划完成到什么样的程度。

2. 可衡量性（Measurable）

可衡量性就是指目标应该是明确的，而不是模糊的。应该有一组明确的数据，作为衡量是否达成目标的依据。

如果制定的目标没有办法衡量，就无法判断这个目标是否实现。比如领导有一天问"这个目标离实现大概有多远？"团队成员的回答是"我们早实现了"。这就是领导和下属对团队目标所产生的一种分歧。原因就在于没有给他一个定量的可以衡量的分析数据。但并不是所有的目标可以衡量，有时也会有例外，比如说大方向性质的目标就难以衡量。比方说，"为所有的老员工安排进一步的管理培训"。"进一步"是一个既不明确也不容易衡量的概念，到底指什么？是不是只要安排了这个培训，不管谁讲，也不管效果好坏都叫"进一步"？

该目标改进如下：准确地说，在什么时间完成对所有老员工关于某个主题的培训，并且在这个课程结束后，学员的评分在 85 分以上，低于 85 分就认为效果不理想，高于 85 分就是所期待的结果。这样目标变得可以衡量。

实施要求：目标的衡量标准遵循"能量化的量化，不能量化的质化"。使制定人与考核人有一个统一的、标准的、清晰的可度量的标尺，杜绝在目标设置中使用形容词等概念模糊、无法衡量的描述。对于目标的可衡量性应该首先从数量、质量、成本、时间、上级或客户的满意程度五个方面来进行，如果仍不能进行衡量，其次可考虑将目标细化，细化成分目标后再从以上五个方面衡量，如果仍不能衡量，还可以将完成目标的工作进行流程化，通过流程化使目标可衡量。

3. 可实现性（Attainable）

目标是要可以让执行人实现、达到的，如果领导利用一些行政手段，利用权力性的影响力一厢情愿地把自己所制定的目标强压给下属，下属典型的反映是一种心理和行为上的抗拒：我可以接受，但是否完成这个目标，有没有最终的把握，这个可不好说。一旦有一天这个目标真完成不了的时候，下属有一百个理由可以推卸责任：你看我早就说了，这个目标肯定完成不了，但你坚持要压给我。

"控制式"的领导喜欢自己定目标，然后交给下属去完成，他们不在乎下属的意见和反映，这种做法越来越没有市场。今天员工的知识层次、学历、自己本身的素质，以及他们主张的个性张扬的程度都远远超出从前。因此，领导者应该更多地吸纳下属来参与目标制定的过程，即便是团队整体的目标。定目标成长，就先不要想达成的困难，不然热情还没点燃就先被畏惧给打消念头了。

如果让一个没有什么英语基础的初中毕业生，在一年内达到英语四级水平，这个就不太现实了，这样的目标是没有意义的。但是你让他在一年内把新概念一册拿下，就有达成的可能性，他努力地跳起来后能够摘到的果子，才是意义所在。

实施要求：目标设置要坚持员工参与、上下左右沟通，使拟定的工作目标在组织及个人之间达成一致。既要使工作内容饱满，也要具有可达性。可以制定出跳起来"摘桃"的目标，不能制定出跳起来"摘星星"的目标。

4. 相关性(Relevant)

目标的相关性是指实现此目标与其他目标的关联情况。如果实现了这个目标，但对其他的目标完全不相关，或者相关度很低，那这个目标即使达到了，意义也不是很大。

因为毕竟工作目标的设定，是要和岗位职责相关联的，不能跑题。比如一个前台，你让她学点英语以便接电话的时候用得上，这时候提升英语水平和前台接电话的服务质量有关联，即学英语这一目标与提高前台工作水准这一目标直接相关。若你让她去学习6sigma，就跑题了，因为前台学习6sigma这一目标与提高前台工作水准这一目标相关度很低。

5. 时限性(Time-based)

目标特性的时限性就是指目标是有时间限制的。例如，我将在2015年5月31日之前完成某事。5月31日就是一个确定的时间限制。没有时间限制的目标没有办法考核，或带来考核的不公。上下级之间对目标轻重缓急的认识程度不同，上司着急，但下级不知道。到头来上司可以暴跳如雷，而下属觉得委屈。这种没有明确的时间限定的方式也会带来考核的不公正，伤害工作关系，伤害下属的工作热情。

实施要求：目标设置要具有时间限制，根据工作任务的权重、事情的轻重缓急，拟定出完成目标项目的时间要求，定期检查项目的完成进度，及时掌握项目进展的变化情况，以方便对下属进行及时的工作指导，以及根据工作计划的异常情况变化及时地调整工作计划。

总之，无论是制定团队的工作目标，还是员工的绩效目标，都必须符合上述原则，五个原则缺一不可。制定的过程也是对部门或科室先期的工作掌控能力提升的过程，完成计划的过程也就是对自己现代化管理能力历练和实践的过程。

案例2-13：《杜拉拉升职记》中SMART原则的使用

关于"明确性"

杜拉拉："有的工作岗位，任务很好量化，典型的就是销售人员的销售指标，做到了就是做到了，没做到就是没做到。而有的岗位，工作任务不太好量化，比如R&D(研发部门)，但还是要尽量量化，可以有很多量化的方式。行政主管和我说行政的工作很多都是很琐碎的，很难量化。比如对前台的要求：要接听好电话——这可怎么量化、怎么具体呢？我告诉她，什么叫接好电话？比如接听速度是有要求的，通常理解为'三声起接'。就是一个电话打进来，响到第三下时，你就要接起来。不可以让它再响下去，以免打电话的人等得太久。"

关于"可衡量性"

杜拉拉："我告诉她，比如她的电话系统维护商告诉她，保证优质服务。什么是优质服务？很模糊，要具体点，比如保证对紧急情况，正常工作时间内4小时响应。那么什么算紧急情况，又要具体定义：比如四分之一的内线分机瘫痪等。"

关于"可实现性"

杜拉拉："你让一个没有什么英文基础的学生，在一年内达到英语四级水平，就不太现实，这样的目标是没有意义的。但你让他在一年内把新概念第一册拿下，就有达成的可能性，他努力地跳起来能够到的果子，才是意义所在。"

关于"相关性"

杜拉拉:"毕竟是工作目标的设定,要和岗位职责相关联,不要跑题。比如一个前台,你让她学点英语以便接电话时用得上,就很好。而让她去学习管理,就跑题了。"

关于"时限性"

杜拉拉:"比如你和你的下属都同意,他应该让自己的英语达到四级。你平时问他有没有在学呀?他说一直在学。然后到年底,发现他还在二级三级上徘徊,就没有意思了。一定要规定好,比如他必须在今年的第三季度通过四级考试。要给目标设定一个大家都同意的合理的完成期限。"

(根据 https://book.douban.com/review/1928302/改编)

讨论问题:
是否能够参考杜拉拉对目标设置原则的要求,给自己制定目标?

导入案例2-14

创业新思路修理旧玩具

北京有位青年小王,毕业于中职电子技术专业,起初在一家建筑施工企业打工,由于专业不对口,非常苦闷。后来,一个熟人让他给修小孩电动玩具使他深受启发,于是他做了市场调查,调查结果显示:

1. 独生子女很受大人的宠爱,都有不少玩具,价格贵,档次高,结构复杂,易坏。家长缺乏专业知识,不敢动手修。旧玩具如同鸡肋,"食之无肉,弃之可惜"。

2. 修理儿童玩具投资小、所需设备简单,一只万用表、一把电烙铁、一套各种规模的螺丝刀等修理工具即可。在修理业务中,还可以兼回收旧玩具,以便"拆东墙补西墙",将旧损玩具上的可用配件换到需修的同类玩具上,既省钱也能解决不少难题。

3. 北京市场上基本上没有玩具修理部。

后来,小王真的把这个创业想法落实了,不到1年的时间,他就使20 000多个玩具"恢复生机",收入也相当可观。

(案例来源:旧玩具上的新生意[J])

讨论问题:
小王创业成功的秘诀是什么呢?

任务4　中小微企业创业计划

任务4.1　中小微企业创业理念和创业目标

1. 树立创业理念

任何一个在企业经营方面卓有成效的人,都有自己的经营哲学,或者说处事信条、做事原则或经营信念,往往也因此令他们在相关领域取得成功。每一家企业的成立和发展也都源于创业者的一套创业理念,好的创业理念对于一家企业而言就像方向盘,引导企业发展和壮大。不当的企业价值观、无效的经营管理及销售策略、对竞争环境的估计错误等很多问题都源于创业理念与竞争策略的错误。

创业理念是创业者对创业活动的看法和想法,是创业者对企业价值观与正确经营行为的确认,然后在此基础上形成的创办与经营企业的基本设想,以及企业在科技优势、管理制度、发展方向、共同信念等方面追求的经营目标。

创业理念是企业形象的尺度,是创业者的行动指南,是各项经营活动需要遵循的基本原则。企业成立和发展的限制,就在于经营活动是否具有实效。

纵观各行业中无论规模大小的企业,经营成功的秘诀有很多。但不难发现,所有的创业理念都是围绕实现企业成功创立的总目标来设计的,也必须在执行中得到渗透和贯彻:

第一,创业理念的实质是一种创业精神的引导力。

第二,创业理念在企业运营中必须得到贯彻,企业的经营活动,是对创业理念的具体落实和行动强化。

第三,运用创业理念的关键,在于培植企业精神,提高企业的凝聚力,使团队精神得以强化。

第四,经过计划、探索、运用和调适,创业理念在企业经营活动中应奉行不渝。在1914年创办IBM公司时,老托马斯·沃森为公司制定了"行为准则",这些准则一直牢记在公司每位人员的心中,任何一个行动及政策都直接受到这些准则的影响。准则包括必须尊重个人、必须尽可能给予顾客最好的服务、必须追求优异的工作表现,这三条准则被称为"沃森哲学"。"沃森哲学"对IBM的成功所贡献的力量,比技术革新、市场销售技巧或庞大财力所贡献的力量更大。

第五,能够使人振奋、鼓舞人心的目标与原则,才是企业真正需要的。所以创业理念必须是充满正能量的、积极的、朝气蓬勃的。就像IBM公司的小托马斯·沃森说的那样,"对任何一个公司而言,若要生存并获得成功,必须有一套健全的原则,可供全体员工遵循,但最重要的是大家要对此原则产生信心。"

2. 确定创业目标

创业目标表明企业在实现创业的过程中要达到的长期结果。为了保证实现企业的创业目标,必然要求新创企业在产品、市场、内部经营结果和生产率等方面都应达到相应的水平。创业目标涉及企业整体的、长期的发展问题,所以比其他经营目标更为全面,更为复杂。

(1) 创业目标的层次性。创业目标按照其层次结构,可以分为:

① 长期基本目标。这是创业者在创业过程中努力争取达到的预期结果,通常以新创企业的总体经营状态为主要内容。长期基本目标的制定可以遵循以下流程:一是选择创业方向,确定干什么,建议创业者选择自己熟悉的、资金周转期较短、库存量较少、利润相对稳定或成长性的行业;二是确定创业形式,准备怎么干,是开办新企业,还是加盟特许经营,或者从事风险投资等;三是确定创业目标,明确创业要达到的预期结果。具体来说是由销售增长率、销售额、资金利润率、资金结构、盈利的分配比率等指标来描述的。

② 产品或市场目标。为保证长期目标的实现,要根据未来市场的情况和自身的条件来决定初创企业应该对市场环境中,哪类顾客提供什么样的产品和服务,并且应该达到什么样的水平,这一层面上的目标主要由产品结构、新产品的开发、市场占有率、市场开发等指标进行衡量。

③ 营业结构目标。这一层次的目标是为了实施产品或市场目标,对企业拥有的各种资源进行合理配置,主要是对人员、设备、生产技术结构、组织结构做出相应的规划,使之能保证以上两个层次目标的实现,具体包括设备投资、人员结构、研发费用、组织结构的配置等。

④ 生产率目标。这层次的目标是要在初创期有效开展企业的生产、销售活动,从而达到相应的水平,保证以上层次目标的实现,具体包括如劳动生产率、资金周转、成本降低等方面具体目标的制定。

创业目标的制定,首先提出在初创期结束时可能达到的企业总体经营状态,对照现实基础找出存在的差距。再根据未来环境和企业内部条件,分析企业将面临的机会和威胁优势和劣势。其次,明确企业在初创期弥补差距的能力,最后通过对能力和差距的综合平衡来确定企业未来发展的目标。

(2) 创业目标的作用。对于创业者而言,一定要有明确的创业目标,因为在企业的经营过程中,创业目标的重要性是毋庸置疑的:一是可以起到指向作用;二是可以起到激励作用;三是具有标尺作用;四是具有凝聚作用。

案例 2-15:真正成功的公司源于伟大的创业理念

李开复认为,社交网络 Facebook 的上市是展现社交链价值的重要里程碑,也是 Facebook 上市本身的巨大意义。Facebook 上市意味着新的"瘦创业"时代的来临,即创业不再是涉及芯片、工厂、物流,也不需要做软件、做销售、做渠道,而是通过互联网这个实验室,用软件来做一个很简单的雏形,因为软件的重做补充与修做的成本几乎趋于零。

在李开复看来,像 Facebook 和 Google 一样,它们在本质上都不是主要为了赚钱,而是源于创业者拥有巨大理想,想让世界变得更好,拥有能够帮助用户做一个非常伟大事业的心态。而伟大的创业理念是国内创业者值得需要的事情。

（根据 https://www.163.com/money/article/827AIC2R00253G87.html 改编）

讨论问题：
为什么说成功的公司主要都是源于创业者的理想？

任务4.2　中小微企业创业机会识别

创业过程的核心其实是创业机会的问题，创业过程是由机会驱动的，例如技术进步、政策发生变化、国际化的发展……这些变化都会给企业带来创业机会。

管理大师德鲁克指出，在产品市场的创业活动有三大类的机会：一是由于新技术的产生创造新的信息；二是由于时间和空间的原因导致信息不对称而引起市场无效，此时创业者可以利用市场失灵；三是当政治管制和人口统计的特征发生重要变化，与资源利用相关的成本和利益便会发生转变，这些转变可能会创造机会。

什么是创业机会？为什么会存在创业机会？创业者如何识别评估和开发创业机会？哪些因素会影响这一过程以及如何影响？这些问题将是本任务讨论的重点内容。

1. 创业机会的概念

创业机会并不简单地等同于新产品、新服务、新原材料和新的组织方式，而是通过把资源创造性地结合起来，迎合市场需求，例如顾客的愿望、兴趣等，并传递价值的可能性。所以创业机会实际上是一个动态发展的概念，其中，蕴含"原本模糊，但会随着时间的推移逐步明确起来的"意义。机会的最初状态是"未精确定义的市场需求或未得到利用的资源和能力"，后者可能包括基本的技术，未找准市场的发明创造或新产品服务的创意。潜在的顾客可能很清楚自己的需求、兴趣或问题，也可能并不明确自己的需要。即使顾客不清楚他们到底要什么，当创业者把新产品推荐给他们，并向他们说明产品的好处时，他们也能够识别这个新产品给他们带来的价值。和有发展潜力的新能力或新技术一样，未得到充分利用的资源也有为潜在顾客创造和传递价值的可能性，尽管这种新价值的形式还不确定。随着市场需求被创业者精确定义出来，未得到利用或充分利用的资源也被更精确地定义为潜在的用途，创业机会就从最基本的形式中发展起来，形成了一个商业概念。

创业机会，指具有较强吸引力的、较为持久的有利于创业的商业机会，创业者据此可以为贵提供有价值的产品或服务，并同时使创业者自身获益。

2. 创业机会的来源

常见的创业机会来源包括以下几种：

（1）技术变革。新的科技突破和进步。新技术的出现改变了企业间的竞争模式，使得创办新企业的机会大大提高。例如电子商务和人工智能的发展和应用。

（2）政策法规调整。政府政策的某些变化，就可能给创业者带来新的创业机会。例如农村承包土地"三权分置",激发了农业农村的创业高潮。

（3）社会发展和人口结构变革。消费增长、人口老龄化、二胎开放等社会发展和人口结构的变化改变了人们对产品和服务的需求。例如收入水平等提高,使人们对精神生活的消费追求提升;工作压力变大和家庭出游的需求,使休闲度假旅游持续火爆;还有从养老院升级的养老社区。

（4）产业和市场结构的变化。产业或市场结构的变化改变了行业中的竞争状态,形成了创业机会。为实现国家生态化、数字化、智能化、高速化、新旧动能转换与经济结构转型升级,包括5G基站建设、特高压、城际高速铁路和城市轨道交通、新能源汽车充电桩、大数据中心、人工智能、工业互联网七大领域的新型基础设施建设激增了大量的创业机会。

（5）重大事件。重大活动(奥运会)、重大自然灾害(地震、疫情)、重大社会事件、重大经济事件等均会带来对某些产品的大量需求,进而为创业者带来创业机会。

3. 选择利于创业的机会

所有的创业机会最后都能得到利用和开发吗？通常创业者只开发那些期望价值较高的机会。当满足期望需求很大,产业利润边际较高,技术生命周期年轻,资本成本较低等条件时,开发和利用相关机会就比较明智。那么,什么样的创业机会是期望价值高,利于创业的呢？通常有四个维度的因素影响并决定创业企业的生存:知识因素、需求因素、产业生命周期和产业结构。

（1）产业的知识因素。产业的知识因素是指一个产业生产产品或提供服务所需要的知识情况,主要指生产过程的复杂程度、产业创造新知识的水平,创新单位的规模和不确定性的程度。例如把制药工业和零食工业进行比较,显然制药工业的生产过程更复杂,需要更多的投资才能实施创新,而且不确定性也更高。

所以一般适合创业企业生存的产业包括以下几个方面:研究和开发密集的产业更适合创业企业生存;技术创新的来源主要是公共部门,而不是私人部门的产业,更适合创业企业生存;较小规模的单位即可实施技术创新的产业,更适合创业企业生存。

（2）产业的需求因素。影响创业企业生存情况的产业需求因素主要有三个:市场规模、市场成长性和市场的细分情况。

① 市场规模:由于在市场规模大的产业,新企业更容易获得盈利。所以,新企业在市场规模较大的产业表现会更好。

② 市场成长性:在快速成长的产业里,原有企业的生产服务能力不能完全满足市场的需要,新企业的发展空间比较大。所以,在快速成长的产业里的新企业表现会比成长缓慢或日趋萎缩的产业里的新企业,更容易获得盈利。

③ 市场的细分情况:市场细分明确的产业新企业容易生存,因为新企业容易在细分后的市场中找到现有企业没有满足的"缝隙",并以此为利基市场,从而得到发展。

（3）产业生命周期。从理论上来说,任何一个产业都和人一样存在初创、成长、成熟和衰亡的周期过程,尽管有的产业生命周期比较长,因为我们并没有亲眼看见很多成熟产业的凋零过程,但是了解产业生命周期的情况,有利于我们了解创业企业适应生存的阶段。首先,产业成长期比产业衰亡期更适合新创企业的生存,而且越是在产业发展的初期,新企业越容易进入。其次,产业进入成熟期的标志是出现了通行标准,通行标准出现前比通行标准出现后,更适宜新创企业的生存。

(4) 产业结构。不同产业,结构也不同,有的产业比另一些产业更适宜新创企业生存。

① 资本密集程度:资本密集程度越高,新企业越不容易生存;
② 规模经济:一个产业的规模经济效应越显著,新企业越不容易生存;
③ 产业集中程度:一个产业的市场份额越集中,新企业越不容易生存;
④ 以中小微企业为主的产业更加适合新企业的生存和发展。

4. 创业机会的类型

创业机会的类型,也可能影响开发的过程和创业的成败。可以按照创业机会的来源和发展程度对创业机会加以分类,如图 2-11 所示。其中,市场需求可能是已识别的或未能识别的,代表着创业机会的潜在价值是否已经较为明确;资源和能力可能是确定的或不确定的,代表着创业者是否能够有效开发并利用这一创业机会,包括一般知识、人力资源、财务能力以及各种必要的有形资产等。在这个矩阵中市场需求表示存在的问题,资源和能力表示解决问题的方法,可将创业机会综合分为"梦想"型、问题解决型、技术转移型和企业形成型四类。

	市场需求	
	未识别	已识别
资源和能力 不确定	"梦想" Ⅰ	问题解决 Ⅱ
确定	技术转移 Ⅲ	企业形成 Ⅳ

图 2-11 创业机会的类型

(1) 机会类型Ⅰ:"梦想"型创业机会(矩阵左上方部分),是指那些创业机会的价值并不确定,创业者是否拥有实现这一价值的能力也不确定,也就是问题及其解决方法都未知的创业机会。对于这类型的创业机会,创业风险较高,创业者应该谨慎选择。

(2) 机会类型Ⅱ:问题解决型创业机会(矩阵右上方部分)。市场需求已识别,有些创业机会已经出现或者消费者已经存在一定的需求,但是如何解决该问题的方法和途径并不明确,对于这类型的创业机会,创业者可充分利用各类资源,积极寻找并确定创造价值的途径和方法。

(3) 机会类型Ⅲ:技术转移型创业机会(矩阵左下方部分)。机会的价值尚未明确,而创造价值的能力已经较为确定,创业者或者技术的开发者的主要工作是寻找应用领域和可用的生产能力等,也就是如何将现有技术转化为经济和社会效益。

(4) 机会类型Ⅳ:企业形成型创业机会(矩阵右下方部分)。市场需求已识别,且资源和能力已确定。这类型的创业机会,属于成熟性创业机会,创业者可充分利用该创业机会实施创业,创业的风险较小,成功可能性较高。但由于创业机会的价值和创业者创造价值的能力都已经明确,因此在利用该创业机会进行创业过程会出现大量的同类竞争者,创业竞争较大。

5. 识别和开发创业机会

创业机会的识别和开发过程与产品研究和开发过程很相似,不过产品研究和开发过程的结果是新产品,而成功的机会开发过程的结果是新企业的创立。机会开发过程包括机会的识别、评价和开发,机会评价贯穿了整个创业机会的识别和开发过程,如图 2-11 所示。

市场需求或可利用资源 →(评价)→ 商业概念 →(评价)→ 商业模式 →(评价)→ 商业计划 →(评价)→ 新创企业

图 2-11 创业机会识别与开发过程

"评价"这个术语通常和判断联系在一起,这个判断决定了正在开发的机会是否能得到物力、财力支持,以便进入下一个阶段的发展。在整个机会开发过程中。对机会进行评价的人主要是创业者和投资人。在开发过程的不同阶段,创业者很可能会对这一机会进行多次评价,这些评价会使创业者识别出其他的新机会或调整其最初的看法,尽管这种评价可能是非正式的,甚至是不系统的。创业者可以对推测的市场需求或资源进行研究,直到得出结论。但如果进一步深入的研究需要投入许多资源,机会评价工作就变得正式起来。一般来说,那些决定资源分配的人,例如投资人会对创业企业的商业计划进行全面评价,进行尽职调查。

案例 2-16:发现创业机会

与身边其他小伙伴不同,2014 年,从清华大学医学部硕士毕业时,肖鹏飞没有选择继续读博,而是特立独行走上了创业之路。有趣的是,促使他做出这一重大人生选择的原因,还要从读研期间在实验室里洗烧杯时的一次意外发现说起。

最初的创意契机,源于研二时的一次常规有机实验,为合成一种药物,肖鹏飞需要给小分子加上保护基团。实验完成后,小分子溶解,保护基团留在玻璃壁上,洗烧杯时,奇妙的事情发生了。由于保护基团的存在,水流快速形成,水滴从杯壁滚落下来。肖鹏飞受到的严格训练不容他放过这一细节。"导师的要求非常高,平时做化学实验,一点点温度的变化或者颜色的改变都必须注意,不只是记录,还要想清楚为什么会这样。"肖鹏飞由此养成习惯,对于机理的把握非常敏感,"当时我觉得这个现象非常有意思。"

科研工作仍然占据肖鹏飞的大部分时间,但他也抽空查阅文献和专利,发现类似自己"洗烧杯"试剂的创意已经有了商业化产品,也慢慢对相关机理进行了一些研究,并做了简单的实验测试,他发现自己配的试剂的确有效果。

点滴的进展激励了肖鹏飞,他开始不断对配方进行优化,也找了在中科院和北大熟悉材料科学的同学帮忙,最后买了日本和美国公司的同类产品做对比测试,发现自己在实验室捣鼓的配方居然效果更好,而且成本低得多。

肖鹏飞首先想到这款疏水材料产品可以大规模应用到汽车行业,他开始从实验室走出来,尝试向一些洗车行推销自己的新产品。

2014 年 3 月,他组建了自己的公司——北京易净星科技有限公司。刚刚做公司的时候,从技术研发起家的肖鹏飞一开始特别希望把包括研发、生产和销售在内的整个产业链条都做起来,最后发现很累,而且收效不明显。后来肖鹏飞重新优化战略,"市场是我们最大的问题。公司初创时期做得不是特别好,周围很多都是和你一样背景的人,而要找到做市场的人,付出的代价很大,即使来了你也不一定能管理好",肖鸿飞搞清楚形势后,反而加大了研发力度,不断把技术做强。2014年5月,肖鹏飞凭借易净星新材料拿到了清华大学"校长杯"创业挑战赛的冠军。2015年初,他的自信心和不断确立的技术优势得到了回报,某跨国公司的一位区域经理加盟公司负责开拓市场。

(根据http://zqb.cyol.com/html/2015-04/27/nw.D110000zgqnb_20150427_1-T01.htm改编)

讨论问题:
结合你的学习、生活经验,有没有可以开发的创业机会?

任务4.3 中小微企业创业团队

美国的一项研究表明,83.3%的高成长企业是由团队建立的,团队创业型企业的成长性明显优于独自创业型企业。

1. 创业团队的意义

创业团队是为进行创业而形成的集体,是由才能互补、责任共担且愿为共同的创业目标而奋斗的创业者组成的团队。创业团队的基本作用包括了制定商业计划、募集关键人力资源、筹措创业资本、创办新企业、构建商业平台等多方面工作。

一个好的创业团队对于新创企业的成功具有举足轻重的作用,创业团队的整体素质和实力直接决定了新创企业的发展潜力,进而决定了新创企业能否成功。可以说,创业团队的组建在整个创业过程中至关重要,具有不可替代的作用。

2. 创业团队成员的构成

创业团队的构成模式一般来讲主要有两种:一种方式为核心主导型创业团队,这种团队通常是有一个人首先有了创业意图,但考虑到自身能力与创业理想之间存在着的差距,这个创业者便根据需要有目的的邀请其他人加入进来组成所需的团队,以其为核心共同创业,通常这个核心人物掌握着团队发展的关键技术或关键资源;另一种方式为群体型创业团队,这种团队的组建是多个团队成员同时形成创业意向,从而组合起来向共同目标努力,在这种类型的创业团队中并不以哪个成员为核心,团队成员之间原先就有共同兴趣、友谊或共同相处的经历。

根据与加入团队的时间、承担风险责任程度的差异,创业团队可分为从核心到外延的四类成员:

(1)创业项目发起人。发起人是整个创业项目最初创意的来源,作为商机的发现人,他最早萌发了启动该创业项目的意愿。整个创业团队以他为核心,逐步加入其他人员进来。

(2) 创业合伙人。创业项目的合伙人担负着完善发起人提出的商业模式并共担风险的职责。合伙人是受发起人感召,以拿资金、实物、技术、技术性劳务等形式出资,一起与项目发起人成为项目的投资人。合伙人参与合伙经营,依协议享受权利,承担义务,对创业项目的债务承担责任。

(3) 核心团队。创业核心团队的成员是由参与经营的创业项目所有者(含创业项目发起人和合伙人)招募而来的,由技术、营销、财务等技能互补的人员构成。这个核心团队承担了将创业者们确定下的商业模式加以细化,使之成为具体的创业计划的职责。在很多情况下,构成这支核心团队的主要成员由创业项目所有者和各种技术骨干组成。

(4) 普通员工。普通员工一般是创业项目发展过程中逐步进入创业团队。他们进入团队的时间较晚,相对而言与创业者的密切程度要逊于核心团队成员。他们的主要职责是执行核心团队提出创业计划细化分解出的各项具体任务。

3. 选择创业合伙人

(1) 明确合伙原因。究竟创业是单干好还是合伙好,不能一概而论。独自创业虽然具有创业者享有充分的自主决策权,不必担心意见分歧,但同样也要独自承担经营风险、筹资金困难的窘迫。合伙创业可以让多人一起承担责任和参与决策,大大降低经营的盲目性和随意性,增强筹资能力。

因此,创业项目发起人要明确是否选择合伙创业,建议可从几个方面考虑:

① 风险承担能力。自己能否独自承担创业项目的风险,若不能,则要考虑选择资金实力强的人来合伙,以提升创业项目整体的抗风险能力。

② 创业项目复杂程度。创业项目复杂程度越高越需要周密的考虑,对创业者的要求也就越高,此时选择恰当合伙人十分必要。

③ 创业短板是否存在。若存在技术、资金、网络关系等关键资源短板的存在,则应重点考虑持有此类资源的人选,合伙创业。

总体而言,创业者可根据自己准备经营的创业项目的规模等具体情况进行区分性选择。开设小店、小型加工作坊等资金投入量不大、经营模式简单的创业项目独自创业较为合适,若是投资规模较大的创业项目建议考虑寻找一个或多个适合的合作伙伴一起创业。

(2) 合伙人的挑选方式。企业合伙人走到一起的方式是多种多样的,有的合伙团队的组建是机缘巧合,可能合伙人来自同一个地区、毕业于同一所高校、就职于同一家企业,也可能是志趣相同,当然还有可能是合伙人对特定市场对需求预测或发展方向达成了一致的意向。挑选合伙人时应参考以下基本条件:

① 志同道合。合伙人在创业动机上应该应当具有相似性,尤其是价值观和创业理念方面的相似。创业过程充满了艰辛和风险,会经历各种各样的挫折和诱惑。在面对困难时,合伙人能否保持通力合作,在很大程度上影响创业的成败。另外,当创业取得一定成绩后,合伙人也依然能保持奋斗的激情,这将关系企业最终能达到的高度。

② 优势互补。合伙人在性格、能力和背景上最好实现互补。通常创业项目的创始人不可能也没有必要对企业经营中方方面面都做到精通,他可能在某些方面存在不足,例如研发

· 83 ·

或财务,那就需要其他合伙人的能力和优势实现弥补。所以在专业技能、个性特征、资源背景等方面能做到补充和平衡的就是理想的合伙人。

③ 德才兼备。合伙人的"德"与企业的稳定与发展密切相关,包括团结合作、相互尊重等;"才"则涉及合伙人具备的专业知识、技术和能力。合伙人是否重信守约也是重要的考量标准。重信守约是最宝贵的商业道德,也是合伙经营中的基本要求。如果在新创的合伙企业中混入了不具备基本商业道德的人,很可能会断送创业项目的前途。

④ 动态调整。企业合伙人可能存在变动,所以在企业创立时就应预见到这种可能性,并制定一致同意的成员流动规则。制定的规则应体现企业利益至上的原则,当原合伙人出现变动时也应充分肯定其贡献。此时,明晰的股权分配制度可以有效应对合伙人的动态调整。且企业应尽可能地预留一些股份,可以用来再次分配或预留给未来的合伙人。

(3) 确定合伙方式。创业初期,项目发起人就应与合伙人明确彼此之间的权责。合伙各方应就职责划分、投入比例、利润分配方式和退出方式等内容做出明确约定。通常,根据责权划分、投入与分配方式的差异可将创业合伙的方式分为以下几种类型:

① 完全均等模式,即所有合伙人在投资额、管理权限以及收益分配方面完全均等分配。

② 管理强化合伙模式,即发起人与合伙人投资额和收益额均相等,但日常的经营管理由发起人负责,合伙人不参与公司日常管理。

③ 完全差异化合伙模式,即每个合伙人在投资额、管理参与度以及收益分配比例方面均按照事先约定的不等比例进行。

④ 第三方管理模式,即每位合伙人投资有多有少,最终收益的分配按各人实际投入的比例分配,新创企业的日常经营管理由聘请的职业经理人负责。

案例 2-17:小米的创业团队

2010 年,从金山出来休息了几年的雷军,准备用互联网电商模式卖手机。雷军很清楚,创业无非三要素:人、事、钱,其中人是最关键的。于是,他找到林斌。林斌那时候在谷歌中国负责安卓的研发。合伙计划一敲定,两人分头找人,他们先后找到曾任金山词霸总经理的黎万强,曾是摩托罗拉最畅销机型"明"的硬件研发负责人的周光平博士,原微软中国工程院开发总监黄江吉,创办了北京科技大学工业设计系的刘德,曾任谷歌中国高级产品经理的洪锋等合伙人。

2020 年 8 月 16 日,雷军宣布小米重启创业模式,增补了四位新的合伙人。现在小米合伙人委员会由雷军、林斌、洪锋、王川、刘德五位在任的联合创始人和王翔、周受资、张峰和卢伟冰四位新增的合伙人构成。

创业文化和合伙人文化带领小米取得了高速发展。小米的合伙人制度形成小米集团核心事项的集体决策机制,更是小米文化价值观和互联网方法论的传承机制。

(根据 https://baijiahao.baidu.com/s?id=1615019787448129445&wfr=spider&for=pc 改编)

通过网络查找小米合伙人的专业背景资料,并讨论问题:

小米的合伙人分别具备哪些能力或资源?

任务 4.4　中小微企业创业计划制定

创业计划是创业者对于创业的整体规划和设计,也是企业融资必不可少的工具,通常创业者都会通过编写创业计划书来审视企业的商业模式,深入了解企业的核心竞争力,评估企业的发展策略。所以,一份完整的创业计划通常要包括企业各项管理职能,例如市场营销计划、研发计划、生产计划、财务计划和人力资源计划等内容。同时也要提出创业的初期,例如前五年的短期、中期和长期的方针、决策和制度。

1. 创业计划的作用

创业计划有什么用呢?这就好像要为企业未来发展画出一份指引图,从而时刻提醒创业者应该注意什么,应该配备哪些资源,规避什么样的风险,并在最大程度上帮助创业者获得来自外界的帮助,所以创业计划有着非常重要的作用。

(1) 帮助创业者自我评价,理清创业思路。创业者应该以认真的态度对自己所拥有的资源、已知的市场情况、拟定的竞争策略做尽可能详细的分析,并提出一个初步的行动计划,通过创业计划来了解自身的情况。另外,创业计划还是进行创业资金准备和风险分析的必要手段。对新创企业来说,一个酝酿中的项目往往很模糊,通过详细的创业计划,可以把相关的因素都确定下来,然后逐条推敲,创业者就可以对项目的执行有更加清晰的认识。

(2) 帮助创业者有效管理,凝聚人心。创业计划的制定可以使创业者清晰地感到对创办企业更有把握,也对企业的运营充满信心。所以创业计划为企业的现状和未来的发展方向提供了引导,也为企业提供了管理监控指标和效益评价体系。创业计划通过描绘新创企业的现状、未来发展的方向以及发展潜力,使创业者和员工对企业的未来充满信心,也明确各自的目标和任务,了解自己将要充当什么样的角色,完成哪些工作,以及是否胜任这些工作。所以,创业计划对于创业者吸引所需要的人力资源、凝聚人心具有重要的作用。

(3) 吸引投资者的兴趣,获得资金支持。创业计划通过对创业项目全方位的描述,向潜在投资人展示创业项目的商业价值,以及项目经济、技术等各方面的可行性。

2. 制定创业计划

考虑到创业经验和资源信息的限制等客观因素,中小微企业的创业者在创业计划的制定过程和结果中会出现一些问题,例如目标计划界定不明晰、逻辑混乱、缺乏数据和测算、忽略执行细节、言过其实或盲目乐观等。所以,创业者要遵循科学的方法和步骤制定创业计划。

(1) 制定创业计划的步骤

1) 准备工作。创业者在制定创业计划前要进行周密的安排和准备工作,具体包括:确定创业的理念和目标,准确识别创业机会,组建创业团队,确定创业计划的总体框架,明确制定创业计划的人员分工及日程安排等。

2) 资料收集工作。以创业计划的总体框架为指导,针对创业的理念和目标,搜寻组织内外部的资料,通过实地调查和收集二手资料等方法获得所在行业的竞争环境和发展趋势、竞品分析和竞争对手信息、产品测试数据、量化目标等资料。

3) 形成创业计划

① 草拟创业计划:对企业对组织结构和管理制度、市场竞争及营销策略、产品技术与工艺、财务计划和融资方案以及风险分析等内容进行全面的规划,初步形成内容较为完整的创业计划。

② 进一步论证创业计划的可行性。

③ 正式确定创业计划。

(2) 创业计划的内容

① 提供的产品和服务。创业计划需要明确企业将提供何种产品和服务,具体包括:产品的概念、性能及特性,产品的市场竞争力,产品的研发过程,发展新产品的计划和成本分析,产品的市场前景预测,产品的品牌和专利等内容。

特别需要说明的是,很多创业者在制定创业计划时,关于产品内容容易忽视或模糊以下问题:一是明确产品的特征和优势,即与竞争对手产品的优点,也就是顾客选择本企业产品的理由;二是预测产品的市场前景,即凸显产品的市场价值;三是对产品的知识产权保护,即企业是否拥有专利技术或版权等;四是研发的情况,说明目前产品的研发所处的阶段。

② 管理人员及组织结构。高素质的管理人员和良好的组织结构是管理好企业的重要保证,也直接影响风险投资者对管理队伍的评估。

新创企业的管理团队应该是由创业理念上高度一致,在创业技能上高度互补,富有团队精神的人员组成,且有明确的负责战略规划、产品设计与开发、市场营销、生产作业管理、财务及资金筹措等方面的分工专长。

组织结构设计包括:组织结构图、各部门的功能与责任、各部门的负责人及主要成员、股东名单等。

③ 市场预测。当企业要开发新产品或向目标市场进军时,要做好市场预测。如果预测的结果并不乐观,或者预测的可信度让人怀疑,那么投资者可能就会判断要承担过大的风险而认为创业项目不可接受。市场预测应包括以下内容:市场现状综述、竞争厂商概览、目标顾客和目标市场、本企业产品的市场地位、市场区格和特征等。

尤其需要注意的是,市场预测不是凭空想象出来,对市场错误的认识或盲目乐观是很多新创企业失败的主要原因之一。新创企业对市场的预测应建立在严密、科学的市场调查基础上,并尽量扩大收集信息的范围,重视对环境的预测,采用科学的预测手段和方法,确保市场预测的科学性和准确性。

④ 营销组合策略。创业计划中应包含尽量详细的营销组合策略,注重产品的附加值,制定合适的产品价格,选择合适的市场机构和营销渠道,设计促销和广告策略等。

对新创企业来说,由于企业和产品的知名度低,很难打开市场或进入稳定的销售渠道。同时,企业往往还会受到资金流的限制,很难通过多渠道、多种促销手段并用迅速打通销路。所以,中小微企业的创业者有时不得已而采用高成本、低效率的营销策略,例如上门推销、向批发商和零售商让利、花费巨资打广告等。

⑤ 财务预测。通常创业者会花费较多的精力来分析和制定财务规划。财务规划至少应当包括预计的资产负债表、预计的利润表、现金收支分析、资金的来源和使用等内容。投资者可以基于资产负债表中的财务数据，衡量企业的财务状况，并做出财务风险的预判。利润表反映的是企业的盈利状况，是企业的经营成果。企业在初创期应该对流动资金进行周密的计划，在使用过程中进行严格的控制。

此外，财务预测还要和创业计划中的其他假设条件保持一致，因为财务预测和企业的销售计划、人力资源计划、生产计划等都是密不可分的。所以要做好财务预测，需要明确产品发货量有多大，产品的单位成本是多少，产品定价是多少，渠道的预期费用和利润是多少，需要雇佣哪些员工，工资如何预算等问题。

⑥ 风险防范。创业活动面临复杂的市场环境，充满各种不确定性因素，加之创业者的能力与资源条件等局限性导致某些创业活动存在偏离预期目标的可能性。因此，为尽可能降低风险发生可能性，创业者在制定创业计划时即应对项目可能面临的风险有所预计，并预先制定要应对措施。

案例 2-18：一位创业失败者的自述

移动互联网掀起创业浪潮，智能手机设备的普及，引起大量移动应用创业项目，当时我也受环境影响，果断辞职投身到移动应用项目创业中，选择了制造业 O2O 领域应用项目。开始因急于求成，在团队配置不足的情况下，我把一部分业务外包给了其他公司，然而接连换了三家外包公司，也没有做成理想的效果，时间也浪费几个月，知道这是个坑后，花了二三个月时间，把团队建立完成，半年多时间过去了。

初始版本终于上线，开始进入运营阶段，投放到市场做宣传推广，线上线下一起推，同时也配合一些活动，从每天几十注册量到几百注册量，再到上千注册量，本想着推广很顺利，可一段时间过去，发现用户留存率太低，基本注册后上线很少，到后来就没上过线。我们开始找原因，做市场调查、回访，反馈的结果是我们项目本身存在很多缺陷，不够人性化，使用不便等原因。

知道原因后，我也深受打击，意识到自己当初想法太理想化，没有完全了解市场，更重要的是没有了解用户需求，做产品肯定不能沉在自己想法里。

我们整理好思路后，对项目重新进行开发设计，又花了二三个月时间，完成2.0版本，投入运营后，也得到很多用户认可。可好景不长，同质化项目接二连三的出现，而且比我们的项目更有优势，宣传推广力度也比我们大。一段时间过去，我们项目的注册量与留存率明显再也上不去，停滞不前。

一年多时间过去，团队遇到这种打击，觉得看不到项目的希望与前景，一些人动摇了，甚至有主要成员离职。面临多重打击，我的身心确实很累，但我还是想坚持走下去。重新组建团队，总结经验，深入学习，终于项目完成3.0版本。上线运营后，不管是体验，还是实用性，比之前版本都好很多。可这个时候推广面临重重困难，一方面有竞争对手打压与争夺，另一方面因之前的版本问题导致很多用户已对我们失去信心，再就是项目同质化严重，创新度不够，最后错失了很多时间。

这个项目从头到尾花了两年多时间，一直没有太大的突破，用户量也上不去，资金耗完，还欠下一大笔债务,团队也散伙,再也无力支撑下去,最终结束项目以失败告终。

(根据 https://baijiahao.baidu.com/s?id=16486500467726186868&wfr=spider&for=pc 改编)

讨论问题:

从创业计划制定的角度分析这位自述者为何会创业失败呢?

项目小结

1. 计划工作是指根据组织内外部的实际情况,权衡客观的需要和主观的可能,通过科学的预测,提出在未来一定时期内组织所需达到的具体目标以及实现目标的方法。

2. 制定计划的步骤是机会分析、制定目标、考虑计划工作的前提、确定可供选择的方案、比较各种方案、制定派生计划及通过预算使计划数字化。滚动计划法和网络计划技术法是编制计划的两种有效方法。

3. 目标是一个组织根据其任务和目的确定在未来一定时期内所要达到的成果。

4. 目标管理是以有效实现预定目标为中心进行管理的一种方法,组织的领导层根据组织的需要,确定未来一定时期内所要达到的总目标,然后再将总目标层层分解落实,并以此作为考核工作的依据。

5. 决策是指为实现一定目标,从若干可行方案中选择一个合理方案并采取行动的分析判断过程。

6. 决策方法很多,按性质可以分为定量决策方法和定性决策方法。按决策的条件可分为确定型决策法、风险型决策法和不确定型决策法。

7. 创业机会,指具有较强吸引力的较为持久的有利于创业的商业机会,创业者据此可以为客户提供有价值的产品或服务,并同时使创业者自身获益。常见的创业机会来源包括技术变革、新的科技突破和进步、政策法规调整、社会发展和人口结构变革、产业和市场结构的变化、重大事件等。

8. 创业团队是为进行创业而形成的集体,是由才能互补、责任共担且愿为共同的创业目标而奋斗的创业者组成的团队。

9. 中小微企业的创业者要遵循科学的方法和步骤制定内容翔实的创业计划,包括提供的产品和服务、管理人员及组织结构、市场预测、营销组合策略、财务预测和风险防范等内容。

思考与练习

1. 《孙子兵法》中说:"多算胜,少算不胜。"从管理角度看,"算"意味着什么?主要包括哪些内容?

2. 某企业台钻生产能力为 20 000 台,全年固定费用 800 万元,单位产品变动费用 600 元,国内已订货 12 000 台,单价 1300 元。现有国外订货 8000 台,出价每台 1000 元,可以接受这笔订货吗?如果全部按照国外订货,保本点产量与保本点销售额是多少?

3. 某企业准备生产一种新产品,对未来 5 年销售情况的预测结果是:出现高需求的概率为 0.3;中需求的概率为 0.5;低需求的概率为 0.2。企业提出两个可供选择的行动方案:新建车间,需投入 110 万元;扩建车间,需投入 50 万元。两个方案在不同自然状态下的收益值如下表所示,试用决策树方法决策。

两方案在不同自然状态下的收益值(单位:万元)

方案	自然状态		
	高需求 $P=0.3$	中需求 $P=0.5$	低需求 $P=0.2$
新建(投入 110)	80	40	0
扩建(投入 50)	60	30	15

4. 某企业在采用市场转移战略时,由于资料尚不充足,最终这种产品在新市场上的需求量只能大致估计为四种情况,较高、一般、较低、很低,而对这四种自然状态下发生的概率无法预测。在采用市场转移战略时有五种备选方案,各方案的损益值情况如下表所示。试采用不同的方法对此不确定型决策问题进行方案选择。

方案	在各种自然状态下年收益值(单位:万元)			
	较高	一般	较低	很低
A	600	400	−100	−350
B	850	420	−150	−400
C	300	200	50	−100
D	400	250	90	50
E	720	600	150	70

5. 谈谈你的人生目标和计划。

6. "大众创业、万众创新"是当下中国经济社会发展的重要战略选择,国家和各地方政府都出台了一系列支持创新和创业的政策,有效促进中小微企业创新创业发展。结合你感兴趣的领域或行业,分析其中存在什么样的创业机会?如果你作为创业者会制定怎样的创业计划以把握住这个创业机会?

项目三

组　织

课件及参考答案

能力目标

能够掌握管理组织的结构形式,能够运用管理组织理论初步分析管理组织问题,为中小微企业设计组织结构,制定人力资源管理制度。

知识目标

学习管理组织的结构形式,了解岗位设置的原则,理解各种组织结构的特点,掌握现代人力资源管理理论精髓。

素质目标

通过案例分析与讨论,培养学生具备初步的组织设置、岗位分析和人员配备等专业素质。

导入案例 3-1

刹车失灵的根源

某公司是一家集团公司,下辖 X 个子公司和 Y 个分工厂,其品牌和价格均具有市场竞争力,拥有不少新老用户。自从我国加入 WTO 以后,市场需求被进一步激发出来,订单连连不断,利润年年上升。

然而,天有不测风云。2014 年 2 月的一天,销售部经理突然接到某地区经销商打来的电话:"有个客户反映不久前购买的你们公司生产的小轿车刹车突然失灵,造成一死一伤。现在我最担心的是两个问题:肇事者会不会有要求你们赔偿的证据?贵公司其他的车会不会有类似问题?万一让其他客户知道了,那些还没有提货的小轿车、大客车肯定都会被退货的。"

放下电话,销售部经理立即报告总经理。

总经理立即通知全体中高层管理人员到会议室召开紧急会议。总经理说:"这次的刹车失灵事故,根源在哪里,我想听听各部门负责人的看法。"

质量检验部经理首先发言:"我们完全是按照标准的检验程序以及设计部给出的技术参数进行检验的,所有的检验记录都非常完善。我们随时可以接受检查。"

车间负责人接着发表了自己的看法:"生产部门完全是按照工艺要求和设计参数来进行加工、生产的,而且质量部的检验也完全合格。"

设计部经理坐不住了:"首先,我必须告诉大家的是所有产品都是经过无数测试、计算才投入生产的。无论是实验室测试,还是现场实地测试,我们都做得非常充分。"

销售部经理也不禁发牢骚:"说不定驾驶员酒后驾驶、疲劳驾驶,遇到紧急情况,一脚踩上油门,反而诬陷我们刹车失灵。"

公关部经理说道:"竞争对手的诽谤不能不防。只要我们其他的刹车都没有问题,对外公关的事情我全权处理。但在没有确定最终的处理方法之前,希望所有人暂时停止传播这件事情。"

总经理:"时间紧迫。事故原因必须尽早查明,请销售部组织一个技术专家小组负责调查。如果确实是我们的刹车问题,不管责任在哪个部门,主要责任由我承担。对于外界,包括客户、经销商、媒体、竞争对手、交警、法院,请公关部统一口径。对于已售小轿车、大客车的处理和补救问题,请设计部设计一个两全其美的化险为夷的方案;对于没有销售的小轿车、大客车的刹车以及其他关键部位,请质量检验部立即加班加点,重新检验。发现问题,立即向我报告。"

(根据 https://wenku.baidu.com/view/e6bc713f7ed184254b35eefdc8d376eeaeaa178d.html 改编)

讨论问题:

你认为各个部门相互推诿的原因何在?总经理的应对措施是否恰当?

任务 1　组织的概念和类型

任务 1.1　组织的概念

在管理中,组织是指人们为了达到共同的目标,通过有层次的责权利分配结构,在分工合作的基础上构成的人的集合。

讨论:组织的构成

就某一个小型组织,如学校、商店、面包房等,画出其组织结构图,并说明其人员构成和组织指挥链。

任务 1.2　组织的类型

1. 按组织的目标分类

(1) 互益组织:如工会、俱乐部、政党等。

(2) 工商组织:如工厂、商店、银行等。

(3) 服务组织:如医院、学校、社会机构等。

(4) 公益组织:如政府机构、研究机构、消防队等。

2. 按满足心理需求分类

(1) 正式组织。正式组织是经过有计划的设计,将组织业务分配给各层次,由规则来支持职责,并强烈地反映出管理者的思想和信念。

正式组织具有以下特征:

① 经过规划而不是自发形成的。其组织机构的特征反映出一定的管理思想和信念。

② 有十分明确的组织目标。

③ 讲究效率,协调处理人、财、物之间的关系,以最经济有效的方式达到目标。

④ 分配角色任务,明确关系层次。

⑤ 建立权威,组织赋予领导以正式的权力,下级必须服从上级。

⑥ 制订各种规章制度约束个人行为,实现组织的一致性。

(2) 非正式组织。非正式组织是在满足需要的心理推动下,比较自然地形成的心理团体,其中蕴藏着深厚的友谊与感情的因素。

非正式组织的特征:

① 组织的建立以人们之间具有共同的思想,相互喜爱,相互依赖为基础,是自发形成的。

② 组织最主要的作用是满足个人不同的需要。

③ 组织一经形成,会产生各种行为规范,约束个人的行为。

这种规范可能与正式组织目标一致,也可能不一致,甚至发生抵触。

非正式组织对正式组织来讲,具有正反两方面的功能。

非正式组织的正面功能主要体现在:非正式组织混合在正式组织中,容易促进工作的完成;正式组织的管理者可以利用非正式组织来弥补成员间能力与成就的差异;可以通过非正式组织的关系与气氛获得组织的稳定;可以运用非正式组织作为正式组织的沟通工具;可以利用非正式组织来提高组织成员的士气等。非正式组织的负功能主要体现为可能阻碍组织目标的实现等。

(3) 按照组织规模,可以分为大型组织、中型组织、小型组织。

(4) 按照社会职能,可以分为政治组织、经济组织、文化组织、群众组织、宗教组织。

(5) 按照利益受惠,可以分为营利组织、互益组织、公益组织、服务组织、慈善组织。

案例 3-2:办公室里来的年轻人

小张毕业于某大学行政管理专业。在校期间品学兼优,多次获得奖学金,荣获"三好"学生、优秀团员等荣誉,并光荣加入中国共产党。小张意气风发,决心要好好地做出一番事业。于是,每天小张早早地来到办公室,扫地打水,上班期间更是积极主动承担各种工作任务,回家还钻研业务。办公室是一个有五个人的大科室,包括主任甲,副主任乙,三位年纪较长的办事员 A、B、C。几位老同志听说办公室要来这一个年轻人,顾虑重重,他们认为现在的大学生从小娇惯,自命甚高,很难相处,而且业务又不熟,还需要他们手把手地教,来了他无异于来了一个累赘。令他们没有想到的是,这个年轻人热情开朗,待人谦虚,很容易相处。更重要的是,小张有行政学专业背景,再加上聪明好学,很快就熟悉了业务,成为工作的一把好手。而且小张很勤快,承担了办公室大量工作,让几位老同志一下子减轻了许多压力。几位老同志渐渐喜欢上了这个年轻人,主任、副主任也经常在办公室会上表扬小张。

可是聪明的小张发现,随着科长表扬的次数增多,几位老同志对自己越来越冷淡。有一次,小张忙着赶材料,B居然冷冷地对他说:"就你积极!"小张一时间丈二和尚摸不着头脑。一年很快就过去了,小张顺利转正。而办公室年终考核也被评为"优秀科室",在制定下一年度计划时,又增加了许多工作量。几位老同志本来因为小张的到来轻松了许多,这下子又忙起来。而且他们发现,虽然繁忙依旧,但是"名"却给夺走了,每次得到表扬的总是小张。小张更加被排斥了。随着小张被评为单位第一季度先进个人,A、B、C对小张的反感达到了顶点。从此,几位老同志再也不邀请小张参加任何集体活动,还在背后称小张是"工作狂""神经病"。话传到小张耳朵里,小张很伤心,"我这么拼命干不也是为办公室吗?要不是我,去年办公室能评上先进科室?怎么招来这么多怨恨?"他一直都不能理解。有一次,小张把自己的遭遇同另外一个部门的老王讲了。老王叹了口气,"枪打出头鸟,你还年轻,要学的还很多啊!"小张恍然大悟,正是自己的积极破坏了办公室原有的某些东西,让几位老同志倍感压力,才招来如今的境遇。从此,小张学"乖"了,主任不布置的任务,再也不过问了;一天能干完的事情至少要拖上两天甚至三天。办公室又恢复了平静与和谐,先进个人大家开始轮流坐庄,几位老同志见到小张的时候又客气起来了,集体活动也乐意邀请上他。小张觉得,这样很轻闲,与大家的关系也好多了,心理压力骤减,生活也重新有了快乐。

(根据 https://wenku.baidu.com/view/72ccaed149649b6648d7474f.html 改编)

讨论:
1. 导致小张的办公室遭遇的原因是什么?
2. 组织应采取什么措施避免这种不良现象发生?

导入案例 3-3

从广电媒体到 MCN 的组织结构转型

自 2018 年 10 月以来,湖南娱乐频道正式吹响挺进短视频赛道的号角,开始孵化 MCN 机构 Drama TV。值得庆幸的是,湖南娱乐频道改革的内部条件是成熟的,首先是政策空间大,可以打破条条框框,加之不仅没有历史欠账,账面上还留有一笔再创业的资金,这些都坚定了其走出电视转型融合媒体的决心。Drama TV 已进驻抖音、快手、微视、头条号、百家号、淘宝直播等全网平台,依托湖南广电强大的内容基因,结合市场化手段,积极布局母婴、美妆、美食、娱乐、竖屏剧等内容赛道。

MCN(Multi-Channel Network)是一种多频道网络的产品形态,其盈利模式逻辑是将专业的内容创作者聚合起来,在资本支持下,保障创作者持续输出优质内容,最终实现商业的稳定变现;MCN 机构则是视频达人和平台、广告主之间的纽带和桥梁,类似于"网红"和视频博主的经纪公司。

在成立的第一个月,经过大量市场调研,加之过往的互联网创业经历,湖南娱乐频道总监李志华判断原有的组织架构是行不通的,因为中间流程环节实在太多,工作效率必然会大打折扣。于是,他迅速调整组织架构,直接对标市场化的 MCN 机构调整:从每个环节都按原有模式走审批,转变为腾出政策空间,简化流程,单独成建制。各个事项的负责人直接向李志华汇报,主动变革内部机制去适应市场化产品。

具体来说,Drama TV 与市场化 MCN 的网红签约模式相同:纯素人博主孵化、网络现有账号签约、名人红人的合作,以及负责账号全部的包装、运营、推广的经纪合约。同时将网红运营的几大板块分得很清楚:达人运营中心专管签约、推销、经营艺人;5 大工作室专门做内容输出;商务运营中心负责商务变现,同时也在经营抖音和快手的电商店铺。

(根据 https://lmtw.com/mzw/content/detail/id/177552 改编)

讨论问题:
你知道 MCN 的组织结构是什么样的吗?

任务 2　组织常见结构及设计

任务 2.1　组织常见结构

组织结构(Organizational Structure)是指组织的全体成员为实现组织目标,在管理工作中进行分工协作,在职务范围、责任、权利方面所形成的结构体系。组织结构是组织在责、权、利等方面的制度体系,其本质是为实现组织战略目标而采取的一种分工协作关系,组织结构必须随着组织的重大战略调整而调整。常见的组织结构形式如下:

1. 直线制

直线制是一种最早也是最简单的组织形式。它的特点是企业各级行政单位从上到下实行垂直领导,下属部门只接受一个上级的指令,各级主管负责人对所属单位的一切问题负责。厂部不另设职能机构(可设职能人员协助主管人工作),一切管理职能基本上都由行政主管自己执行。如图 3-1 所示。

优点:结构比较简单,责任分明,命令统一。
缺点:它要求行政负责人通晓多种知识和技能,亲自处理各种业务。
适用:适用于规模较小、生产技术比较简单的企业。

图 3-1 直线制结构

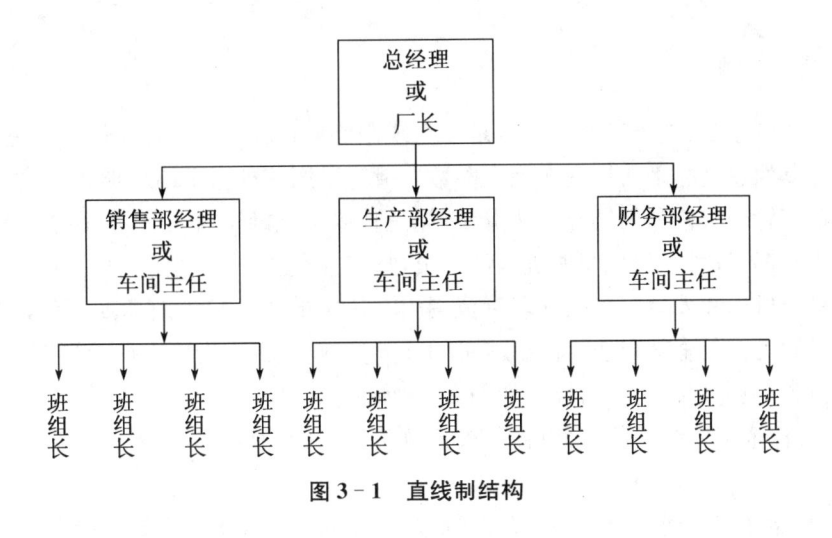

2. 职能制

各级行政单位除主管负责人外,还相应地设立一些职能机构。如在厂长下面设立职能机构和人员,协助厂长开展工作。这种结构要求行政主管把相应的管理职责和权力交给相关的职能机构,各职能机构就有权在自己业务范围内向下级行政单位发号施令。因此,下级行政负责人除了接受上级行政主管人指挥外,还必须接受上级各职能机构的领导。如图3-2所示。

优点:能适应现代化生产技术比较复杂,管理工作比较精细的特点;能充分发挥职能机构的专业管理作用,减轻直线领导人员的工作负担。

缺点:它妨碍了必要的集中领导和统一指挥,形成了多头领导;在中间管理层往往会出现有功大家抢、有过大家推的现象;另外,在上级行政领导和职能机构的指导和命令发生矛盾时,下级就无所适从,影响工作的正常进行,容易造成纪律松弛,生产管理秩序混乱。

适用:由于这种组织结构形式的明显的缺陷,现代企业一般都不采用职能制。

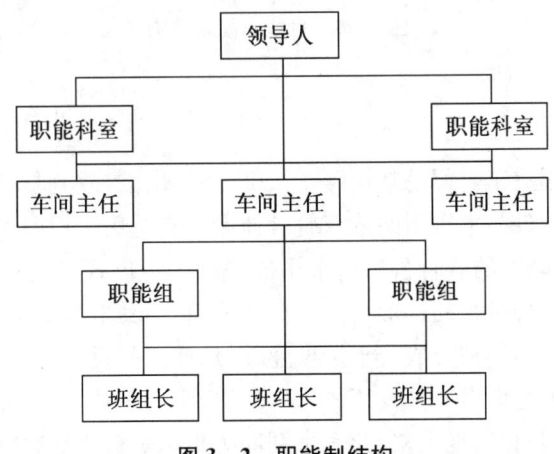

图 3-2 职能制结构

3. 直线职能制

也叫生产区域制、直线参谋制。它是在直线制和职能制的基础上,取长补短,吸取这两种形式的优点而建立起来的。现在绝大多数企业都采用这种组织结构形式。这种组织结构形式是把企业管理机构和人员分为两类:一类是直线领导机构和人员,按命令统一原则对各级组织行使指挥权;另一类是职能机构和人员,按专业化原则,从事组织的各项职能管理工作。直线领导机构和人员在自己的职责范围内有一定的决定权和对所属下级的指挥权,并对自己部门的工作负全部责任。而职能机构和人员,则是直线指挥人员的参谋,不能对直接部门发号施令,只能进行业务指导。如图3-3所示。

优点:既保证集中统一,又可以在各级行政负责人的领导下,充分发挥各专业管理机构的作用。

缺点:职能部门之间的协作和配合性较差,职能部门的许多工作要直接向上级领导报告请示才能处理,这一方面加重了上级领导的工作负担,另一方面也造成办事效率低。为了克服这些缺点,可以设立各种综合委员会,或建立各种会议制度,协调沟通,帮助高层领导出谋划策。

适用:目前绝大多数组织均采用这种组织模式。

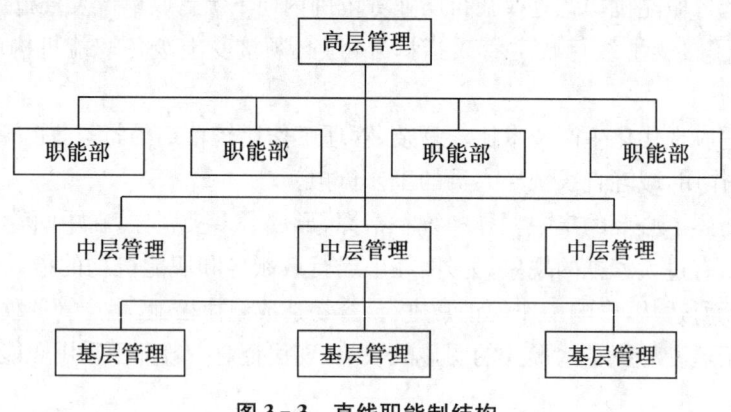

图3-3 直线职能制结构

4. 事业部制

最早是由美国通用汽车公司总裁斯隆于1924年提出的,故有"斯隆模型"之称,也叫"联邦分权化",是一种高度(层)集权下的分权管理体制。它适用于规模庞大、品种繁多、技术复杂的大型企业,是国外较大的联合公司所采用的一种组织形式。近几年中国一些大型企业集团或公司也引进了这种组织结构形式。是分级管理、分级核算、自负盈亏的一种形式,即一个公司按地区或按产品类别分成若干个事业部,从产品的设计、原料采购、成本核算、产品制造,一直到产品销售,均由事业部及所属工厂负责,实行单独核算,独立经营。公司总部只保留人事决策、预算控制和监督大权,并通过利润等指标对事业部进行控制。也有的事业部只负责指挥和组织生产,不负责采购和销售,实行生产和供销分立,但这种事业部正在被产品事业部所取代。还有的事业部则按区域来划分。如图3-4所示。

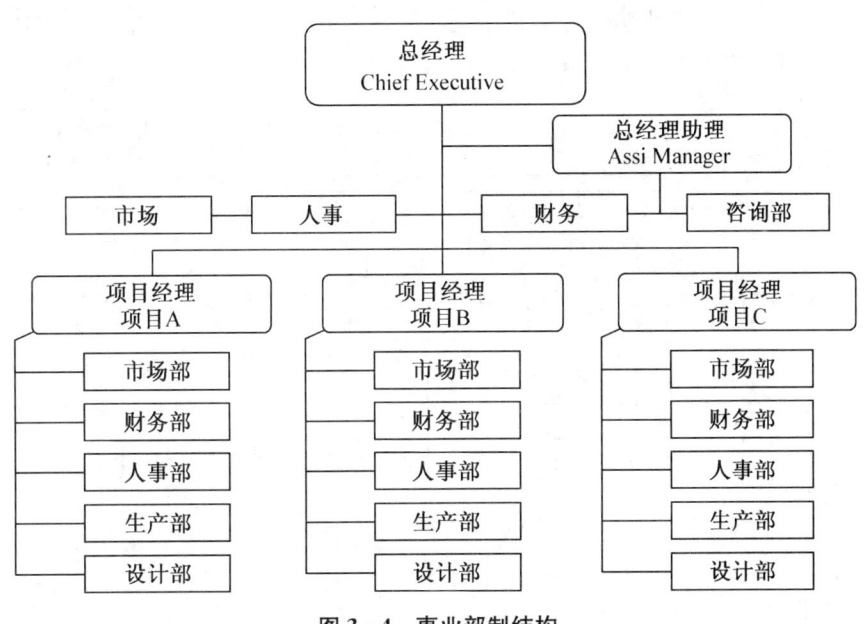

图 3-4 事业部制结构

优点:有利于发挥事业部积极性、主动性,更好地适应市场;公司高层集中思考战略问题;有利于培养综合管理人员。

缺点:存在分权带来的不足:指挥不灵,机构重叠;对管理者要求高。

适用:面对多个不同市场大规模组织。

5. 矩阵制

在组织结构上,把既有按职能划分的垂直领导系统,又有按产品(项目)划分的横向领导关系的结构,称为矩阵组织结构。

矩阵制组织是为了改进直线职能制横向联系差、缺乏弹性的缺点而形成的一种组织形式。它的特点表现在围绕某项专门任务成立跨职能部门的专门机构上,例如组成一个专门的产品(项目)小组去从事新产品开发工作,在研究、设计、试验、制造各个不同阶段,由有关部门派人参加,力图做到条块结合,以协调有关部门的活动,保证任务的完成。如图 3-5 所示。

优点:机动、灵活,可随项目的开发与结束进行组织或解散;由于这种结构是根据项目组织的,任务清楚,目的明确,各方面有专长的人都是有备而来。因此在新的工作小组里,能沟通、融合,能把自己的工作同整体工作联系在一起,为攻克难关,解决问题而献计献策。由于从各方面抽调来的人员有荣誉感、责任感,激发了工作热情,促进了项目的实现;它还加强了不同部门之间的配合和信息交流,克服了直线职能结构中各部门互相脱节的现象。

缺点:项目负责人的责任大于权力,因为参加项目的人员都来自不同部门,隶属关系仍在原单位,只是为"会战"而来,所以项目负责人对他们没有足够的激励手段与惩治手段,这种人员上的双重管理是矩阵结构的先天缺陷;由于项目组成人员来自各个职能部门,当任务完成以后,仍要回原单位,因而容易产生临时观念,对工作有一定影响。

适用:矩阵结构适用于一些重大攻关项目。企业可用来完成涉及面广的、临时性的、复杂的重大工程项目或管理改革任务。特别适用于以开发与实验为主的单位,例如科学研究,尤其是应用性研究单位等。

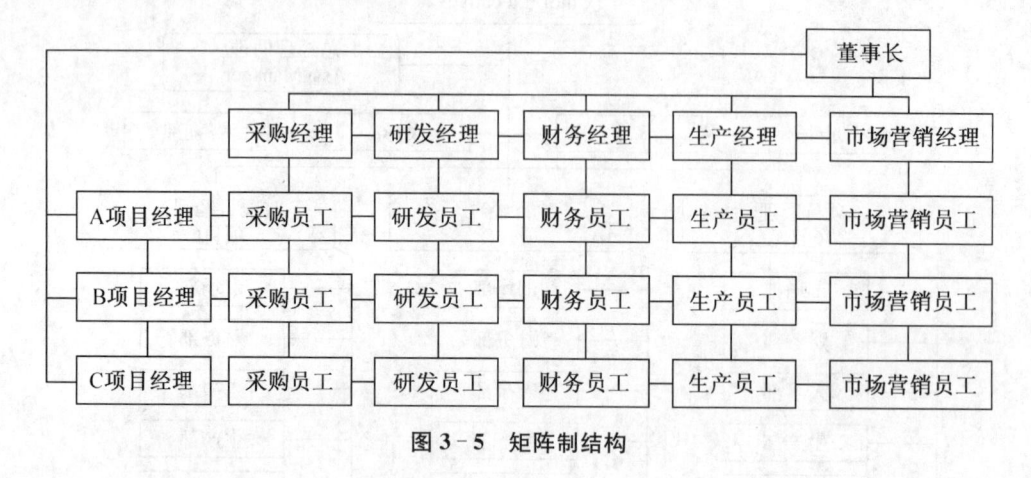

```
                        董事长
        ┌──────────┬──────────┬──────────┬──────────┐
      采购经理    研发经理    财务经理    生产经理   市场营销经理
A项目经理─采购员工───研发员工───财务员工───生产员工───市场营销员工
B项目经理─采购员工───研发员工───财务员工───生产员工───市场营销员工
C项目经理─采购员工───研发员工───财务员工───生产员工───市场营销员工
```

图3-5 矩阵制结构

6. 网络组织

又叫虚拟组织,可以根据千变万化的市场情况灵活组织。总公司执行关键职能。以市场为导向、以合同为纽带,把分支业务外包给其他组织。可以根据外界环境的变化调整合作伙伴。

7. 团队型组织

未来组织结构发展的趋势之一,就是企业内部组织团队化。一种是围绕核心业务的稳定的团队,一种是解决专门的、重大问题的短期、临时的团队。两种团队都挑选优秀的素质高的员工组成,自主合作,完成领导交办的任务,实现组织共同的梦想。

案例3-4:矩阵制组织结构的挑战

小王最近很苦恼。他以前在公司设计部门做得好好的,最近公司为了尽快开发出一个新产品,专门成立了新产品项目部。他就被抽调到这个新产品项目部工作,但人事关系仍然隶属原设计部,新产品项目部的工作完成后,他还是会回到设计部。

一方面,他要完成新产品项目部经理交给他的任务,另一方面还要完成设计部经理指派的一些工作。两个经理对他分配的工作经常存在冲突,甚至连开会的时间都是冲突的,两个都是领导,哪个都不敢得罪。

(根据 https://max.book118.com/html/2020/0416/8140111076002106.shtm 相关案例改编)

讨论问题:

如果你作为管理者,将如何解决这种情况下临时项目小组人员稳定性差以及双重领导带来的矛盾呢?

任务2.2 组织设计的程序

组织设计是指对一个组织的结构进行规划、构造,或者重新规划、改造,确保组织目标的实现。在组织资源既定的前提下,优秀的组织设计,能实现绩效的最大化;在组织的内部条件和外部环境发生重大改变的时候,及时组织结构变革,能让组织化险为夷,步步为赢。

面临以下三种情况之一,就需要组织设计:

(1) 新建企业;

(2) 原有组织结构出现较大的问题或企业的目标发生变化,原有组织结构需要进行重新评价和设计;

(3) 组织结构需要进行局部的调整和完善。

这三种情况虽不相同,但组织设计的基本程序是一致的。组织设计的程序一般如下:

(1) 根据企业的战略目标和特点,确定组织设计的方针、原则和主要参数;

(2) 根据组织的业务,进行职能分析和设计,选择组织结构的基础模式,确定职能部门,确定管理职能及其结构,层层分解到各项管理业务和工作中;

(3) 根据管理层次、部门、岗位及其责任、权力,分析子系统的目标功能、工作量,确定企业的组织结构框架图,拟定组织系统分析文件;

(4) 根据组织结构框架,进行控制、信息交流、综合、协调等方式和制度的设计;

(5) 根据最高领导层的总要求,设计具体的管理工作程序、员工工作标准,作为有关人员的行为规范,撰写组织说明书;

(6) 根据结构设计,定质、定量地招聘、培训、配备各级管理人员、工作人员;

(7) 根据最高领导层下达的指标,设计管理部门和人员绩效考核制度,设计精神鼓励和工资奖励制度,设计各级员工晋升制度;

(8) 根据运行过程中的信息反馈和内外环境变化,定期或不定期地对上述各项设计进行必要的修正。

案例3-5:比较不同组织结构

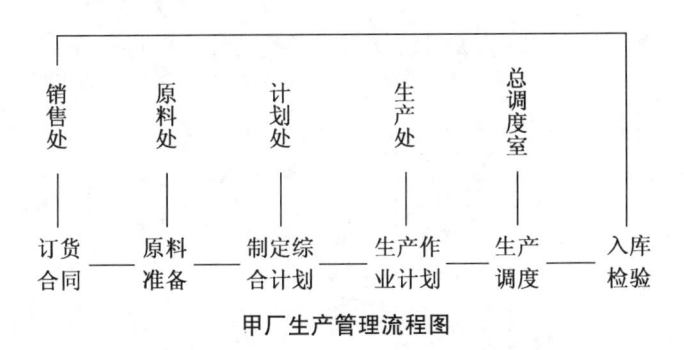

销售处 —— 订货合同
原料处 —— 原料准备
计划处 —— 制定综合计划
生产处 —— 生产作业计划
总调度室 —— 生产调度 —— 入库检验

甲厂生产管理流程图

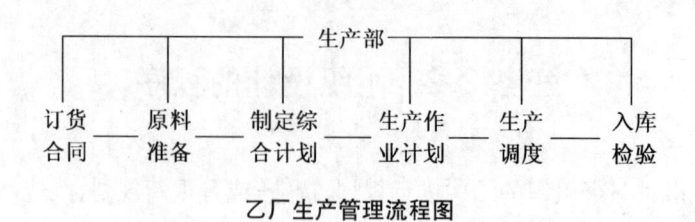

```
                        生产部
        ┌───────┬───────┬───────┬───────┬───────┐
       订货    原料    制定综   生产作   生产    入库
       合同    准备    合计划   业计划   调度    检验
```

乙厂生产管理流程图

讨论：
1. 这两种组织结构各是什么结构？
2. 这两种组织结构各有什么特点？都能够达到什么样的管理目的？

导入案例 3-6

互联网公司为何钟情于事业部制？

在互联网企业蓬勃发展的今天，组织结构中奉行事业部制成为一种惯例。有些初创企业中即使只有两三人也可以成为一个事业部。

互联网企业为何钟情于事业部制？设立事业部的好处显而易见。对于某个具体产品或服务而言，事业部简化了决策过程，分权下的决策机动灵活，市场竞争更有针对性和及时性。而且事业部从组织授权来看，的确让总部的高管们轻松不少，更有助于考虑其他问题。进一步说，事业部灵活性更是优于传统的科层制，在组织发展变革频繁性调整更是互联网企业的家常便饭。

例如，阿里巴巴在组织建设中提出的"大中台，小前台"理念，其"小前台"就是贴近最终用户、商家的业务部门，包括零售电商、广告业务、云计算、物流以及其他创新业务等团队构成；而"大中台"则是强调资源整合、能力沉淀的平台体系，为"小前台"的业务开展提供底层的技术、数据等资源和能力的支持。"大中台、小前台"中的"大""小"不仅是规模和团队，也表示了一种集分权的"大小"。

（根据 https://www.sohu.com/a/74740232_116182 改编）

讨论问题：
向更贴近最终用户、商家的业务部门授权的好处是什么？

任务 3　岗位职权和职责分配

任务 3.1　岗位职权

岗位，原来是指守卫的处所，现在泛指职位。

职位，是指机关或者团体中执行一定职务的位置。

职权，是指为了实现组织的目标，在岗位、职位的基础上，所具有的开展活动、指挥他人、运用财物等权利。

职权，主要有三种形式：

直线型职权，就是指公司内部授予的上级对下属行为和活动的指挥权、决定权，这些决定一旦下达，下属必须服从。

参谋型职权。例如咨询、建议。

职能型职权。根据高层授权，指挥、指导下级部门、人员。

岗位职权，简单地说就是岗位职责和权力的统一。在管理中，职务就是职位规定的应该担任的工作任务。无论岗位高低、职位大小，都应该有一定的工作任务。为了完成工作任务，就要有相关的权利。例如，哨兵、保安、公安有权盘查有嫌疑的人。相传苏联一个新入伍的年青警卫战士，不认识列宁，不让列宁进克里姆林宫。列宁不但不生气，还表扬、提拔了这个战士。

同样的岗位名称，在不同类型的组织中，不同的时期，不同的场合，职权是不一样的。例如秘书，在一般的企业，也就是接电话、收发文件、接待外宾、上下联系、向领导汇报信息；在战争时期，军队高级机关的机要秘书，主要职权是服从上级命令、及时传递情报，严格保守秘密，有权制止无关人员进入机要重地；在党和国家领导人不便亲自到场的情况下，授权秘书，秘书可以在国内、国际许多重要活动中担任党和国家的形象大使。

岗位职责举例：

1. 人事专员岗位职责

(1) 负责公司招募工作的具体实施。

(2) 负责公司培训计划的具体实施、培训课程的准备工作和效果评估。

(3) 担任新进员工培训部分课程的讲师。

(4) 负责公司绩效考核工作的具体实施。

(5) 负责员工活动的具体组织实施。

(6) 其他临时人事事务的处理。

2. 财务总监岗位职责

（1）根据公司的发展现状,全面负责管理集团及下属公司的财务和会计核算工作并给予财务、会计、税务咨询和指导。审核和监督所属企业的财务计划、现金流量计划报告和资金状况；操作公司融资和有关资本运作。

（2）审核集团公司及所属企业各项财务报表的合规性并给予业务指导,进行所属企业的财务分析、最终决策和落实工作。

（3）就集团重大经营计划和投资项目提供财务分析并参与最终决策和落实。

（4）对集团公司重大经营性、投资性、融资性的计划和合同以及资产重组和债务重组方案进行审核。

（5）建立公司的风险管理机制及最佳运作管理,识别并提出应对经营风险、市场风险、信贷风险的建议和计划,建立财务预警系统。

（6）依法检查集团公司财务会计活动及相关业务活动的合法性、真实性和有效性。及时发现和制止可能造成出资者重大损失的经营行为,并向董事会报告。

3. 仓库保管员岗位职责

（1）负责商品的分类、登记、入库、保管工作。
（2）负责所管商品账物的核对。
（3）负责库存商品的安全,防止变质、虫蛀、污染等。
（4）随时向领导提供库存商品数量、结构变化情况。
（5）合理堆码商品,最大限度地利用仓库。
（6）及时反映商品收、存、付过程中发生的问题,并协助处理。
（7）负责保持商场库区干爽清洁。
（8）完成领导交办的其他工作。

岗位职责没有千篇一律的模式。在不同的组织,以上列举的三种岗位的职权,是千差万别的。有的事业单位的人事专员,要想进一个人,至少要过三关：一是单位领导关；二是主管部门关；三是政府人事部门、编制部门的批准。有的民办单位的人事专员,不但有进人权,而且有权决定工资、奖金、提升；有的财务总监,既能监督财务科长和财会人员,又能监督总经理和董事会,还能监督分公司、合作方、金融机构；有的财务总监,徒有虚名,什么权力都没有；有的仓库保管员,仓库里有黄金,有武器,有高新技术；有的仓库保管员,是由看大门的老大爷兼任的,仓库里面主要存放散发苯的毒气的油漆、散发灰尘的水泥、散发腥、膻、霉味的食品、废旧物资,以及一套生火做饭的炊具。

> **案例 3-7：谁拥有权力**

王华明近来感到十分沮丧。由于其卓越的管理才华,他被公司委以重任,出任该公司下属的一家面临困境的企业的厂长。当时,公司总经理及董事会希望王华明能重新整顿企业,使其扭亏为盈,并保证王华明拥有完成这些工作所需的权力。考虑到王华明年轻,且肩负重任,公司还为他配备了一名高级顾问严高工（原厂主管生产的副厂长）,为其出谋划策。然而,在担任厂长半年后,王华明开始怀疑自己能否控制住局势。他向办公室高主任抱怨道:"在我执行厂管理改革方案时,我要各部门制定明确的工作职责、目标和工作程序,而严高工却认为,管理固然重要,但眼下第一位的还是抓生产、开拓市场。更糟糕的是他原来手下的主管人员居然也持有类似的想法,结果这些经集体讨论的管理措施执行受阻。倒是那些生产方面的事情推行起来十分顺利。有时我感到在厂里发布的一些命令,就像石头扔进了水里,我只看见了波纹,随后,过不了多久,所有的事情又回到了发布命令以前的状态,什么都没改变。"

(案例来源:https://www.xilvedu.cn/D90D8FBA.html)

讨论问题:

1. 王华明和严高工的权力各来源于何处?

2. 严高工在实际工作中行使的是什么权力?你认为,严高工作为顾问应该行使什么样的职权?

3. 这家下属企业在管理中存在什么问题?如果你是公司总经理助理,请就案例中该企业存在的问题向总经理提出你的建议以改善现状?

任务3.2 集权与分权

集权主要是指决策权、人事权、财务权、物资权在组织系统中较高层次的一定程度的集中。

分权主要是指经营管理权、参政议政权、技术创新权、临时局部权在组织系统中各层次之间一定程度的分配。分权的途径很多:有的在组织设计中,明确规定条条块块以及各个层级的权利;有的是主要领导人千头万绪抓根本,把次要的权利下放;有的是领导班子分工,一把手抓全面,其他领导重点负责一个或者几个方面;有的领导人出国、生病、休假,暂时分权;有的领导人志存高远,为了更加美好的明天,跳出事务圈子,分权。集权和分权是相对的,绝对的集权或绝对的分权都是不可能的。

衡量一个组织的集权或分权的程度,主要有下列几项标准:

(1)决策的数量。组织中较低管理层次做出的决策数目越多,则分权的程度就越高;反之,上层决策数目越多,则集权程度越高。

(2)决策的范围。组织中较低层次决策的范围越广,涉及的职能越多,则分权程度越高。反之,上层决策的范围越广,涉及的职能越多,则集权程度越高。

(3)决策的重要性。如果组织中较低层次做出的决策越重要,影响面越广,则分权的程度越高;相反,如果下级做出的决策越次要,影响面越小,则集权程度越高。

(4)对决策控制的程度。组织中较低层次做出的决策,上级要求审核的程度越低,分权程度越高;如果上级对下级的决策根本不要求审核,分权的程度最大;如果做出决策之后必须立即向上级报告,分权的程度就小一些;如果必须请示上级之后才能做出决策,分权的程度就更小。下级在做决策时需要请示或照会的人越少,其分权程度就越大。

> **案例3-8：杯酒释兵权**
>
> 宋太祖即位后，接受赵普建议，解除武将兵权，以免重蹈晚唐五代灭亡之覆辙。建隆二年（961），七月初九日晚朝时，宋太祖把石守信、高怀德等禁军高级将领留下来喝酒，当酒兴正浓的时候，宋太祖突然屏退侍从叹了一口气，给他们讲了一番自己的苦衷，说："我若不是靠你们出力，是到不了这个地位的，为此我从内心念及你们的功德。但做皇帝也太艰难了，还不如做节度使快乐，我整个夜晚都不敢安枕而卧啊！"石守信等人惊骇地忙问其故，宋太祖继续说"这不难知道，我这个皇帝位谁不想要呢"？石守信等人听了知道这话中有话，连忙叩头说："陛下何出此言，现在天命已定，谁还敢有异心呢"？宋太祖说："不然，你们虽然无异心，然而你们部下想要富贵，一旦把黄袍加在你的身上，你即使不想当皇帝，到时也身不由己了。"
>
> 一席话，软中带硬，使这些将领知道已经受到猜疑，弄不好还会引来杀身之祸。恳请宋太祖给他们指明一条"可生之途"。宋太祖缓缓说道："人生在世，像白驹过隙那样短促，所以要得到富贵的人，不过是想多聚金钱，多多娱乐，使子孙后代免于贫乏而已。你们不如释去兵权，到地方去，多置良田美宅，为子孙立永远不可动的产业。同时多买些歌儿舞女，日夜饮酒相欢，以终天年，朕同你们再结为婚姻，君臣之间，两无猜疑，上下相安，这样不是很好吗"！石守信等人见宋太祖已把话讲得很明白，再无回旋余地。当时宋太祖已牢牢控制着中央禁军，几个将领别无他法，只得俯首听命，表示感谢太祖恩德。第二天，石守信、高怀德、王审琦、张令铎、赵彦徽等上表声称自己有病，纷纷要求解除兵权，宋太祖欣然同意，让他们罢去禁军职务，到地方任节度使。在解除石守信等宿将的兵权后，太祖另选一些资历浅、个人威望不高、容易控制的人担任禁军将领，同时将禁军所领兵权分而为三，这就意味着皇权对军队控制的加强。以后宋太祖还兑现了与禁军高级将领联姻的诺言，把守寡的妹妹嫁给高怀德，后来又把女儿嫁给石守信和王审琦的儿子。张令铎的女儿则嫁给太祖三弟赵光美。这就是历史上著名的"杯酒释兵权"。
>
> （根据http://www.lsqn.cn/mingren/age/201003/214406.html 改编）
>
> 讨论：
> 请从以上案例讨论集权与分权各有什么优缺点？

任务3.3 授　权

授权指主管将职权或职责授给某位或某些部属，并委托其负责管理性或事务性工作。授权是一门管理的艺术。充分合理的授权能使管理者们不必事必躬亲，从而把更多的时间和精力投入到企业发展上，以及如何引领下属更好地运营企业。

授权是组织运作的关键，它是以人为对象，将完成某项工作所必需的权力授给部属人员，即主管将处理用人、用钱、做事、交涉、协调等决策权移转给部属，不只授予权力，且还托付完成该项工作的必要责任。

授权的必要性。管理的最终目标在于提高经营绩效。许多管理思想的发展，均针对效率的提高。近一百多年的管理研究与实践,可归纳出管理的两大原则:专门化与人性化。现今管理绩效的追求必须同时兼顾此两种原则。企业除了应奉行专门化的原则外,还要设法注入人性论的技巧,才可使经营效率达于满意状态。

管理者在进行决策、运用资源及协调工作上,最重要的是要有授权与目标管理的观念,有授权的观念才可符合专门化与人性论的两大原则。

在目标管理中,授权的必要性具体表现如下:

(1) 授权是完成目标责任的基础。权力随着责任者,用权是尽责的需要,权责对应或权责统一,才能保证责任者有效地实现目标。

(2) 授权是调动部属积极性的需要。目标管理对人的激励,是通过激发人员的动机,将人们的行为引向目标来实现的。目标是激发这种动机的诱因,而权力是条件。

(3) 授权是提高部属能力的途径。目标管理是一种能力开发,这主要是通过目标管理过程中的自我控制、自主管理实现的。实行自我控制与自我管理,目标责任者必须有一定的自主权。运用权限自主决定,将促使目标责任者对全盘工作进行总体规划,改变靠上级指令行事的局面,有利于能力发挥并不断提高。

(4) 授权是增强应变能力的条件。现代管理内外环境情况复杂多变,要求管理组织系统要有很强的适应性,很强的应变能力。而实现这一点的重要条件就是各级管理者手中要有自主权。

授权的原则。授权的基本依据是目标责任,要根据责任者承担的目标责任的大小授予一定的权力。在授权时还要遵循以下一些原则:

(1) 相近原则。这有两层意思:给直接的下级授权,不要越级授权;应把权力授予最接近做出目标决策和执行的人员,一旦发生问题,可立即做出反应。

(2) 授要原则。授给下级的权力应该是下级在实现目标中最需要的、比较重要的权力,能够解决实质性问题。

(3) 明责授权。授权要以责任为前提,授权同时要明确其职责,使下级明确自己的责任范围和权限范围。

(4) 动态原则。针对下级的不同环境条件、不同的目标责任及不同的时间,应该授予不同的权力。贯彻动态原则体现了从实际需要出发授权,具体可采取:

单项授权,即只授予决策或处理某一问题的权力,问题解决后,权力立即收回;

条件授权,即只在某一特定环境条件下,授予下级某种权力。环境条件改变了,权限也应随之改变;

定时授权,即授予下级的某种权力有一定的时间期限,到期权力自然收回。

1. 授权的优点

(1) 部属可增加参与解决问题的动机及满足感。

(2) 授权可以减轻主管的工作负担。

(3) 主管可以主要从事重要性管理或例外管理。

(4) 授权可以训练部属,使其具有独当一面之工作能力。

(5) 授权培养组织成员的竞争能力。

(6)授权使部属对达成任务负责,使主管免于鞭长莫及。

(7)主管可以增加管理幅度,减少组织层次,增进组织沟通效率。

2. 授权的缺点

(1)授权通常需要密集且昂贵的素质训练。

(2)需要较复杂的计划及报告程序,使流向主管的信息增加,而造成工作负担。

(3)授权无异于将自己的权力及影响力削减,以后可能很难再收回来,结果衍生出不少后遗症。

案例 3-9：事必躬亲

在《三国演义》里,司马懿领军在五丈原与诸葛亮对峙时,曾询问过汉军使者关于诸葛亮的生活作息规律,使者如实说诸葛亮事必躬亲,"仗十下以上必然亲自过问""每日食量甚小"时,司马懿说"诸葛亮事必躬亲,积劳难返,将死矣"。

(根据 https://wenwen.sogou.com/z/q173072092.htm？fr＝wap＆_t＝954874＆rcer＝改编)

讨论：

假如诸葛亮多授权部下,那么可能会出现哪些结果？

导入案例 3-10

管理跨度的最早描述

关于管理跨度的最早描述出现于《圣经》中《出埃及记》一章,记载了摩西花费过多的时间去监督太多的人。作为有经验的大祭司,摩西的岳父叶忒罗给他出了个主意："你要把你手中的事,按照重要的程度和影响的大小,委派给不同的人。你要在百姓中拣选有才能的人,敬畏上帝的人,诚实无欺的人,恨不义之财的人,派他们作千夫长、百夫长和十夫长,由他们来管理百姓。你要将律例法度教给他们,告诉他们当行的道,当做的事。这样你就可以叫他们随时审理百姓,只有关系全部会众的大事才呈报到你这里来,小事就由他们自己审理。这样你不但会轻松一些,百姓也很乐意。"

(根据 http://www.doc88.com/p-1816348204078.html 相关案例改编)

讨论问题：

你认为一位管理者能够直接有效地管理多少个下属？

任务4　管理幅度与管理层次

任务4.1　管理幅度与管理层次概念

　　管理幅度,又叫管理宽度,是指在一个组织结构中,一个管理人员所能直接指挥或有效控制的部属数目。这个数目是有限的,当超这个限度时,管理的效率就会随之下降,就应当增加一个层次。因此,主管人员要想有效地领导下属,就必须认真考虑究竟能直接管辖多少下属的问题,即管理幅度问题。

　　管理层次,又叫组织层次,就是从组织的最高一级到最基层的层级数,也就是在职权等级链上所设置的管理职位的级数。一个职位等级就是一个管理层次。组织规模小,一个管理者可以直接管理每一位作业人员的活动,这时组织就只存在一个管理层次。而当规模的扩大导致管理工作量超出了一个人所能承担的范围时,为了保证组织的正常运转,管理者就必须委托他人来分担自己的一部分管理工作,这使管理层次增加到两个层次。随着组织规模的进一步扩大,受托者又不得不进而委托其他的人来分担自己的工作,依此类推,而形成组织的等级或层次性管理结构。

案例3-11:多多益善

　　有一次,刘邦与韩信谈论各位将领的能力,韩信回答说各有差异。又问韩信:"依你看来,像我这样的人能带多少人马?"韩信答道:"陛下带十万人马还差不多。"刘邦再问道:"那么你呢?"韩信不客气地说:"臣多多而益善耳(我是越多越好)!"刘邦于是笑道:"你既然如此善于带兵,怎么被我逮住了呢?"韩信沉吟半晌才说:"您虽然带兵的能力不如我,可是您有管将的能力啊。这就是我被陛下所擒的原因。"

　　(根据http://www.360doc.com/content/20/0702/11/22010781_921820516.shtml 改编)

　　讨论问题:
　　1. 刘邦的管理幅度是多少?
　　2. 刘邦为什么能够一统天下?

任务4.2　管理幅度与管理层次的关系

　　幅度宽则层次少,幅度窄则层次多。具体说:在组织规模已定的条件下,管理幅度与管理层次成反比:主管直接控制的下属越多,管理层次越少;相反,管理幅度减小,则管理层次增加。
　　管理层次与管理幅度的反比关系决定了两种基本的管理组织结构形态:扁平结构形态

和锥型结构形态。

1. 扁平结构是指组织规模已定、管理幅度较大、管理层次较少的一种组织结构形态。这种形态的优点是：由于层次少，信息的传递速度快，从而可以使高层尽快地发现信息所反映的问题，并及时采取相应的纠偏措施。同时，由于信息传递经过的层次少，传递过程中失真的可能性也较小。此外，较大的管理幅度，使主管人员对下属不可能控制得过多过死，从而有利于下属主动性和首创精神的发挥。但由于过大的管理幅度，也会带来一些局限性：主管不能对每位下属进行充分、有效地指导和监督；每个主管从较多的下属那儿取得信息，众多的信息量可能淹没了其中最重要、最有价值者，从而可能影响信息的及时利用等。

2. 锥型结构是管理幅度较小、管理层次较多的高、尖、细的金字塔形态。其优点与局限性正好与扁平结构相反：较小的管理幅度可以使每位主管仔细地研究从每个下属那儿得到的有限信息，并对每个下属进行详尽的指导。但过多的管理层次的局限性如下：

（1）不仅影响了信息从基层传递到高层的速度，而且由于经过的层次太多，每次传递都被各层主管加进了许多自己的理解和认识，从而可能使信息在传递过程中失真。

（2）可能使各层主管感到自己在组织中的地位相对渺小，从而影响积极性的发挥。

（3）往往容易使计划的控制工作复杂化。

（4）组织设计要综合两种基本组织结构形态的优势，克服它们的局限性。

案例 3-12：5 个层次的管理与 15 个层次的管理哪个更好？

原 MCI 电信公司总裁麦高文经常向员工表达这种观点：每一个员工包括高级管理人员都不要为了工作而相互制造更多的工作。恰恰相反，他会鼓励每一个人对于每一个工作岗位及每个管理层次提出质疑，看看它是不是真的需要设立。例如，两个管理层次是否可以合并，每个职务的价值是否超过它的费用，这个职位的存在是否是在制造不需要的工作，而不是对生产有益。如果回答为"是"，那就合并或精简它。

麦高文认为，公司每增加一个管理层次，就把处在最底层的人员与处在最高层的人员之间的交流又人为地隔开了一层，而精简管理层次，公司上下沟通会更顺畅、快捷、有效，每个人都在努力地做最有价值的工作，因此，整个公司变得富有生气和积极性，工作效率会会大大提高。

（根据 http://dushu.qq.com/read.html?bid=26125601&cid=4 改编）

讨论问题：

施伦伯格公司总裁说："只要安排得当，5 个层次的管理比 15 个层次的管理更好。"你认为呢？为什么？

任务 4.3　管理幅度与管理层次的设计

组织结构设计，包括纵向结构设计和横向结构设计两个方面。纵向结构设计即管理层次设计，就是确定从企业最高一级到最低一级管理组织之间应设置多少等级，每一个组织等级即为一个管理层次；横向结构设计包括管理幅度设计和组织部门设计，就是首先通过找出限制管理幅度设计的因素，来确定上级领导能够直接有效管理的下属的数量，同时，把相同级别的分工成为平行的部门。例如，一个单位的高层是董事会和总经理，中层划分为人力资源部、财务部、生产部、销售部、研发部等。这里的中层部门设计，就是一种横向组织设计。

设定管理幅度要考虑的要素：

（1）人员素质：主管或部属能力强、学历高、经验丰富者，可以加大控制；下属员工素质高，自觉性高，可以多管几个。

（2）沟通渠道：公司目标、决策制度、命令可迅速而有效的传达者，主管可加大控制。

（3）职务内容：工作性质单纯、标准化者，可加大控制层面。

（4）幕僚运用：利用幕僚机构作为沟通协调者，可扩大控制层面。

（5）追踪控制：具有良好、客观、现代化的监控追踪执行工具，则可扩大控制层。

（6）组织文化：具有团结协作风气与良好的制度文化背景的公司可加大控制。

（7）所辖地域：地域近可多管，地域远则少管。

（8）所处层次：高层次幅度宜窄，基层可以稍宽

管理层次亦称管理层级，是指组织的纵向等级结构和层级数目。管理层次是以人类劳动的垂直分工和权力的等级属性为基础的。不同的行政组织其管理层次的多寡不同，但多数可以分为上、中、下三级或高、中、低、基层四级。前者如通用的部、局、处三级建制，后者如国务院、省政府、县政府、乡政府。但无论哪一种层次组建方式，其上下之间都有比较明确和严格的统属关系，都是自上而下的金字塔结构。

导入案例 3-13

华为任正非签署的总裁令

一家公司要想有长远的发展，就必须要有一套顶尖的人才体系。

华为任正非对人才流失的问题非常关注。任正非在 2019 年 2 月的邮件中表示，人才土壤肥力的持续流失，怎能沉淀出战略领先的基础？任正非表示，"要敢于与美国争夺人才，我们可以待遇比他们高。今年我们将从全世界招进 20~30 名天才少年，明年我们还想从世界范围招进 200~300 名。这些天才少年就像'泥鳅'一样，钻活我们的组织，激活我们的队伍。"

华为总裁办签发的最新电子邮件显示，华为对部分 2019 届顶尖学生实行年薪制管理，年薪为 100 万~200 万元不等。

（根据 https://baijiahao.baidu.com/s?id=1625455491067363483&wfr=spider&for=pc 改编）

讨论问题：

如果你是管理者，会如何解决人才流失问题？

任务 5　岗位人员安排

任务 5.1　岗位分析

岗位分析是通过系统全面的信息收集手段，对组织各类岗位的性质、任务、职责、劳动条件和环境，以及员工承担本岗位任务应具备的资格条件所进行的系统分析与研究，并形成岗位说明书和岗位规范。

岗位分析主要是为了解决以下 6 个重要问题：

（1）工作的内容是什么（what）？

（2）由谁来完成（who）？

（3）什么时候完成工作（when）？

（4）在哪里完成（where）？

（5）怎样完成此项工作（how）？

（6）为什么要完成此项工作（why）？

进行岗位分析的时机：

（1）缺乏明确、完善的书面职位说明，员工对职位的职责和要求不清楚；

（2）虽然有书面的职位说明，但工作说明书所描述的员工从事某项工作的具体内容和完成该工作所需具备的各项知识、技能和能力与实际情况不符，很难遵照去执行；

（3）经常出现推诿扯皮、职责不清或决策困难的现象；

（4）当需要招聘新员工时，发现很难确定用人的标准；

（5）当需要对在职人员进行培训时，发现很难确定培训的需求；

（6）当需要建立新的薪酬体系时，无法评估职位价值；

（7）当需要对员工进行绩效考核时，发现没有考核的标准；

（8）新技术的出现，导致工作流程变革和调整。

岗位说明书。岗位分析的直接目的是编写岗位说明书，即通过岗位分析，经过面谈、问卷、深入现场调查等方法，收集与岗位相关的信息，在汇总、处理后，整理成书面形式的文件。岗位说明书主要由岗位描述与岗位规范构成。岗位描述指与工作内容有关的信息，包括职务概况、岗位工作目标、岗位工作特点、岗位工作关联等。岗位规范写明了岗位的任职资格，例如，胜任该岗位的人员应该是本科生还是专科生，他应该有几年相关工作经验，他所具备的专业知识和技能是什么。岗位说明书的格式没有明确的规定，企业可以根据自身情况设定，但是岗位说明书的内容建立在岗位调查的基础上，不经过调查就不可能得到岗位工作的全面信息。

岗位调查的主要方法：

1. 实践法

在亲身实践中了解工作的实际任务以及该工作对人的体力、环境、社会等方面的要求；观察、记录、核实工作负荷与工作条件，观察、记录、分析工作方法，找出不合理之处；适用于短期内可以学会的工作。而对于需要大量训练才能掌握或有危险的工作，如飞行员、脑外科医生、战地记者，不宜采用此法。

2. 访谈法

个别访谈（individual interview）、集体访谈（group interview）、主管访谈（supervisor interview）都可采用。

3. 问卷调查

优点：
（1）能够从众多员工处迅速得到信息，节省时间和人力，费用低。
（2）员工填写工作信息的时间较为宽裕，不会影响工作时间。此方法适用于在短时间内对大量人员进行调查的情形。
（3）结构化问卷所得到的结果可由计算机处理。

缺点：
（1）问卷的设计需要花费时间、人力和物力，费用较高。
（2）单向沟通方式，所提问题可能部分地不为员工理解。
（3）有的填写者不认真填写，影响调查的质量。

4. 观察法

被观察者的工作应相对稳定、工作场所也应相对固定，这样便于观察。观察对象适用于大量标准化的、周期较短的以体力为主的工作如组装线工人，而不适用于脑力活动为主的工作如律师、设计工程师等工作。

观察者不要引起被观察者的注意，也不要干扰被观察者的工作。但是，有些岗位最好不要偷窥。有一个军官，深夜起来解小便，顺便想看看哨兵站岗情况。他蹑手蹑脚地从黑暗中走过去，不小心发出声音。那个哨兵，是个新兵，胆子小，本来就战战兢兢的，忽然听见声音，又发现黑暗中一个鬼鬼祟祟的人，"砰"的一枪，正中军官心脏。对于不能通过观察法得到的信息，应辅以其他形式如访谈法来获得。观察前要有详细的观察提纲。可以采用瞬间观察，也可以定时观察。

5. 日志法

若运用得好，能获得大量的更为准确的信息。前期直接成本小。收集信息可能较凌乱，整理工作复杂，加大员工工作的负担，也存在夸大自己工作重要性的倾向。

6. 关键事件法

收集、整理导致某工作成功或失败的典型、重要的行为特征或事件。

案例 3-14：

约翰·戴威森今年52岁，原是一个技术型专家，担任埃德诺公司下属的一个大分公司的总经理助理。由于总经理经常忙于其他工作不在公司，戴威森的工作包括在总经理不在时代理总经理行使处理公司日常业务的职权。戴威森的桌子上经常堆满大量的各式文件等他处理。由于他是一个非常严密和谨慎的人，回到家里也经常要继续工作。他认为自己原本是一个技术型专家，所以当销售部门的某一人员就公司客户的技术问题向他咨询时，他总是有求必应，而这个人员也确实从戴威森的咨询中受益匪浅；由于缺乏专业经验，他经常要向戴威森请教问题。不久，戴威森干脆直接和客户接触处理某些技术问题，他认为这是最能表现他专业才能的领域。结果公司客户不再与销售部门接触，而是直接和他保持联系。由于工作的高技术性质，戴威森习惯于亲笔起草各种报告和信件，很少把这些工作交给秘书去做。他的工作十分细致，认真检查每一个细节，并加以仔细修正，因此需要大量的纸张。在一个星期五的下午，当他计划利用周末继续工作时，被告知已经没有纸张了。戴威森找到负责文具供应的管理人员并斥责了他一顿，要求这个管理人员今后要大批量进货以确保再不出现类似的情况。尽管这位管理人员对此事感到十分委屈，但考虑到今后的工作将会由复杂转变为简单，也就心平气和了。时间没过多久，戴威森就感到自己过于劳累而难以支撑，他向上级提出为其安排一名助手。但他的要求遭到了拒绝，原因是上级认为公司岗位设置中不需要这样一名助手。戴威森只好接受这一事实，并考虑今后如何充分利用自己的休假来完成这些冗杂的工作。

（根据 https://www.douban.com/group/topic/20474989/改编）

讨论问题：请根据以上材料，从职位分析角度，讨论下列问题：
1. 上级公司为什么不给戴威森安排一名助手？他的问题在哪里？
2. 你可以从中受到什么启示？

任务5.2　招聘与甄选

招聘也叫"找人""招人""招新"，就是某主体为实现目标或完成某个任务而进行的吸引、寻找、选择符合组织需要的人的活动。招聘主体有法人，比如政党、企事业单位、机关、团体；也有自然人，比如个体老板。招聘，一般由主体、载体及对象构成，主体就是用人者，载体是信息的传播体，对象则是符合标准的候选人，三者缺一不可。

载体种类较多，口碑或纸片，简单、经济；广播、电视、报纸、杂志等，高级但费用昂贵；科技发达，思想进步，将互联网作为载体的趋势正逐渐兴盛。

员工招聘，简称招聘，是指"招募"与"聘用"的总称，为组织中空缺的职位寻找合适人选。甄选，是指采取科学的人员测评方法选择具有资格的人来填补职位空缺的过程。

甄选就是甄别选择，在考察、审查的基础上进行选择。人员甄选是指通过运用一定的工具和手段对招募到的求职者进行鉴别和考察，区分他们的道德品质、人格特点与知识技能水平，预测他们的未来工作绩效，从而最终挑选出组织所需要的、填补恰当空缺职位的活动。

这一阶段的工作直接决定组织最后所雇用人员的状况，会给组织的经济和战略产生重大影响，因而是招聘过程中最重要的决策阶段。同时，这一阶段也是技术性最强的一步，需要采用多种测评方法，帮助组织公平客观地做出正确决策。目前我国劳动力市场的供求状况对用人方而言是有利的。在刊登的招聘广告中只要注明基本上说得过去的薪资，再加上一些合适的福利保障，就会有络绎不绝的应聘者登门来访；打开电脑，应聘的 E-mail 差不多要塞满整个邮箱。如何在众多的应聘人选当中去寻找适合企业发展的人才，成为人力资源工作者面临的挑战性难题。

要准确地理解人员甄选的含义，还需要把握以下三点：

第一，甄选应包括两方面的工作，一是评价应聘者的知识、技能和个性；二是预测应聘者未来在组织中的绩效。对应聘者绩效的准确预期对组织而言是最为关键性的事情。

第二，甄选要以空缺职位所要求的任职资格条件为依据来进行，组织所需要的是最合适的人，并不一定是最优秀的人。

第三，甄选应当由人力资源部门和直线部门共同完成，最终的录用决策应当由直线部门做出。理想的录用决策应当同时满足两个要求：既没有录用不符合要求的人员，又没有遗漏符合要求的人员。

有效的甄选系统应达到以下标准：

1. 标准化。要保证每位参加选拔录用程序的应聘者都经历同样数量和类型的选择测试和面试。

2. 有效排列。将那些比较复杂、费用较高的程序，如与组织高层面谈、体检等放在最后，使这些程序只用于那些最有可能被录取的应聘者。

3. 提供明确的决策点。所谓决策点是指那些能明确做出淘汰或保留的关键性内容。如体检结果，笔试成绩等。这些决策点应当是对岗位和组织而言意义重大的内容。

4. 充分提供应聘者是否胜任空缺职位的信息。不仅要保证不遗漏空缺职位的工作内容，而且不要保证能从应聘者那里收集到与决策有关的充足信息。

5. 突出应聘者背景情况的重要方面，应能按照需要多次核实和检查最重要的情况。与招募相比，人员的甄选无论是对组织还是对人力资源的其他工作产生的影响更为直接、更为关键，必须详细周密地做出安排。整个甄选过程的每个步骤都应该有一个关键决策点，应聘者如果达不到该决策点的要求就要被淘汰，只有通过该决策点的应聘者才能继续参加下面的选拔。在选拔与录用的这些步骤中，测试与面试是比较复杂和关键性的步骤。筛选申请材料对求职人员申请表及个人简历的评价是招聘录用系统的重要组成部分。在求职者众多，面试成本压力大的情况下，企业也往往将申请表和简历的筛选作为人员选择的第一步，从中剔除大量不合要求的人员，然后安排进一步的筛选。

笔试是让应试者在试卷上笔答事先拟好的试题，然后由评估人员根据应试者解答的正确程度予以评定成绩的一种测试方法。这种方法可以有效地测量应试者的基本知识、专业知识、管理知识、相关知识以及综合分析能力、文字表达能力等素质，目前在我国组织人员的招聘过程中被广泛应用。专业笔试比较适合于作为初步筛选的工具。

面试是一种在特定的场景下，经过精心设计，采取通过主考官与应试者双方面对面地观察、交谈等双向沟通方式，了解应聘者的素质特征、能力状况及求职动机等的人员挑选方法。

面试是企业最常用的测试手段。有研究提出,面试是一种有效的甄选工具。面试的特点主要表现在以下方面。

1. 直观性。俗话说"眼见为实",招聘人员通过与应聘者面对面地交谈,并通过观察可以获得关于求职者的最真实信息。

2. 全面性。面试是一种综合性的考试,在很短的时间中可以获得关于求职者的口头表达能力、为人处世能力、操作能力、独立处理问题的能力以及仪表、气质风度、兴趣爱好、脾气秉性、道德品质等全方位的信息。

3. 目标性。面试过程中可以通过对求职者操作技能的直接考察,克服笔试过程中出现的"高分低能"现象,并可以根据不同的求职对象有针对性地提出问题,对主试感兴趣的某方面内容做深入、灵活、详细地考察,从而提高人员选拔的有效性。

4. 主观性。面试最大的缺陷在于主观性。由于对应聘者的考察主要依赖于主考官的主观判断,所以招聘人员本身的经验、爱好和价值观等内容都会影响到面试的结果,同时对考生的社会赞许倾向和表演行为难于防范和识别。如何克服面试活动中出现的偏差,使面试活动更为科学、客观和正确,成为招聘设计工作的重要目标之一。

结构化面试,也称标准化面试,是相对于传统的经验型面试而言的,是指按照事先制定好的面试提纲上的问题——发问,并按照标准格式记下面试者的回答和对他的评价的一种面试方式。

面试时间通常控制在20分钟以内,在如此短暂的时间里要给各位考官留下良好的印象,考生需要掌握以下几个方面的技巧:

1. 谦逊有礼的态度。考生从进入面试考场到面试完毕都要礼貌待人,给考官留下良好印象。进入考场时,考生应主动向考官问好,但礼貌的表达要适度,过于拘谨,会显得紧张或不自信;过于夸张则会显得言不由衷,都会影响考官对应试者的看法。

2. 正确有效的倾听。优秀的谈话者都是优秀的倾听者。虽然面试中发问的是考官,考生的答话时间比问、比听的时间多,考生还是必须要做好倾听者的角色。因为考官讲话时留心听,是起码的礼貌,考官刚发问就抢着回答,或打断考官的话,都是无礼的表现,会令考官觉得你不尊重他。

3. 冷静客观的回答。面试的主要内容是"问"和"答",在面试中,考官往往是千方百计"设卡",以提高考试的难度,鉴别单位真正需要的人才。

在具体面试时,考生若遇到不熟悉或根本不懂的问题时,一定要保持镇静,不要不懂装懂,牵强附会,最明智的选择就是坦率承认自己不懂,这样反而能得到考官的谅解。

面试中,考生也会遇到一些过于宽泛的问题,以致不知从何答起,或对问题的意思不甚明白。此时,考生决不能"想当然"地去理解考官所提的问题而贸然回答,一定要采取恰当的方式搞清楚,请求考官谅解并给予更加具体的提示。

4. 合理控制时间。超时是严重的"犯规"(考官通常不会允许),时间剩余太多则会显得回答不充分,因此要科学部署时间。通常每个问题的时间在5分钟以内,最好的时间分配是,准备作答控制在1分钟以内,回答3分钟左右。当然,具体的时间分配还要根据每个题目的要求来定,例如在考试中可能出现如下试题:"请做自我介绍,时间1分钟""请以'奋斗'为题做5分钟的演讲""请介绍一下你自己,时间3分钟"。

俗话说："勤能补拙是良训，一分辛苦一分才。"考生要想取得面试的成功，就要从现在开始扎扎实实地学习，不断积累各个方面的知识，提高自身的综合素质和能力。

5. 增进交流，把握言语技巧。结构化面试实际上也是考生和考官面对面做的交流，所以在回答考官问题时，说话得体非常关键。

案例 3-15：

远翔精密机械有限公司，在最近几年招募中层管理人员上不断遇到困难。该公司是制造销售复杂机器的公司，目前重组成六个半自动制造部门。公司的高层管理层相信这些部门的经理有必要了解生产线和生产过程，因为许多管理决策需在此基础上做出。公司一贯严格地从内部选拔人员。但不久就发现提拔到中层管理职位的基层员工缺乏相应的适应新职责的技能。这样，公司决定改为从外部招聘，尤其是招聘那些企业管理专业的好学生。通过一个职业招募机构，公司得到了许多有良好训练的工商管理专业作候选人，他们录用了一些，并先放在基层管理职位上，以便为今后提为中层管理人员做准备。不料在两年之内，所有这些人都离开了公司。公司只好又回到以前的政策，从内部提拔。但又碰到了与过去同样的提拔者素质欠佳的问题。不久将有几个重要的职位的中层管理人员退休，他们的空缺亟待称职的继任者。

（根据 https://www.docin.com/p-961416221.html 改编）

讨论问题：
1. 这家公司确实存在在选拔和招募方面的问题吗？为什么？
2. 如果你是咨询专家，你会有哪些建议？

任务 5.3　员工培训

员工培训是指组织为了完成当前的工作任务和实现长远的奋斗目标，采用各种方式对部分或全体员工进行有目的、有计划、有重点的培养和训练的管理活动。成功的培训可以使员工更新知识，开拓技能，改进动机、态度和行为，增强团队凝聚力，适应新的形势和任务的要求，更好地胜任现职工作或担负更高级别的职位，从而促进组织效率的提高和组织目标的实现。

员工培训按内容来划分，可以分出两种：员工技能培训和员工素质培训。

（1）员工技能培训：企业针对岗位的需求，对员工进行的岗位能力培训。

（2）员工素质培训：企业对员工素质方面的要求，主要有心理素质、个人工作态度、工作习惯等的素质培训。

新进人员的培训目的为新员工提供正确的、公司及工作岗位相关的信息，鼓励新员工，让新员工了解公司所能提供给他的相关工作情况及公司对他的期望；让新员工了解公司历史、政策、企业文化，提供讨论的平台；减少新员工初进公司时的紧张情绪，使其更快适应公司；让新员工感受到公司对他的欢迎，让新员工体会到归属感；使新员工明白自己工作的职责、加强同事之间的关系;培训新员工解决问题的能力及提供寻求帮助的方法。

在职培训的目的主要在于提高员工的工作效率,以更好地协调公司的运作及发展。

专题培训的目的在于根据公司发展需要或者部门岗位需要,组织部分或全部员工进行某一主题的培训工作。

案例 3-16:

RB制造公司是一家位于华中某省的皮鞋制造公司,拥有近400名工人。大约一年前,公司失去了两个较大的客户,因为他们对产品过多的缺陷表示不满。RB公司领导研究了这个问题之后,一致认为:公司的基本工程技术方面还是很可靠的,问题出在生产线上的工人、质量检查员以及管理部门的疏忽大意、缺乏质量管理意识。于是公司决定通过开设一套质量管理课程来解决这个问题。质量管理课程的授课时间被安排在工作时间之后,每个周五晚上7:00~9:00,历时10周。公司不付给来听课的员工额外的薪水,员工可以自愿听课,但是公司的主管表示,如果一名员工积极参加培训,那么这个情况将被纪录到他的个人档案里,以后在涉及加薪或提职的问题时,公司将会予以考虑。课程由质量监控部门的李工程师主讲,主要包括各种讲座,有时还会放映有关质量管理的录像片,并进行一些专题讨论。课程内容包括质量管理的必要性、影响质量的客观条件、质量检验标准、检验的程序和方法、质量统计方法、抽样检查以及程序控制等内容。公司里所有对此感兴趣的员工,包括监管人员,都可以去听课。课程刚开始时,听课人数平均60人左右。在课程快要结束时,听课人数已经下降到30人左右。而且,因为课程是安排在周五晚上,听课的人都显得心不在焉,有一部分离家远的人员课听到一半就提前回家了。在总结这一课程培训的时候,人力资源部经理说:"李工程师的课讲得不错,内容充实,知识系统,而且他很幽默,使得培训引人入胜,听课人数的减少并不是他的过错。"

(案例来源:https://tiku.baidu.com/web/view/b9181dceb04e852458fb770bf78a6529647d35b5)

讨论问题:

1. 您认为这次培训在组织和管理上有哪些不合适的地方?
2. 如果您是RB公司的人力资源部经理,您会怎样安排这个培训项目?

任务5.4 绩效考评

绩效,主要是指员工的劳动成绩和工作效果。在实际管理中,领导者评价下属的绩效,主要看两个方面:一方面看劳动态度、工作表现、思想品德;一方面看劳动能力、工作业绩、发展潜力。

绩效考评,是指考评者对照工作目标或绩效标准,采用一定的考评方法,评定员工的工作任务完成情况、员工的工作职责履行程度和员工的发展情况,并将上述评定结果反馈给员工的过程。绩效考评是绩效考核和评价的总称。

经常运用的绩效考评方法：

1. 自评

自评即被考评人的自我考评，考评结果一般不计入考评成绩，但它的作用十分重要。自评是被考评人对自己的主观认识，它往往与客观的考评结果有所差别。考评人通过自评结果，可以了解被考评人的真实想法，为考评沟通做准备。另外，在自评结果中，考评人可能还会发现一些自己忽略的事情，这有利于更客观地进行考评。

2. 互评

互评是员工之间相互考评的考评方式。互评适合于主观性评价，比如"工作态度"部分的考评。互评的优点在于：首先，员工之间能够比较真实地了解相互的工作态度，并且由多人同时评价，往往能更加准确地反映客观情况，防止主观性误差。互评在人数较多的情况下比较适用，比如人数多于5人。另外，在互评时不署名，在公布结果时不公布互评细节，都可以减少员工之间的相互猜疑。

3. 上级考评

在上级考评时，考评人是被考评人的管理者，多数情况下是被考评人的直接上级。上级考评适合于考评"重要工作"和"日常工作"部分。

4. 360度反馈（360°Feedback）

也称全视角反馈，是被考核人的上级、同级、下级和服务的客户等对他进行评价，通过评论知晓各方面的意见，清楚自己的长处和短处，来达到提高自己的目的。360度绩效反馈评价有利于克服单一评价的局限，但应主要用于能力开发。

5. 等级评估法

等级评估法是绩效考评中常用的一种方法。根据工作分析，将被考评岗位的工作内容划分为相互独立的几个模块，在每个模块中用明确的语言描述完成该模块工作需要达到的工作标准。同时，将标准分为几个等级选项，如"优、良、合格、不合格"等，考评人根据被考评人的实际工作表现，对每个模块的完成情况进行评估。总成绩便为该员工的考评成绩。

6. 目标考评法

目标考评法是根据被考评人完成工作目标的情况来进行考核的一种绩效考评方式。在开始工作之前，考评人和被考评人应该对需要完成的工作内容、时间期限、考评的标准达成一致。在时间期限结束时，考评人根据被考评人的工作状况及原先制定的考评标准来进行考评。目标考评法适合于企业中实行目标管理的项目。

7. 序列比较法

序列比较法是对相同职务员工进行考核的一种方法。在考评之前，首先要确定考评的模块,但是不确定要达到的工作标准。将相同职务的所有员工在同一考评模块中进行比较,根据他们的工作状况排列顺序,工作较好的排名在前,工作较差的排名在后。最后,将每位员工几个模块的排序数字相加,就是该员工的考评结果。总数越小,绩效考评成绩越好。

8. 相对比较法

与序列比较法相仿,它也是对相同职务员工进行考核的一种方法。所不同的是,它是对员工进行两两比较,任何两位员工都要进行一次比较。两名员工比较之后,工作较好的员工记"1",工作较差的员工记"0"。所有的员工相互比较完毕后,将每个人的成绩进行相加,总数越大,绩效考评的成绩越好。与序列比较法相比,相对比较法每次比较的员工不宜过多,范围在五至十名即可。

9. 重要事件法

考评人在平时注意收集被考评人的"重要事件",这里的"重要事件"是指被考评人的优秀表现和不良表现,对这些表现要形成书面记录。对普通的工作行为则不必进行记录。根据这些书面记录进行整理和分析,最终形成考评结果。

实践中,可以根据需要选择一种考评方法,也可以综合运用多种方法。

案例 3-17:

G是某企业生产部门的主管,今天他终于费尽心思地完成了对下属人员的绩效考评并准备把考评表格交给人力资源部。绩效考评的表格表明了工作的数量和质量以及合作态度等情况,表中的每一个特性都分为五等:优秀、良好、一般、及格和不及格。所有的职工都完成了本职工作。除了S和L,大部分还顺利完成了G交给的额外工作。考虑到L和S是新员工,他们两人的额外工作量又偏多,G给所有的员工的工作量都打了优秀。X曾经对G做出的一个决定表示过不同意见,在合作态度一栏,X被计为一般,因为意见分歧只是工作方式方面的问题,所以G没有在表格的评价栏上做记录。另,D家庭比较困难,G就有意识地提高了对他的评价,他想通过这种方式让D多拿绩效工资,把帮助落到实处。此外,C的工作质量不好,也就是达到合格,但为了避免难堪,G把他的评价提到了一般。这样,员工的评价分布于优秀,良好,一般,就没有及格和不及格了。G觉得这样做,可以使员工不至于因发现绩效考评低而不满;同时,上级考评时,自己的下级工作做得好,对自己的绩效考评,成绩也差不了。

(案例来源:https://www.asklib.com/view/7fec7050b06a.html)

讨论问题:
1. 案例中暴露出什么问题?
2. 对案例出现的问题给出你的解决方案。

导入案例 3-18

小说作家的青春文学平台

2003年1月,小说《幻城》,让青年作家郭敬明进入了大家的视野。2004年,郭敬明成立"岛"工作室,开始主编《岛》系列杂志。2006年7月,郭敬明将运作两年的"岛"工作室升级为"上海柯艾文化传播有限公司",并出版刊物《最小说》,工作人员初为"i5land"人员。郭敬明由此开始打造起一个青春文学平台。

自身拥有的才能可以给创业者带来许多方便,但拥有一支优秀的团队更能帮助企业发展壮大。最初有i5land辅助郭敬明创作《岛》,后来又有许多优秀作者的加盟,让《最小说》不断发展和获得市场认可。郭敬明的成功是一种突破,作家也可以从写作成功地转型商业运作。

(根据 https://www.sohu.com/a/348752720_120005162 改编)

讨论问题:
你认为郭敬明创业成功的原因有哪些?

任务6 组织创新

任务6.1 组织形式创新

日新月异的时代、丰富多彩的生活,要求组织形式在继承传统的基础上不断创新。就拿公司的组织形式来说,已经有多种形式,以后还会出现更多形式。

案例 3-19:无厂卖白酒,无猪称大王

陈生十多年前倒腾过白酒和房地产,打造了"天地壹号"苹果醋,在悄悄进入养猪行业后被人称为广州千万富翁级的"猪肉大王"。能在养猪行业里很短时间就能取得骄人成绩,成为拥有数千名员工的集团的董事长,还在于陈生大学毕业后放弃了自己在政府中让人羡慕的公务员职务,毅然下海,积累了几次创业的"实战经验":卖过菜,卖过白酒,卖过房子,卖过饮料。他卖白酒时,根本没有能力投资数千万设立厂房,可是他直接从农户那里收购散装米酒。通过广大的农民帮他生产,产能却可以达到投资5000万的工厂的数倍。此后,他才利用积累起来的资金开始租用厂房和设施,打造自己的品牌"天地壹号"苹果醋,迅速进入并占领市场,又推出了绿色环保猪肉"壹号土猪",开始经营自己的品牌猪肉。虽然走的还是"公司+农户合作"的路子,但针对学生、部队等不同人群,却能够选择不同的农户,

提出不同的饲养要求,比如,为部队定制的猪可肥一点,学生吃的可瘦一点,为精英人士定制的肉猪,据传每天吃中草药甚至冬虫夏草,使公司的生猪产品质量与普通猪肉"和而不同"。在这样的"精细化营销"战略下,陈生终于在很短的时间内打响了"壹号土猪"品牌,在不到两年的时间在广州开设了近100家猪肉连锁店,营业额达到2个亿,成为广州知名的"猪肉大王"。

(根据http://epaper.bjnews.com.cn/html/2015-11/10/content_607176.htm?div=-1改编)

问题:陈生采用的是什么样的组织形式?依据是什么?

任务6.2 组织能力创新

团队建设主要是通过自我管理的小组形式进行,每个小组由一组员工组成,负责一个完整工作过程或其中一部分工作。工作小组成员在一起工作以改进他们的操作或产品,计划和控制他们的工作并处理日常问题。他们甚至可以参与公司更广范围内的问题。

团队精神就是大局意识、协作精神和服务精神的集中体现。团队精神的基础是尊重个人的兴趣和成就。核心是协同合作,最高境界是全体成员的向心力、凝聚力。

团队成员的技能是相互补充的,把不同知识、技能和经验的人综合在一起,形成角色互补,从而达到整个团队的有效组合。

案例3-20:斯特利达公司

仅仅依靠两个人,斯迪特曼和本奈特是如何做到经营整个公司,并且在全世界销售几千辆高技术折叠自行车的?是通过虚拟网络,将设计、制造、顾客服务、后期、财务等几乎所有的事情外包给其他的机构去完成了。

斯迪特曼是一个自行车迷,当他和朋友本奈特买下了不景气的英国斯特利达公司后,开始着手经营自行车业务。当时,斯特利达公司的麻烦在于,每单的订货数量很少,但质量要求却很高。两个人很快就明白了症结所在。折叠自行车是一件很聪明的设想,但是对于制造商来说却是一场噩梦。斯迪特曼和本奈特立即将产品设计和新产品开发交给美国的一家自行车设计公司,而打算将自行车的制造仍然放在英国伯明翰的工厂里进行。但是来自意大利的一个大订单迫使他们改变了做法。最终他们将所有的制造工作都交给了中国台湾地区的明环公司,而明环公司所需要的原材料来自台湾地区本地制造,或从中国内地购买。

最后,这个谜底的最后一部分是将剩下的工作,从营销到分销承包给伯明翰的一家公司去完成,而斯迪特曼和本奈特则集中精力来管理这个协作网络,让它运转灵活顺畅。

(根据https://www.sohu.com/a/348752720_120005162改编)

讨论问题:
斯特利达是如何通过资源整合来提升企业的经营能力的?

任务 6.3　组织文化创新

组织文化在企业界又叫企业文化(Corporate Culture 或 Organizational Culture),是一个组织由其价值观、信念、仪式、符号、处事方式等组成的其特有的文化形象。

企业文化是企业的核心价值观、业务流程、管理体系乃至创新与变革能力等的具体象征,更与身为企业灵魂人物的企业主、CEO 的个人魅力及领导能力相辅相成,借此达到推动企业成长的目的。

企业文化是企业为解决生存和发展的问题而树立形成的,被组织成员认为有效而共享,并共同遵循的基本信念和认知。企业文化集中体现了一个企业经营管理的核心主张。

案例 3-21：九阳的健康开发理念

九阳股份有限公司,前身为山东九阳小家电有限公司,始创于 1994 年,是一家专注于健康饮食电器研发、生产和销售的现代企业。九阳的董事长王旭宁本人持有多项豆浆机国家发明专利。

回顾豆浆机市场的发展史,九阳并非一路无阻,就在九阳刚刚把豆浆机市场做得红火起来的那阵子,一下子就冒出了 50 多家豆浆机厂家,大家都看到了中国几亿家庭的巨大市场潜力,都想分得一杯羹。时过境迁,回首当初的竞争者,幸存的已寥寥无几了。原因何在? 王旭宁分析说,这都是企业的短期行为所致,没有长远的发展目标,看到有利可图就一拥而上,而不真正在产品上下功夫,一开始就注定了失败的命运。与那些企业不同的是,九阳是把豆浆机当作一个产业来发展的,其追求的是百年理想。自打发明九阳豆浆机时起,王旭宁就抱定了要以之作为毕生的追求。王旭宁对豆浆一往情深,并把这种情节带到了他所从事的事业上来。对他来说,目标不只是单单如何做好豆浆机生意,而是如何才能做出好的豆浆。自 1994 年发明九阳豆浆机以来,九阳的技术创新就没有停止过。回顾九阳豆浆机的每一次革新,不仅仅是机器本身更趋完善,哪怕一个小小部件的修改,都是以如何做出更浓、更香、营养价值更高的豆浆为宗旨,也就是说,九阳豆浆机在技改时充分考虑了豆浆的浓香和用户的健康,这就是九阳的健康开发理念。

企业文化就应该从小企业开始建设。每个企业家都会考虑企业凭什么来凝聚员工,这就是企业文化要解决的问题。企业文化的雏形可能来自创业者的某种直觉,它是用来指导和约束员工的成文或不成文的条例和规范,久而久之,就逐渐形成企业自己独特的价值观、道德观,从而形成一种企业凝聚力。

(根据 https://baike.baidu.com/item/九阳股份有限公司/8286272? fr=aladdin 改编)

讨论问题:

企业文化对于组织的管理来说有哪些作用?

导入案例 3-22

我是凡客

2005年,我国网上服装直销模式兴起,"轻公司"的模式也让业界眼前一亮。2007年陈年的凡客酝酿产生,并以惊人的速度成为国内互联网快时尚第一品牌,以低价高质快速房获大众的心。配备全场包邮、24小时客服、30天退换货等服务,凡客诚品靠产品和服务打造出了第一波好口碑。其销售额为2008年1亿,2009年5亿,2010年20亿。2010年,凡客拥有超过1.3万名员工,30多条产品线,产品涉及服装、家电、数码、百货等全领域。

2010年管理年会,陈年将原计划40亿的销售目标提到100亿。100亿目标需要充足的人员配备,于是"日进500新员工"的景象便产生了。100亿的战略目标下,组织结构不严密和管理上的失控带来的是越来越迷茫的员工,还有不合理考核标准带来的挫败感。为了冲击销量,凡客选择了疯狂的扩大品类,卖的东西越来越杂,T恤、家电、数码、百货、拖把、菜刀、镊子、电饭锅……急速扩张的品类并没有为产品的研磨、质量的把控、生产线的遴选提供充分的时间,而且衣服的质量也越来越差,顾客渐渐远离了。

(根据 https://www.sohu.com/a/225176296_467215 改编)

讨论问题:

新创企业应该在何时搭建组织结构?如何搭建组织结构?

任务7 中小微企业创业组织

任务7.1 新创中小微企业组织结构

组织机构和结构的确定首先是为了管理的方便,所以我们可以从管理劳动分工的视角为新创的中小微企业提供一些设计组织结构的思路。管理劳动的分工包括横向和纵向两个方面。横向的分工,是根据不同的标准,将管理劳动分解成不同的岗位和部门的任务,横向分工的结果就是部门的设置,或者叫组织的部门化。纵向的分工,是根据管理幅度的限制来确定管理系统的层次,并根据管理层次在管理系统中的位置规定管理人员的职责和权限,纵向分工的结果是企业管理决策权限的相对集中或分散。所以,中小微企业的创业者可以主要遵循横向设计的思路进行部门化组织架构,也可以主要进行纵向的组织设计,将管理权力在不同的管理层次之间进行分配。

1. 横向的组织结构设计

横向的组织结构设计中经常运用的划分标准是职能、产品和地区。

（1）职能部门化方式。职能部门化是根据企业业务活动的相似性来设立一些管职能管理部门。判断某些活动是否相似的标准是这些活动的业务性质是否相似，从事活动所需要的技能是否相似。虽然每一家企业在所属行业、产品类型、制造工艺等方面有所不同，但管理活动都会围绕着生产条件的筹集和组合、物质产品或劳务的用户寻找以及为企业提供资金保证来展开。所以可以认为生产、营销、财务和人力是企业的基本职能，缺少了其中的任何一项，企业便无法正常运作。除了这些非常重要的基本职能外，企业还需要一些保证生产经营活动能顺利开展的辅助性职能，例如公共关系、行政管理等。常见的职能部门化组织结构如图3-6所示：

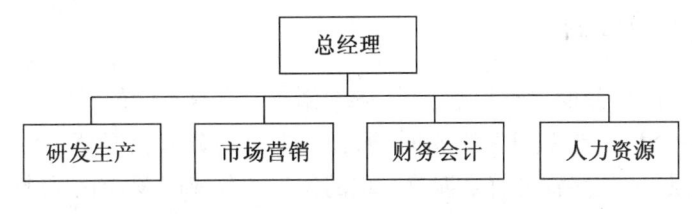

图3-6 职能部门化方式

对于新创的中小微企业来说，职能部门化的组织结构设计方式是最自然、最方便，也是最符合逻辑的。据此进行的分工和设计的组织结构可以带来专业化分工的种种好处，使各部门的管理人员专心致志地研究产品的制造或者积极努力的探索和开发市场，或者专业地分析和评价资金的运动。而且按职能划分部门，也有利于维护创业者的行政指挥的权威，实现组织的统一性。

（2）产品部门化方式。现在有很多互联网企业会采用产品部门化的组织结构方式。按照产品属性和用户特点的不同进行部门化的划分，可以使企业将多角化经营和专业化经营相结合，有利于企业及时调整经营方向，促进企业内部的竞争和快速成长，也有助于高层次管理人才的培养。常见的产品部门化组织结构如图3-7所示：

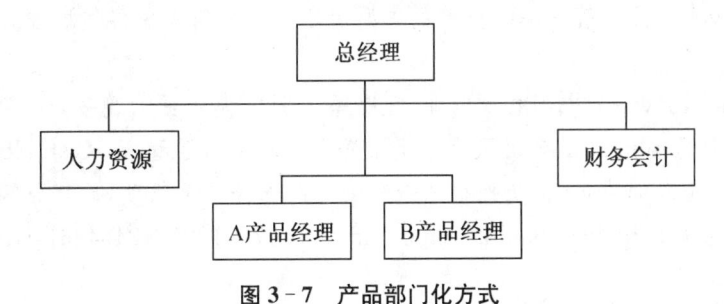

图3-7 产品部门化方式

（3）地区部门化方式。如果企业的组织活动在地理位置上存在社会环境、文化背景和消费偏好等方面的不同，新创企业也会根据地理位置的不同设计组织结构，这样可以更好地针对各地区劳动者和消费者的行为特点来组织企业的生产和运营活动。常见的地区部门化组织结构如图3-8所示：

```
                    ┌──────┐
                    │ 总经理 │
                    └──────┘
        ┌──────┬──────┴──────┬──────┐
      ┌────┐ ┌────┐        ┌────┐ ┌────┐
      │人事│ │研发│        │采购│ │财务│
      └────┘ └────┘        └────┘ └────┘
                 ┌──────┬──────┐
             ┌───────┐ ┌───────┐
             │A地区经理│ │B地区经理│
             └───────┘ └───────┘
```

图 3‑8　地区部门方式

2. 纵向的组织结构设计

同样是按照产品划分设立管理单位，不同的创业者会有不同的考虑，既可以设立生产车间，也可以分设一个和其他部门性质相同，拥有自主权的分权化经营单位，例如子公司等。这便是纵向组织设计的思路，也就是涉及组织的集权和分权问题，前一种情况多半发生在权力相对集中的组织中，而后者则是分权化组织的主要特征。

案例 3‑23：新创企业的选择

Ryan Hoover 在硅谷创立 Product Hunt 后不久，便受到关注，但是亟须解决资金问题。当时，他有以下选择：

1. 在朋友的帮助之下逐步（缓慢地）建立起事业；
2. 为事业争取风险投资；
3. 允许社区参与产品建设过程。

虽然选项 3 颇为引人注目，而且和公司的"公共建设"价值相一致，但存在太多的担忧和风险。产品的贡献者是否应该获得公司的股权？如果他应该获得股权，那么该如何分配股权？Ryan Hoover 该如何管理一个分权的志愿者团队？如何避免群体思维的弊端并做出明智的决定？

后来，Ryan Hoover 考虑到首次创业，还是采用固定模式更为稳妥，于是选择了选项二的思路。通过 Y Combinator 公司风投募集了资金。即使事后看来，Ryan Hoover 认为选择了选项 2 是一个正确的决定，但仍然很好奇如果当时选择了第三项，后来会怎样。

（根据 https://baijiahao.baidu.com/s?id=1591727129554246436&wfr=spider&for=pc 改编）

讨论问题：

1. 对于新创企业而言，集权和分权各有哪些利弊？
2. 对于人才而言，分权的初创企业和集权的初创企业哪个更有吸引力？

任务7.2　中小微企业组织变革与创新

1. 组织变革与创新的依据

任何组织机构，经过合理的设计并实施后，都不是一成不变的。创业者在创业阶段完成组织结构的开发和设计工作后也不是一劳永逸的，作为领导者要善于抓住时机，发现组织变革的征兆，及时进行组织创新和再开发工作。例如，组织结构的弊病或老化的主要征兆有：企业经营业绩下降；企业生产经营缺乏创新；组织机构本身病症显露；职工士气低落，不满情绪增加等。当一个企业出现上述征兆时，应当及时进行组织诊断，以判断企业组织结构是否有变革和创新的需要。

（1）战略的升级调整。组织结构必须随着组织战略的升级调整而变化。适应战略要求的组织结构，为战略的实施和组织目标的实现提供必要的前提。

战略是实现组织目标各种行动方案、方针和方向选择的总称。为实现企业发展目标，组织可以在多种战略中进行选择。比如企业为实现利润、求得成长的目标，既可以生产低成本、低档次的产品，以廉价争取更多的消费者，求得销量优势，也可以利用高精尖技术和材料生产高档次产品，吸引高收入顾客，以求得质量优势；在同一类产品的生产中，既可以提供满足各类顾客需要的不同规格、不同型号的产品，也可以专门制造某一类用户特殊需求的产品；在市场竞争中，遇到无力抗争的竞争对手时，企业既可以通过开发新产品来避开，也可以通过市场转移来寻求生机。

战略选择不同，通常在两个层次上影响组织结构：一是不同的战略要求不同的业务活动，从而影响管理职务的设计；二是战略重点的改变也会引起组织的工作重点、各部门与职务在组织中重要程度的改变，因此要求各管理职务，以及部门之间的关系作相应的调整。

（2）环境的变化。企业所处的外部环境变化必然会对内部结构形式产生一定程度的影响，这种影响主要表现在两个不同的层次上：

① 对职务和部门设计变革的影响。社会分工方式的不同，决定了组织内部的工作内容，从而所需完成的任务、所需设立的职务和部门不同。例如，在企业初创时主要偏重于围绕着生产过程的组织，随着企业的发展，内部增加了要素供给和市场营销的工作内容，这就要求企业必须相应地增设或强化资源筹措和产品销售部门。

② 对各部门关系的影响。所处环境不同，使企业中各项工作完成的难易程度以及对组织目标实现的影响程度也不相同。例如，在市场中产品的需求大于供给时，企业更加关心如何增加产量、扩大生产规模，所以通常会增加新的产线或车间，企业的生产部门会显得非常重要；而当市场供大于求时，则营销职能会得到强化，营销部门会成为企业的中心。

外部环境是否稳定，对企业组织结构的要求也是不一样的。稳定环境中的经营，要求企业设计出被称为"机械式管理系统"的稳固结构，管理部门和人员的职责界限分明，工作内容程序经过仔细的规定，各部门的权责关系固定，等级结构严密；多变的环境则要求组织结构灵活（称为"有机的管理系统"），各部门的权责关系和工作内容需要经常做适应性的调整，等级关系不甚严密,组织设计中强调的是部门间的横向沟通,而不是纵向和等级控制。

(3) 技术更新。企业的活动需要利用一定的技术和反映一定技术水平的物质手段来进行。技术以及技术设备的水平,不仅影响组织活动的效果和效率,而且会作用于运营活动的内容划分、职务的设置和人员的素质要求。例如,会计电算化必将改变组织中的会计等部门的工作形式和性质。

现代企业的一个最基本特点,是在生产过程广泛使用先进的技术和机器设备,这也将影响着生产组织。在某些条件下,人们必须在一个封闭的生产车间内完成某一类产品的制造,而在另外条件下,人们又可以让不同车间的生产专门化,只完成各类产品的某几道工序的加工。

(4) 规模和组织所处的发展阶段。规模是影响组织结构的一个不容忽视的因素,适用于仅在某个区域市场上生产和销售产品的中小微企业的组织结构形态不可能也适用于大型,甚至在国际经济舞台上从事经营活动的巨型跨国公司。

企业的规模往往和企业的发展阶段相联系,伴随着企业组织的发展,活动的内容会日趋复杂,人数会逐渐增多,活动的规模会越来越大,组织的结构也随之而经常调整。美国学者 J. Thomas Cannon 提出了组织发展五阶段的理论,认为组织的发展过程中要经历创业、职能发展、分权、参谋激增和再集权的阶段,并指出发展的阶段不同,要求有与之相适应的不同的组织结构形态。

① 创业阶段:这个阶段决策主要是由创始人个人做出的,通常对组织协调只有最低限度的要求。组织内部的信息沟通,主要建立在非正式的基础上。

② 职能发展阶段:这时,决策越来越多地由其他管理者做出,组织结构建立在职能专业化的基础上,各职能间的协调需要增加,信息沟通变得更加重要。

③ 分权阶段:组织采用分权的方法来对付职能结构引起的种种问题,但高层管理者会感觉到重复性管理活动的增加和管理"失控"的问题。

④ 参谋激增阶段:为了增加对企业的控制,企业的主管增加了许多参谋助手。但参谋的增加又会导致他们与直线管理的矛盾,影响组织中的命令统一。

⑤ 再集权阶段:分权和参谋激增阶段所产生的问题可能又使公司高层主管再度集中决策权利。

2. 组织变革和创新的原则

企业所处的环境、使用的技术、制定的战略和发展的规模不同,所需的职务和部门及其关系也不同,但中小微企业在组织变革和创新时都需要遵守一些共同的原则。

(1) 因事设岗与因人设岗相结合的原则。因事设岗,是使目标活动的每项活动都落实到具体的岗位和部门。随着组织的逐渐发展,始终要保持"事事有人做",而非"人人有事做"。因此,组织设计中逻辑性的要求首先考虑工作特点的需要,要求因事设岗、因职用人。但这并不意味着组织设计中可以忽视人的因素,忽视人的特点和能力。

组织设计过程中必须重视人的因素,这是多方面的要求。首先,组织设计往往并不是为全新的企业进行设计,而是随着环境任务等某个或某些影响因素的变化,重新设计或调整组织的机构与结构。这时就不能不考虑到现有组织中成员的特点,组织设计的目的不仅要保证"事事有人做",而且要保证有能力的人有机会做他们真正胜任的工作。其次,如同产品的设计,不仅要考虑到产品本身的结构合理,还要考虑到所能运用的材料的质地性能等的限制一样,组织机构和结构的变革,也不能不考虑到组织内外,还有人力资源的特点。最后,人之所以参加组织,不仅要满足某种客观的需要,还希望通过工作来提高能力、展现才华、实现自我价值。现代社会中的任何组织,通过其活动向社会提供的不仅是某种特定的产品或服务,而且是具有一定素质的人。可以说,为社会培养各种合格的人才是所有社会组织不可推卸的责任。因此,组织变革也必须有利于人的能力的提高,有利于人的发展,也必须考虑到人的因素。

(2) 适应环境和战略需要的原则。企业所处的外部环境也对内部的结构形式产生一定程度的影响。具体的影响体现在:一是对部门和职务设计的影响,例如新创企业所选择的目标市场竞争加剧,企业在组织结构的设计上就会相应强化要素供应和市场营销的工作内容;二是对部门之间关系和层级结构的影响。

(3) 契合团队工作需求的原则。越来越多的企业意识到团队工作的重要性,组织员工为一个项目共同协作,致力于实现组织的目标,对组织的良性发展和管理系统的有效运作有所裨益。首先,工作团队更加有利于组织创新。在团队成员中通过思想的碰撞,可以产生出更具有创造力的思想。在很多的互联网公司,工作团队都是开发创新产品的必要条件。其次,工作团队可以实现跨部门的沟通和合作,减少耗时,提高效率。

(4) 充分考虑组织变革和创新影响的原则。组织变革一定会带来部门变动、岗位变动等调整。所以,管理者应当预见到知识、技术、人员的心理和态度的变化,以及工作程序、行为、工作设计和组织设计的改变,并根据这些变化,采取相应的措施。

3. 组织变革和创新的内容

组织变革和创新的内容随着环境的变动与组织管理发展方向等因素的不同而各不相同。但一般会涉及以下方面:

(1) 组织功能体系的变动:要根据新的任务目标来划分组织的功能,对所有管理活动进行重新设计。

(2) 管理结构的变动:对职位和部门设置进行调整,改进工作流程与内部信息联系。

(3) 管理体制的变动:包括管理人员的重新安排、职责权限的重新划分等。

(4) 管理行为的变动:包括各种规章制度的变革等。

> **案例 3-24:小而美的独立道路**
>
> 纵观全球一些知名的大企业,其组织机构的庞大与繁复,或是部门之间相互交错,或是架构分散,在企业想要顺应市场或环境做出组织改革时往往困难重重。相反,在资金、人才、资源等都方面都劣于大公司的现实条件下,企业的组织结构是中小微企业"成功的捷径"之一——走小而美的独立道路。
>
> Instgram,一家图片及视频分享网站,在2012年被 Facebook 以10亿美元收购时候,团队仅15人。在另一家从事云服务项目管理的软件公司"37Signals"(现名 Basecamp),36名员工分布在不同的国家和地区,却拥有全球几百万用户,年收入过千万美元。公司整体架构

源于小爵士乐团模式,整个公司完全透明化,员工可以查询到所有文件;公司扁平到只一个层级,没有职位,人人平等;工作任务不是指定的,而是定方向由员工发挥;有领导职责和全局控制。如果未来注定要变革,中小微企业要主动变革走在前面,并以此走出一条小而美的独立道路。

(根据 https://finance.qq.com/a/20120411/001041.htm 改编)

讨论问题:
为什么互联网企业的组织要取消层级?

任务7.3　中小微企业人力资源管理

人是组织活动的关键资源,由于每一项具体的创业活动和工作内容都是在一定的管理人员的领导和指挥下,在员工的工作和实施中完成的,因此人力资源管理应该成为中小微企业组织管理的重要内容。

1. 初创期人力资源管理的不足

大多数中小微企业由于规模较小、资金薄弱、人治色彩浓厚、管理规范程度低,在人力资源管理方面具体表现为以下四个方面的不足:

(1) 缺乏科学的人力资源管理理念。一方面缺乏科学的引进人才的理念。具体表现为引进人才时没有合理的规划和有效的测评方法、手段,试图通过招聘提升员工的素质,降低人力资源培育成本。另一方面,特别是小微企业在初创期往往资金较为紧张,倾向于把资金用到看得见,摸得着的设备更新、原材料购置上,较难以一定的资金培养高素质员工。

(2) 没有战略层面的人力资源规划。初创时期的中小微企业在制定并执行本企业的人力资源规划方面也普遍存在困难,只能回答目前企业的员工数量及构成,至于员工的职业生涯规划、培训规划、激励计划等,全是凭着当前需要和企业原有惯性自然运行。这样一来,不仅企业在需要时很难获得合适的员工,而且会带来一系列的问题。

(3) 员工对企业归属感不强。中小微企业相对于大型企业而言,最突出的特点有两个,一是规模较小,资金薄弱;二是人治色彩浓厚,例如家族化的倾向比较明显。因为第一个特点,中小微企业在职工的工资福利、劳动保障、职业发展等方面和大型企业相比,总体上会存在较大的差距,对员工缺少向心力。同时中小微企业管理相对而言不够规范,奖惩制度实施不够科学严谨等问题频出,会使员工对企业的归属感和忠诚度大打折扣。

(4) 缺乏对员工的后期培训。员工培训既是提高员工素质的手段,也是激励和留住员工的一种重要方法,初创时期的中小微企业在培训方面的欠缺较多,突出表现在四个方面:一是对培训的重要性认识不足,受制于企业发展的阶段和规模限制,使得培训的成本对于企业而言较高;二是在培训方面的投资支出严重不足;三是没有固定的培训场所,缺乏完善的培训制度,培训计划和目标,使培训仅限于一种短期行为;四是没有明确的职业生涯发展规划,企业不能给员工提供职业发展所需的培训项目。

所以，与大企业相比，初创时期的中小微企业很难凭借声誉与雄厚的实力吸引各种优秀人才。中小微企业必须集中力量，在规划人力资源管理系统的同时，突出人力资源管理工作的重点——选人和留人。

2. 创业初期如何选人

创业初期选人的主要目的是为企业获取满足其生产经营需要的人员，还可以宣传组织形象，扩大组织在劳动力市场中的影响力。如何选人，根据行业的不同会有所差异，但考虑到中小微企业的实际情况，集合各种组织的共性特点，需做到以下几点：

(1) 确定选人的标准。要为企业招募到合适的人才，既能具备较高的素质和技能以满足岗位工作需要，又能控制人力资源管理成本，确定科学有效的选人标准就显得十分重要了，可以按照以下步骤制定相应的标准：

1) 职位分类与定编定员。职位分类涉及从业人员的切身利益，是劳动人事制度的基础工作，所以应按照科学的程序进行，一般来说，职位分类可以分为四个步骤：首先，进行职位调查，对组织现有职位的工作内容、工作量、权责划分等情况进行全面的调查，调查的内容包括什么样的人可以担任此职位，这一职位的工作性质、种类和数量，这一职位的设立目的、待遇和报酬，工作技术程序以及使用的工具，工作地点、时间、范围和环境，该职位的隶属和协作关系，在组织中的地位和职责等；其次，确定职位分类的因素，建立分类标准，目的是确保分类工作的公正性和一致性，为各种职位的分析归纳提供良好的基础，不同的组织有不同的分类标准，一般情况下，大致需要考虑工作性质、创造力、职务繁复程度、人际关系、权力范围、劳动强度、工作环境和资格条件；然后，在职位调查的基础上进行职位评价，以基本分类因素为标准，对职位进行比较评价，区分职位等级，其难点是如何将一项工作或一个职位上的任务和责任等内容量化表述出来，以便评定其职位等级；最后，要制定职位说明书，职位说明书是用文字描述一个职位所属职级的书面文件，一般包括职位名称、职级定义和特征、工作举例、最低资格等。

定编定员是指组织机构内人员数量的定额和职务配置。定编定员是组织实行科学管理的一个重要条件，具有非常重要的意义：为组织制定人员需求计划提供依据；也可以充分挖掘人才，节约劳动力；有助于不断改善劳动组织，提高劳动生产效率。

为了做好定编定员工作，应遵循以下原则：定员必须以实现组织目标为中心，坚持精简、高效、节约的原则，坚持劳动分工协作的原则，坚持人员比例适宜的原则。企业在一定时期内需要的人员人数，取决于生产、经营、管理、服务等方面的工作量和各类人员的劳动效率。因此，需要根据不同的工作性质，采用不同的方法分别确定各类人员定员。

① 效率定员法。效率定员法是按劳动定额核算定员的一种方法，适用于一切能够用劳动定额表现生产工作量的工种或岗位。其核算公式可以参考：

定员人数 $M = [\sum(T \cdot Q) + C + B]/(t \cdot p \cdot a)$

其中，T 表示单位产品工时定额；Q 表示产品产量；C 表示计划期废品工时；B 表示零星任务工时；t 表示制度工时，指一个员工在一年内制度工作日数与法定工作日长度的乘积；p 表示工时利用率（制度规定的工时利用程度，100%）；a 表示工时定额完成率（一般大于100%）。

② 标准比例定员法。标准比例定员法是以服务对象的人数为依据,按定员标准比例来核算编制定员的方法,适用于辅助性生产、服务性工作、教育培训等组织的定员,其核算公式为:

定员人数 $M=F/m$

其中,F 表示服务对象的人数或工作量,m 表示标准比例。

③ 职责定员法。职责定员法是按既定的组织部门及其职责范围,以及部门内部的业务分工和岗位职责来确定人员的方法,适用于企业管理人员和工程技术人员的定员。

由于管理工作和技术工作比较复杂,弹性较大,其工作定额也比较难以量化,所以多数情况下无法用数学公式来表示,一般是根据职责和工作量,参照效率定员和标准比例定员的方法进行估算。

2) 对人员需求进行预测。将需要完成的工作列出来,明确哪些工作仅靠创业核心团队无法完成,即识别出哪些工作(或岗位)空缺,需要招募人员。分析空缺岗位的性质、任务、职责、劳动条件和环境,以及职工承担本岗位任务应具备的资格条件,详细列明雇员所需技能和要求,并决定每项工作所需人数。考虑到创业初期业务发展的实际需要和企业拥有的实际资源,在经济性原则的指导下,避免招募人员数过少引起的工作效率低现象,以及人员数过多时带来的重复劳动、推诿等职责不明的现象。

3) 制定招募决策及人员选用的标准。制定招募决策,是创业者针对招聘员工制定出的一套决策过程,包括招聘流程、各个岗位的要求、评审标准以及相关的材料准备工作。为了相关决策的制定更符合组织发展需求,需要明确以下问题:企业的发展趋势、发展战略需要什么样的技术和人才做支撑、企业需要的人才结构和梯度、劳动力市场供求状况、企业的晋升制度等。

在明确以上问题的基础上,创业者应明确制定出招募决策,该决策的主要内容应包括:需要招募的岗位、计划人数、任职资格、招募时间、选择何种招募渠道、如何进行人员甄选、录用决策的依据、招募费用等。

人员选用的标准则主要考虑职位要求、优良的人品、强烈的事业心和个人素质等方面。

(2) 人员的甄选。甄选是从职位申请者中选出组织需要的最合适的人员的过程,是招聘管理中技术性最强和难度最大的阶段。甄选的原则和主要步骤可以参考前文介绍的相关具体内容。

3. 创业初期如何留人

在做到"事得其人"之后,企业还要研究如何做到"人尽其才",以保证员工的才能与岗位相匹配,减少员工流失可能给企业带来的成本与风险。

(1) 制定科学合理的员工配置计划。企业需要预测、了解现有的人力资源数量、质量、结构,时刻掌握人力资本动向,确保内部人力资本的供需平衡;还要对各类人员的文化程度、素质结构、能力高低以及技术熟练程度等了如指掌,以实现人力资源配置的最优化。

(2) 重视并提供合理的员工培训。员工培训是挖掘员工潜能的最佳方式。对于初创时期的中小微企业而言,也应在培训员工方面给予足够的重视,在企业战略发展的层面上建立培训系统,完善培训机制。

（3）帮助员工制定职业生涯发展规划。在初创期就加入企业的员工来说，个人的职业发展与企业的成长是息息相关的，所以，通过员工职业生涯管理，可以深入了解员工的发展愿望和职业兴趣，为设计适合企业的组织结构进行人才盘点，使员工感到受到重视，从而提升其对企业发展事业的满意度和忠诚度，降低企业人力资源使用的成本，稳定员工队伍。

（4）建立科学合理的绩效考核制度。初创时期的中小微企业应根据不同岗位的性质特点、职责权限及承担的风险，制定严格的考核标准，对员工业绩进行考评，从而增强员工对企业发展的责任感、成就感和自豪感，激发起其工作的积极性、主动性和创造性。

（5）建立合理的激励机制和晋升通道。初创时期的中小微企业应考虑激励机制的多元化，无论物质激励在本企业现阶段是否可行，都应当注重对于员工合理化建议的奖励、企业文化的关怀等激励手段的运用。

企业还应当为员工建立合理的晋升通道，将晋升的结果和绩效考核的结果、薪酬待遇结合起来。

案例3-25：阿里的职位等级

阿里巴巴网络技术有限公司是以马云为首的18人于1999年在浙江杭州创立。从B2B发家时需要管理大量的销售人员，所以阿里建立了强大并且领先的管理体系，设置了管理岗M序列。随着技术的重要性不断地提高，阿里又设置了技术岗P序列。这里的技术是泛技术、专业能力，所以产品、运营、市场等部门人员都可以评定P岗。阿里的技术岗，官方的定义是从P1～P14共14个级别，其中P5为应届研究生或1～3年本科生，P6是资深工程师，P7是技术专家级别，P8是高级专家。同时，同时对应P级还有一套管理层的机制在，例如，M1=P6为主管、M2=P7经理。

从2011年开始，阿里就通过晋升委员会来运作员工晋升，每个员工想要晋升下一个层级，都需要高两级的专业评委投票来决定。

阿里的岗位和职级是分开的，岗位和职级分开的一个好处就是可以随时响应组织变化。阿里非常重要的一个价值观就是拥抱变化，所以阿里每年会进行常态的组织结构调整。而且可以让那些有技术的员工享受更好的待遇，而在传统企业里，资源和待遇都是聚焦在管理者身上。

（根据http://www.360doc.com/content/18/0926/08/57773684_789737504.shtml 改编）

思考问题：你能理解企业评定职级的重要性吗？

项目小结

从宏观上看，宇宙是一个庞大的组织；从微观上看，人体是一个奇妙的系统。从管理的角度看，组织，静态是指人们为了达到共同的目标，通过有层次的责权利分配结构，在分工合作的基础上组成的人的集合；动态是指在组织高层的统一指挥下，不同级别、不同岗位的人，在各自责权范围内，按照组织的共同目标所采取的既有分工又有合作的行动。组织结构，既要相对稳定，又要随机应变。岗位的职责制定和权利分配，是一门科学，也是一种艺术。管理幅度的宽窄、管理层次的多少，视组织规模、工作内容、人员素质等多种因素而定。岗位人员安排具有战略性、策略性、技术性。关键的岗位,必须安排优秀的员工,通过真诚的招聘与严格的培训。组织的创新,必须审时度势、高瞻远瞩,既独立思考,又集思广益。增强自己的组织能力宜循序渐进、脚踏实地。学以致用,把学到的组织理论运用于求职,宜从基层干起;运用于创业,宜从小微企业干起。

思考与练习

1. 以北斗七星的排列组合为例,谈谈宇宙的组织结构
2. 什么叫作组织?你认为人类社会什么时候开始有组织的?
3. 目前社会上常见的组织结构有哪些?请你设计一种与众不同的组织结构并且说明适用范围。
4. 目前,中国人民解放军的陆军的组织结构一般是:一个班12人,一个排3个班,一个连三个排,然后营、团、旅、师、军。假定你担任总司令,下辖三个军,请概括管理幅度和管理层次。
5. 如果你即将大学毕业的时候,有一家优秀的跨国公司通知你三天以后面试,你必须做好哪些准备?
6. 小周年方28,已经成为一个称心如意的集团总部的组织人事部的副部长。有一天,部长在美国考察未归,领导通知小周列席董事会。会议决定:组织人事部三天之内拿出一个"内训团队、外招人才"的方案上报总经理。如果你是小周,应当怎样行动?
7. 你已经担任苏州一个大型企业集团销售科长。有一天,你接到三个电话:总经理要求你组织精兵强将三天以后到广州参加进出口商品交易会;妻子说三天左右要在美国生小孩;父亲说上海一家大医院的专家预约三天以后为母亲会诊。请问你打算如何安排?
8. 根据你的组织能力和社会需求,设立一个你自己担任老板的小微企业。试从企业名称、经营范围、注册资本、工商管理、税务登记、城市管理、地址选择、组织结构、人员招聘等方面进行可行性论证。

项目四 领　　导

课件及参考答案

能力目标

能够掌握领导方式及其理论,掌握沟通与激励的技巧,能够运用所学知识初步分析经典案例和实际领导问题,真正做一名合格的领导者。

知识目标

学习领导、沟通、激励等基本概念,明确领导者权利,理解领导方式及其理论,掌握沟通技巧及有效激励。

素质目标

通过案例分析与讨论的学习,培养学生掌握科学的领导方式并能运用领导理论,运用有效的表达艺术有效克服沟通障碍,提升沟通能力并提升领导能力。

导入案例4-1

辞职风波

这是一家主营企业管理软件的公司,总部在深圳,半年以前在上海开立分公司,公司原有的软件产品是运用FoxPro开发的,这种工具已经落后。于是公司决定改在Java平台上开发自己的软件产品,由上海分公司承担这项研发任务。总公司给出的研发时间是半年,总经理要求他们"五一"以前完成全部代码的编写。到今年4月20日,负责人事管理的林彤却接到其中一名程序员想要辞职的电邮。以下就是林彤和几位同事交谈的记录:

李维(提出辞职的程序员):其实这段时间工作压力一直都很大,要开发新产品,然后手头还有很多的订单时不时插进来要做。但是这些我也都认了,可是总经理今天在职工会议上这样批评我,我受不了。对待工作我的态度是端正的,我没有想偷懒,更没有成心把责任和更多的工作量转给其他同事,我觉得她这样说我,而且当着所有同事的面说我,我不能接受。这段时间工作太多了,这一个多月以来我每天晚上加班到10点,第二天一早还要9点上班打卡。身体再好也经不起这样折腾。

王强(李维的直接主管,公司主管程序开发的副总经理):虽然刘英今天在会上的措辞是有些激烈,但是我觉得李维的反应太强烈了。其实刘英只是随手挑了几个单子查,可是他比较不走运,被挑到的问题刚好都是他的。刘英一向对项目的要求很高,所以李维挨批首当其冲了。对于李维的工作,我是这样看的,他挺聪明,有潜力成为公司最好的程序员之一,因为他对程序有自己非常好的感觉。但是他的问题也同样突出,比如上班总是迟到,做事不细心经常犯同样的简单错误。所以难怪刘英会认为他工作的态度不认真。如果李维要走,我很头痛。因为现在任务这么紧,要在公司找到合适的人来替他,挺困难的。

吴杰(程序员,和李维一起承担新产品的开发):今天刘英的批评是挺激烈的,如果换成我,也有想走的想法。我们这段时间工作压力是挺大的,上面又压得这么紧。只给我们一个月的时间开发这么一个庞大的项目,太紧张了。现在好了,李维如果一生气,真的走了,我们剩下来人要被压死了。

徐远(公司的技术支持,他负责对李维前面的几个项目做测试):从个人角度来看,我挺不愿意李维走的。李维为人不错,也很好相处。不过他的工作确实有问题。他编的程序错误率比较高,不是因为他不懂,而是因为粗心。

刘英(总经理):这么点事,他就想辞职。我真搞不懂他。是的,今天我是挺生气的,就当着所有员工的面没有指明名字地批评了他。但我是对事不对人的。可能我的言语是有些激烈。我挺有种恨铁不成钢的感觉的。我意识到了他可能不好受,所以会后,我又和他单独谈了谈,希望能听听他真实的想法,可是他一言不发,低着头。我真不知道他到底怎么想的。

如果李维因为今天的会议上我的批评而选择离开公司,他也把这个问题看得太大了,有些冲动。但是如果他向我提出来辞职的话,我猜想老板不会挽留的。但是现在的项目这么紧,我们培训上岗的周期也挺长的,再安排个人来顶替他的岗位真的很困难。虽然说在上海找个程序员不难,但是要符合公司要求,还是很需要一段时间的。

(案例来源:https://www.hroot.com/contents/236/161428.html)

讨论问题:

1. 林彤了解了情况后决定分别再找李维、王强、刘英几位谈话处理和解决这个棘手的问题。如果你是林彤,这次你会如何与他们3位谈话?方式、态度、内容该注意哪些?

2. 领导是管理的一项重要职能。在实际的管理工作中,即使计划完善、组织结构合理,如果没有卓有成效的领导去协调,影响组织成员的行动和具体知道实施组织计划,也很有可能导致管理秩序混乱,工作效率低下,最终还可能偏离组织原定的目标。

任务一 领导的性质和作用

任务1.1 领导的内涵

1. 领导的概念

关于领导的定义,有不同的表述:

领导是上级影响下级的行为,以及劝导他们遵循某个特定行动方针的能力。

——切斯特·巴纳德

领导是影响力,是影响人们心甘情愿和满腔热情地为实现群体目标而努力的艺术或过程。

——哈罗德·孔茨

虽然各位学者的表述不同,但核心都是强调领导是一种影响力。领导是一种复杂的社会现象,本书对领导的定义:领导就是指挥、带领、引导和鼓励下属为实现目标而努力的过程。这个定义包括3个要素：
① 领导者必须有下属或追随者；
② 领导者应拥有影响追随者的能力或力量；
③ 领导的目的是通过影响下属而达到组织的目标。

2. 领导与领导者

领导与领导者是两个不同的概念，领导是一种行为，领导者是组织中的一个角色。领导是领导者的一种行为。一个组织可以指定一个领导者或选出一个领导者，但却不能指定或选出某种领导行为。领导是一个行为过程，在这个过程中，有许多相关因素。

3. 领导与管理

许多人将领导与管理混为一谈，似乎管理者就是领导者，领导过程就是管理过程，但实际上两者是有区别的，管理者和领导者是两个不同的概念，两者既有联系，又有区别。管理的四个基本职能包括领导这一职能，因此管理者都需要具有领导能力。

表4-1 领导和管理的区别

类型	领导	管理
产生方式	正式任命，从群众中自发产生	正式任命
所处理的问题	变化、改革问题	复杂、日常问题
主要行为	开发愿望、说服、激励和鼓舞、制定目标和规范、用人	计划、监督、员工雇佣、评价、物资分配、制度实施
影响下属的方式	正式权威或非正式权威	正式权威
目标	变革、建构结构、程序和目标，制定战略	稳定组织程序，维持组织高效运转

案例4-2：松下为何不说"不"

日本松下电器总裁松下幸之助的领导风格以骂人出名，但是也以最会栽培人才而出名。

有一次，松下幸之助对他公司的一位部门经理说："我每天要做很多决定，并要批准他人的很多决定。实际上只有40%的决策是我真正认同的，余下的60%是我有所保留的，或者是我觉得过得去的。"

经理觉得很惊讶，假使松下不同意的事，大可一口否决就行了。

松下说："你不可以对任何事都说不，对于那些你认为算是过得去的计划，你大可在实行过程中指导他们，使他们重新回到你所预期的轨迹。我想一个领导人有时应该接受他不喜欢的事，因为任何人都不喜欢被否定。"

（案例来源：李路阳.松下电工空降本土总裁[J].国际金融.2006）

讨论问题：
你欣赏松下的领导风格吗？

任务 1.2 领导的作用

古语说:千军易得,一将难求。领导者对于组织的作用也是如此重要。领导的作用是帮助下属尽其所能以达到目标。领导不是在群众的后面推动或鞭策,而是在群众的前面引导、鼓励群众实现共同的目标。

1. 指挥作用

在组织管理中,领导的首要作用就是指挥与引导。无论是职能式的结构管理,还是流程化的过程与活动管理,富有领导责任的领导者必须使部门人员的行动符合组织的利益,其行为必须统一。这就意味着领导者需要制定具体的政策,指明活动的方向,实现行动导向和行为约束,即发挥其指挥作用。组织领导中指挥作用的发挥,要求组织整体赋予领导者相应的指挥权,同时提出领导者约束自身行为的规范要求,这一工作必须在制度上予以保证。

2. 协调作用

组织是通过分工和协作来实现组织目标的。专业的分工可以提高劳动效率,克服协调的困难。各个部门必须协调一致、密切配合才能保证组织整体目标的实现,否则组织会陷入混乱、效率低下的境地。因此,组织需要由具有一定协调能力、沟通谈判能力的领导者来协调各部门的活动,以保证组织目标的实现。

3. 激励作用

激励是领导工作的重要方面。现代管理证明,组织的活力取决于员工的士气。在任何组织活动中,领导者只有使参与组织活动的人都保持高昂的士气和旺盛的工作热情,才能使组织目标得以有效而快速地实现。组织是由具有不同需求和欲望的个人组成的,因而组织成员的个人目标与组织目标不可能完全一致。领导的目的就是把组织目标与个人目标结合起来,引导组织成员满腔热情地为实现组织目标做出贡献。

案例 4-3:闷闷不乐的陈五

认识陈五的人都知道,他是一位乐天派的好人,他总是笑口常开,好像生活没有任何烦恼似的。同时在工作上也是敬业乐群、努力认真。

吕力最近发现陈五变了,以往的笑容难以复见,取代的是忧容满面、心事重重的样子。身为他的至交好友,吕力找到陈五,想了解为何如此?陈五刚开始不愿多谈,在吕力的一再询问下,他终于开口:

上个月公司因为我表现不错,升任我做主管,我欣然接受,也感到光荣。但没想到这才是噩梦的开始。平时无话不说的伙伴,不知不觉中好像有了距离;以前经理很欣赏我的工作表现,但现在责难却比赞赏来得多,工作压力更大;过去我做好自己的工作,按时上下班,轻松自在,现在每天要担心有没有人迟到、请假,阿山是不是在摸鱼,新来的阿源会不会操作电脑,年轻的小王会不会说不来就不来了,小丽昨天和男朋友吵架今天情绪又不好等等问题,同时还要随时注意产能与品质。就算下了班回家,脑子里还是充满这些事,唉!你说我还能笑得出来吗?我该怎么办呢?

(案例来源:https://www.taodocs.com/p-337960550.html)

讨论问题:
陈五的问题出在哪里?如果你是陈五,应该如何做?

导入案例4-4

领导的素质

大家应该都看过一部以海尔集团首席执行官张瑞敏为原型创作的电影——《首席执行官》。该片讲述1985年,为了挽救濒临倒闭的青岛电冰箱厂,新上任的厂长凌敏前往德国科隆引进德国先进生产线。德方提出了验厂的要求并且提前了验厂时间,如果验厂不合格签订的合同就会自动失效。凌敏带领全厂职工加班加点通过了德方的检验,终于使合同顺利生效。挑战刚刚开始,为了提高员工的质量意识,凌敏带头砸毁了七十六台不合格冰箱。这一举动深深震撼了对质量问题不以为然的员工,给全体员工上了宝贵的一课。

(案例来源:中国电影集团公司2002年出品影片《首席执行官》改编)

讨论问题:
影片中的企业家具备哪些领导素质?

任务2 领导的影响力

领导者的影响力就是领导者有效地影响和改变被领导者的心理和行为的能力。领导的过程就是通过人与人之间的相互作用的关系和过程,使下属义无反顾地追随领导者前进,并把自己的全部力量奉献给组织,使得组织目标有效实现。构成领导影响力的基础有两大方面:一是权力性影响力;二是非权力性影响力。

任务2.1 权力性影响力

权力性影响力也称职权影响力,是由社会赋予个人的职务、地位和权力等形成的,带有法定性、强制性和不可抗拒性,属于强制性影响力。职位权力是管理者实施领导行为的基本条件,没有这种权力的影响,管理者就很难有效地影响下属,实施领导。

1. 法定权力

法定权力也叫合法权、支配权,是由组织机构正式授予领导者在组织中的职位所获得的,领导者享有依权发布指示、命令,指挥他人并促使他人服从的权利。法定权力是领导者职权大小的标志,是领导者的地位所赋予的,是运用其他各种权力的基础。

2. 强制权利

强制权力又称惩罚权利,是通过精神和物质上的威胁,强制下属服从的一种权力。这种权力更多地表现为负强化和惩罚,如降职、免职、扣发工资等。服从是强制权的前提,法律、规章是强制权的保证,惩罚是强制权的手段。当下属意识到违背领导的意愿会导致精神或物质损失的时候,往往会被动地服从领导指挥和调度。惩罚权在使用时往往会引起愤恨、不满,甚至报复行为,因此必须谨慎使用。

3. 奖赏权力

奖赏权力是在下属完成一定的任务时给予相应的奖励,以鼓励下属的积极性。奖赏属于正激励,其方式很多,包括加薪、发放奖金、晋升职务、提供培训等。领导者为了肯定和鼓励某一行为,借助物质或精神方式,使得下属员工得到精神或物质方面的满足,从而激发他们的积极性与创造性。下属员工是否期望这种奖赏是奖赏权力的一个关键。一般来讲,一个领导者对奖赏控制的力度和范围越大,这种权力就越有力量。

> **案例 4-5:公司的起伏**
>
> 某公司聘请了一位 CEO,此人以能干果断闻名。上任之后就开始大力裁员,出售分部,赏罚分明,做出了本应几年前就该实施的决定,公司业绩逐渐变好。但由于专断独行,对下属工作中的丁点儿错误都大发雷霆、处罚严厉。下属因为害怕将坏消息告诉他挨骂,不再向他提供任何坏消息。员工士气降到有史以来最低。公司在短暂的复苏后又再次陷入困境。
>
> (案例来源:https://www.pinlue.com/article/2017/09/1521/104551575732.html)
>
> 讨论问题:该公司为什么又再次陷入困境?领导的影响力体现在哪里?

任务2.2 非权力性影响力

非权力性影响力是权力性影响力相对应的,它既没有正式的规定,也没有组织赋予的形式。所以,它属于自然性的影响力,是靠领导者自身的威信和以身作则的行为来影响他人的。非权力性影响力产生的基础比权力性影响力产生的基础广泛得多。构成非权力性影响力的因素主要有以下几种:

1. 品德因素

高尚的品德会给领导者带来巨大的影响力。正所谓"德高望重""人格的力量是无穷的"。

人们常说,无"德"是危险品,无"智"是次品,无"体"是废品,由此可见人们对"德"的重视。

"诚信""守信"是做人的基本准则,是人与人交往的基础。最容易损害领导威信的,莫过于被人发现他欺骗、不守诺言。领导者要以自己的诚信换取别人的信任,协调配合,合作共事,带领大家做好工作,就必须做到"言必信,行必果"。

2. 才能因素

才能是指领导者的才干与能力。一个有才能的领导者会给下级带来成功的希望,使人对领导者产生一种敬佩感。敬佩感有如一块心理磁铁,会吸引人们自觉地去接受其影响。领导者的才能不单单反映在领导者能否胜任自己的工作上,更重要的是反映在他的整个事业的成败上。如果领导者位高才低,他的影响力就会比应有的影响力低。

3. 知识因素

知识就是一种力量,是科学所赋予的力量。一个领导人如果具有某种知识专长,他便会对别人产生更大的影响力。领导人所拥有的这种能力,即所谓的"专长权力",也叫专家影响力。一个工作群体的领导人,必须掌握丰富的业务知识,才能正确地处理各类问题,使下属对此感到满意,这样他在下属中便产生了影响力。这种影响力是超于职权之外的。领导人在职位权力之外,充分发挥"专长权力"的作用,可以大大提高工作效果。一个没有专家影响力的领导人由于缺乏业务知识,可能会在许多问题上一筹莫展。因此,领导人必须提高自己的业务知识能力。

4. 感情因素

组织内部之间在工作和学习中建立的深厚感情,是维系一个部门和单位凝聚力的重要因素。有专家分析,当今社会大部分事业成功者的成功因素只需15%的智商,但却同时需要85%的情商。对于领导者而言,提高情商就是以平等的视角、开放的心态与下属进行适当地情感交流。一个工作群体的领导人要将他们的决策变成职工的自觉行动,单凭权力是不够的。因为,即使领导人具有"专长权力"、职位权力,而没有感情的影响力,仍然不能最大限度地发挥领导人的作用。领导人要想使下属心悦诚服,要使下属不仅在工作上听从指挥,更要在感情上能与领导人心心相印,忧乐与共,就必须发挥感情的影响。

领导人要在下属中发挥感情的影响力,就必须改进工作方法和领导作风,起码做到从感情入手,动之以情、晓之以理,以取得彼此感情上的沟通。

一般来说,非权力领导力对下属的影响是内在的、长远的,不随着职务的变动而变动的,不随着职位的消失而消失。

案例4-6:刘备、宋江、唐僧的"无能"之能

刘备,从一个卖草席的破落皇族起家,在关羽、张飞、赵云、诸葛亮等武将和谋士的追随下,最终成就三国鼎立之势。

宋江,为人仗义,好结交朋友,以"及时雨"绰号闻名。在众梁山好汉中,无论武功、智谋、胆略都不算出众,却赢得了好汉们普遍的认可,坐上水泊梁山的第一把交椅。

唐僧,手无缚鸡之力的文弱僧人,在本领高强的三个徒弟的追随下,成功取得西天真经。

（案例来源：https://max.book118.com/html/2016/0429/41669029.shtm）

讨论问题：
1. 为什么这些能人智士愿意死心塌地地追随着看起来不如他们的这三人呢？
2. 领导是否需要处处比属下能干？

导入案例 4-7

不同的领导方式

某市建筑工程公司下设一个工程设计研究所,三个建筑施工队,研究所由50名高中级职称的专业人员组成。施工队有400名正式职工,除少数领导骨干外,多数职工文化程度不高,没受过专业训练。在施工旺季还要从各地招收400名左右农民工补充劳动力的不足。

张总经理把研究所的工作交给唐副总经理直接领导、全权负责。唐副总经理是位高级工程师,知识渊博,作风民主,在工作中总是认真听取不同意见,从不自作主张硬性规定。公司下达的施工设计任务和研究所的科研课题,都是在全所人员共同讨论、出谋献策取得共识的基础上,做出具体安排的。他注意发挥每个人的专长,尊重个人兴趣、爱好,鼓励大家取长补短、相互协作、克服困难。在他领导下,科技人员积极性很高,聪明才智得到了充分发挥,年年超额完成创收计划,科研方面也取得显著成绩。

公司的施工任务,由张总经理亲自负责。张总作风强硬,对工作要求严格认真,工作计划严密、有部署、有检查,要求下级必须绝对服从,不允许自作主张、走样变形。不符合工程质量要求的,要坚决返工、罚款；不按期完成任务的扣发奖金；在工作中相互打闹、损坏工具、浪费工料、出工不出力、偷懒耍滑等破坏劳动纪律的都要受到严厉的批评、处罚。一些人对张总这种不讲情面、近似独裁的领导方式很不满意,背地骂他"张军阀"。张总深深地懂得,若不迅速改变职工素质低、自由散漫的习气,企业将难以长期发展下去,于是他亲自抓职工文化水平和专业技能的提高。在张总的严格管教下,这支自由散漫的施工队逐步走上了正轨,劳动效率和工程质量迅速提高,第三年还创造了全市优质样板工程,受到市政府的嘉奖。

（案例来源：http://www.doc88.com/p-294365979585.html）

讨论问题：
为什么张总经理和唐副总经理采用不同的领导方式,却都能在工作中取得不错的成绩？

任务3 领导方式及其理论

领导方式及其理论的研究是从领导者的风格和领导者的作用入手,把领导者的行为划分为不同类型。主要研究什么样的行为是最有效的领导行为,并认为有效的领导行为与无效的领导行为有很大的区别,并且在任何环境中都是有效的。下面介绍几种有代表性的领导行为理论。

任务3.1 基于职权的领导风格

美国依阿华大学的研究者、著名心理学家勒温和他的同事们从30年代起就进行关于团体气氛和领导风格的研究。勒温等人发现,团体的任务领导并不是以同样的方式表现他们的领导角色,领导者们通常使用不同的领导风格,这些不同的领导风格对团体成员的工作绩效和工作满意度有着不同的影响。勒温等研究者力图科学地识别出最有效的领导行为,他们着眼于三种领导风格,即专制型、民主型和放任型的领导风格。

1. 专制型领导

专制型领导方式主要是靠权力和强制命令进行的管理。其主要特点是:独断专行,从不考虑别人的意见,完全由领导者自己做出各种决策;不把任何消息告诉下属,下属没有任何参与决策的机会,只能奉命行事;主要靠行政命令、纪律约束、训斥和惩罚,很少或只有偶尔的奖励;领导者只注重工作的目标,仅仅关心工作的任务和工作的效率;与下级保持相当的心理距离。

2. 民主型领导

实行民主型领导方式的领导者对将要采取的行动和决策与下属商量,并且鼓励下属参与决策。主要特点是:分配工作时,尽量照顾到个人的能力、兴趣和爱好;对下属的工作不安排得那么具体,个人有相当大的工作自由、较多的选择性和灵活性;主要靠个人权利和威信,而不是靠职位权力和命令使人服从;领导者积极参与社团活动,与下级无任何心理上的障碍。

3. 放任型领导

实行放任型领导方式的领导者极少运用其权力,而是给下属以高度的独立性。主要特点是:工作事先无布置,事后无检查,权利完全给予个人,一切悉听自便,毫无规章制度。

勒温认为,这三种不同的领导风格,会造成三种不同的团体氛围和工作效率。放任型的工作效率最低,职能达到组织成员的社交目标,但完不成工作目标;专制型领导方式虽然通过严格管理能够达到目标,但组织成员没有责任感,情绪消极,士气低落;民主型领导方式的工作效率最高,不但能够完成工作目标,而且组织成员之间关系融洽,工作积极主动,有创造性。在实际的组织与企业管理中,很少有极端型的领导,大多数领导方式都是介于放任型、专制型和民主型之间的混合型。

案例4-8:史密斯的不同领导风格

史密斯是一位资深的经理人,有着在不同类型企业管理的经验。

接任制造企业A公司时,公司处于危机之中,其销售额与利润在不断下滑。史密斯通过专制型的领导风格,下达明晰的指令,建立健全的规章制度,对组织机构、产品类型进行大刀阔斧的改革,成功地将公司带出了危机。

在担任业绩良好,处于平稳上升期的传媒业 B 公司 CEO 时,史密斯鼓励下属参与决策,注重对下属的激励和关心,给予下属较多的工作主动权和创新空间。员工的工作效率与积极性得到大幅提高。

(案例来源:https://max.book118.com/html/2020/0812/5102131313002330.shtm)

讨论问题:

为什么史密斯采取两种完全不同的领导风格且都取得了不错的效果?

任务 3.2　管理方格图

管理方格理论是研究企业的领导方式及其有效性的理论,是由美国德克萨斯大学的行为科学家罗伯特·布莱克(Robert Blake)和简·莫顿(Jane Mouton)在 1964 年出版的《管理方格》一书中提出的。这种理论倡导用方格图表示和研究领导方式。他们认为,在企业管理的领导工作中往往出现一些极端的方式,或者以生产为中心,或者以人为中心,或者以 X 理论为依据而强调靠监督,或者以 Y 理论为依据而强调相信人。为避免趋于极端,克服以往各种领导方式理论中的"非此即彼"的绝对化观点,他们指出:在对生产关心的领导方式和对人关心的领导方式之间,可以有使二者在不同程度上互相结合的多种领导方式。他们把方格网的横坐标表示管理者对工作的关心程度,把纵坐标表示管理者对人员的关心程度。又把横纵坐标分成 9 个标度,作为衡量关心程度的标准。这样纵横交错便形成了 81 种领导风格的方格图。如 4-1 所示。

管理方格理论图示:

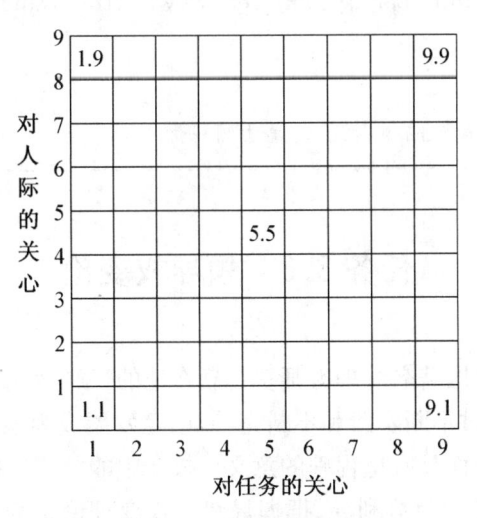

图 4-1　对任务的关心

(1.1) 贫乏型的领导者:以最小的努力完成必须的工作来维持组织中的身份。领导者既不关心员工也不关心生产,只要维持就可以了,身在其位,不谋其事。

(1.9)俱乐部式领导者：对业绩关心少，对人关心多，他们努力营造一种人人得以放松、可以感受友谊与快乐的环境，他们重视下级对自己的评价，与下级打成一片，但是容易忽略工作效果。

(5.5)小市民式领导者：表明既对工作关心，也对下属员工关心，二者兼顾，程度适中。不设置过高的目标，能够得到一定的士气和适当的产量，但是不是卓越的。其缺乏进取精神，满于现状。

(9.1)专制式领导者：对业绩关心多，对员工关心少，作风专制，他们对人的因素基本上采取漠视的态度。只有需要完成生产任务的员工，他们唯一关注的只有业绩指标。

(9.9)理想式领导者：对工作和对下属员工都很关心，这种方式的领导能使组织的目标与个人的需要最有效地结合起来，既能带来生产力和利润的提高，又能使员工得到事业的成就与满足。

布莱克和莫顿认为，(9.9)型的领导者工作效果最好，是领导者努力的方向。因为这种方式使组织中的人精诚团结，共同完成目标。管理方格理论问世后便受到管理家的高度重视。它启发我们在实际管理工作中，一方面要高度重视手中的工作，要布置足够的工作任务，提出严格要求；另一个方面又要关心下属个人，包括关心他们的利益，创造良好的工作条件和工作环境，给予适度的物质和精神的鼓励等。

案例 4-9：常见的领导方式

早晨 8 点 30 分，公司常务副总、董事老杜接到市政府电话，通知企业开展冬季消防检查。10 分钟后老杜打电话给保卫部，通知他们去处理这项要求。9 点 15 分，老杜接到库房电话，被告知房屋后墙再次被人敲了个洞，又有几十箱产品被偷走。8 分钟后，老杜打电话给市公安局请他们改善本地治安情况……整个上午老杜接电话、打电话，倒也挺忙。

（案例来源：https://tiku.baidu.com/web/view/4218881edf80d4d8d15abe23482fb4daa58d1d35）

讨论问题：

根据管理方格理论，老杜的领导方式属于哪一种？

任务 3.3 领导权变论

权变理论最初是由美国著名管理大师费德勒在他的《领导效能论》和《领导效能新论》等著作中提出来的，后来经过不断实践和不断完善，已经发展成为系统比较成熟的领导理论，此理论在提高人的效率方面具有里程碑的意义。权变中的"权"是指权衡比较、判断情况、审时度势。权变中的"变"是指因势利导、把握局势。权变理论认为：没有固定不变的领导模式，有效地激励方式因工作的不同而不断变化，不同的工作环境需要不同的领导方式。因此，权变理论又称为情景理论或情境理论。其主要模型有：费德勒的权变模型、加拿大罗伯特·豪斯的路径——目标理论，以及领导生命周期理论。

1. 费德勒权变模型

美国伊利诺伊大学的费德勒从1951年开始,首先从组织绩效和领导态度之间的关系着手进行研究,经过长达15年的调查实验,提出了"有效领导的权变模式",即权变模型。他认为,领导工作是一个过程。在这个过程中,领导者施加影响的能力取决于群体的工作环境、领导者的风格和个性以及领导方法对群体的适合程度。也就是说,成为领导者不仅是由于他们的个性,而且还由于各种环境因素以及领导与环境因素之间的相互作用。他把影响领导者风格的环境因素归纳为三个方面:职位权力、任务结构和上下级关系。

(1) 职位权力。职位权力是指与领导者职位相关联的正式职权以及领导者从上级和整个组织各个方面所取得的支持程度。这一职位权力是领导者对下属的实有权力,包括奖惩权力。假如一位部门主管有权聘用或开除本部门的职工,则他在这个部门的权力就比经理的权力还要大,因为经理一般并不直接聘用或开除一个部门的普通员工。当领导者拥有一定的明确的职位权力时,则更容易使群体成员遵从他的指导。

(2) 任务结构。任务结构是指下属对所从事的工作或任务的明确程度,如是枯燥乏味的例行公事,还是需要一定创造性的任务。当下属人员对所担负的任务的性质清晰明确而且例行化,则领导者对工作质量容易控制。群体成员也有可能对自己所担负的任务性质模糊不清或其任务多有变化,这时领导者就应更好地担负起他们的工作职责。

(3) 上下级关系。上下级关系是指下属对一位领导者的信任、爱戴和拥护程度,以及领导者对下属的关心、爱护程度。这一点对履行领导职能是很重要的。因为职位权力和任务结构可以由组织控制,而上下级关系是组织无法控制的。

费德勒将影响领导风格的每一因素分成两种情况:职位权力强与弱,工作任务明确与不明确,上下级关系好与差,从而组合成八种领导类型,如图4-2所示。

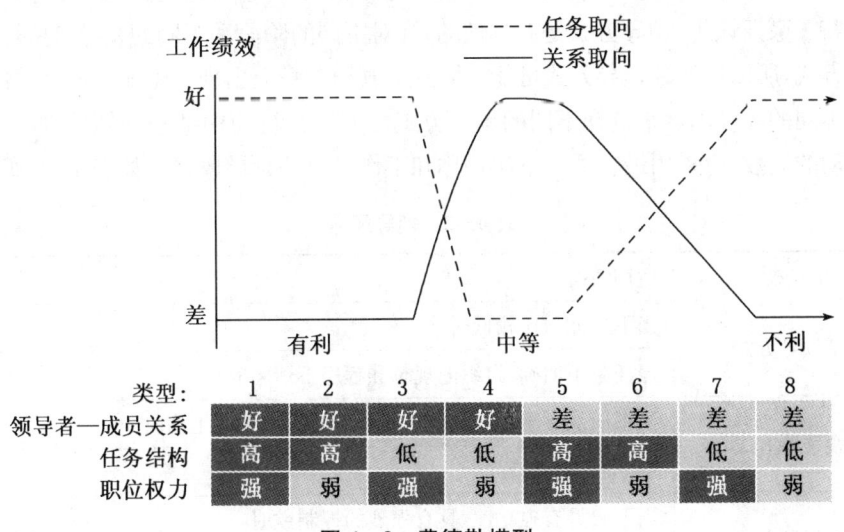

类型:	1	2	3	4	5	6	7	8
领导者—成员关系	好	好	好	好	差	差	差	差
任务结构	高	高	低	低	高	高	低	低
职位权力	强	弱	强	弱	强	弱	强	弱

图4-2 费德勒模型

2. 路径—目标管理

路径—目标理论是由加拿大多伦多大学的组织行为学教授罗伯特·豪斯提出来的,他认为领导者的行为只有在帮助下属实现他们目标时才会被下属接受。因此,如果下属认为领导者正在为实现某种目标而和自己一道工作,而且那种目标能为自己提供利益,那么这种领导就是成功的。路径—目标管理又称为目标导向管理。它同以前的各种领导理论的最大区别在于,它立足于部下,而不是立足于领导者。这一理论的两个基本原理:首先,领导方式以部下乐于接受为前提,所以要寻求能够给部下带来利益和满足的方式;其次,领导方式以激励为目的,领导者要能够指明工作方向,使其能够顺利达到目标,在工作过程中满足组织成员的需要。

由于下属的需要是随着情境的变化而变化的,在某些情境下,下属要求领导指导并设定目标。随着情境变迁,下属可能自己明确工作目标,仅仅希望得到领导的支持。在豪斯看来,领导者在应付每一种情境的时候,有四种风格的领导行为可供选择。

(1) 指示型领导方式。领导者对下属提出要求,包括对他们有什么希望,如何完成任务,完成任务的时间限制等。指明方向,给下属提供他们应该得到的指导和帮助,使下属能够按照工作程序去完成自己的任务,实现自己的目标。

(2) 支持型领导方式。领导者对下属友好,关注下属的福利和需要,尊重下属,能够真诚帮助。平易近人,平等待人,关系融洽。

(3) 参与型领导方式。领导者邀请下属一起参与决策,虚心听取下属的意见,让下属参与管理,将他们的建议融入组织的决策中去。

(4) 成就导向型领导方式。领导者做的一项重要工作就是树立具有挑战性的组织目标,为下属制定的工作标准很高,寻求工作的不断改进,激励下属想方设法去实现目标,迎接挑战。

罗伯特·豪斯认为,领导方式是有弹性的,针对不同的阶段和不同的领导对象可以选择不同的领导方式,所以这四种领导方式可能在同一个领导者身上出现。豪斯强调,领导者的责任就是根据不同的环境因素来选择不同的领导方式。如果强行使用某一种领导方式,必然会导致领导活动的失败,应采用最合适于下属特称和工作需要的领导风格。如表4-2所示。

表4-2 领导风格

领导方式	适用情况
指示型领导方式	当下属能力比较低时
	当任务不明确,组织的规章和程序不清晰时
支持型领导方式	当下属从事于机械重复性的和没有挑战性的工作时
	当下属没有信心时
参与型领导方式	当下属具有独立性,具有强烈的控制欲时
	当任务不明确时
成就导向型领导方式	当组织要求下属履行模棱两可的任务时
	当下属能力较强时

3. 领导生命周期理论

领导的生命周期理论是由美国心理学家科曼首先提出来的,后经保罗·赫赛和肯尼斯·布兰查德加以发展形成的,又称之为"情境领导理论"。他们认为,领导的有效性取决于领导风格与下属成熟度是否匹配。因为领导绩效通过下属的行为来实现,领导权力从某种意义上来自下属,如果下属拒绝领导者,无论领导者多么努力,计划都难以变成现实。因此,领导的成功取决于下属的成熟程度以及由此确定的领导风格。如图4-4所示。

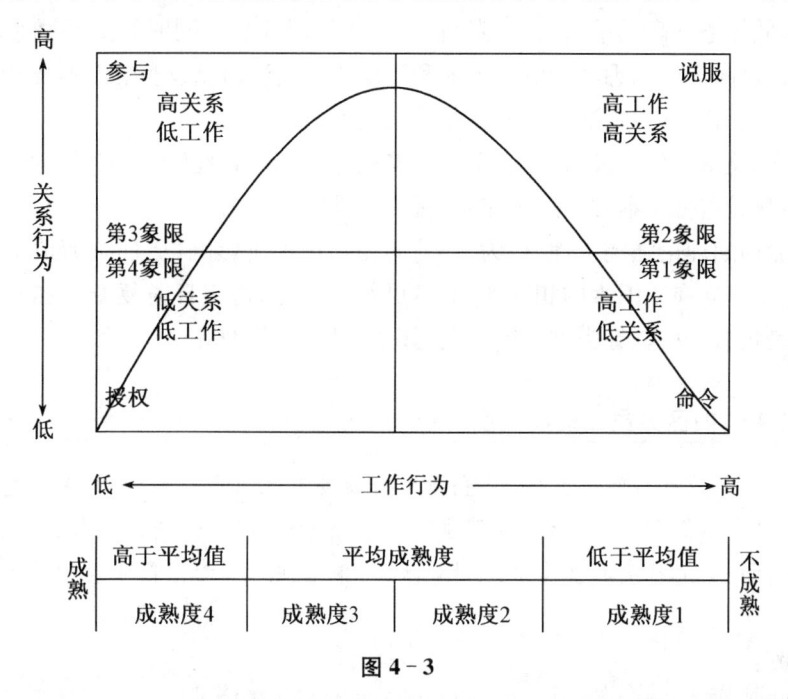

图4-3

(1) 下属的成熟度。下属的成熟度是下属对自己的直接行为负责的能力和愿望,它包括工作成熟度和心理成熟度。工作成熟度包括下属的知识和技能,工作成熟度高的下属拥有足够的知觉能力和经验去完成他的工作而不需要他人的领导。心理成熟度是指下属做事的愿望和动机,心理成熟的下属不需要太多的外部激励,靠内部动机激励就能够自己完成工作任务。

赫塞和布兰查德把下属成熟程度分为四个阶段:

第一阶段,不成熟阶段:下属缺乏接受和承担任务的能力和愿望,既不能胜任又缺乏自信。

第二阶段,初步成熟阶段:下属愿意承担任务但缺乏足够的能力,有积极性但没有完成任务所需的技能。

第三阶段,比较成熟阶段:下属具有完成领导者所交给任务的能力,但没有足够的积极性。

第四阶段,成熟阶段:下属能够而且愿意去做领导者要他们做的事情。

(2) 领导方式。在管理方格图的基础上,根据员工的成熟度不同,将领导方式分为四种:

指示型(高任务—低关系)。领导者决策时,强调指挥和控制,不重视人际关系和激励,因而也叫作命令型。领导者采用单项沟通的形式,明确的规定任务,确定工作规程,告诉下属在何地、何时、以何种方法去做何种工作。本领导方式适合不成熟阶段的下属。

推销型(高任务—高关系)。领导者既给下属以一定的指导,又注意保护和鼓励下属的积极性,因而也叫作说服型。领导者以双向沟通信息的方式给下属以直接的指导,大多数工作仍有领导决定。领导给下属以心理上的支持,同时也激发他们的热情。本方式适合初步成熟的下属。

参与型(低任务—高关系)。领导者与下属共同参与决策,同时采用激励手段鼓励群体积极性。通过双向沟通和悉心倾听的方式和下属相互交流信息、讨论问题,支持下属努力发展他所具有的能力。本方式适合比较成熟阶段的下属。

授权型(低关系—低任务)领导者赋予下属权力,让下属自己解决何时、何地和如何做的问题,领导者只是监督。本方式适合成熟阶段的下属。

领导生命周期理论强调个性、行为、环境的相互作用于影响,更加全面地丰富了领导理论;把领导效率建立在三因素的相互作用上,更符合实际;适应日益复杂化和不断变化的组织形态。但是仍有一些领导类型未能涵盖,如执行型、改革型等,有待完善。

案例4-10:区分员工的成熟度

姚浩创办的企业已经经营六年了,企业中有的员工入职还不到一年,有的是跟着企业一起成长起来的"元老级"员工。姚浩管理这些员工分三种情况:对新来的员工,他每月交代一次任务,并告诉他们怎样去具体完成。对老员工,他很注意关心他们生活中的困难和职业发展等情况。

讨论问题:
你赞成姚浩的做法吗?为什么?试用所学理论进行分析。

导入案例4-1

不同的三个人

有一条船在海上遇难,留下三位幸存者。这三位幸存者分别游到三个相隔很远的孤岛上。第一个人没有无线电,他只有高声呼救,但是他周围两里以内没有人。第二个人有无线电,但已受潮,一架从他头上飞过的飞机虽能听到他的声音,却无法听清他呼叫的内容。第三个人有一架完好的无线电,他通过无线电向外报告自己受难的情况和目前所处的方位,救援飞机收到他的呼救信号后迅速前往救他。

(案例来源:https://www.doc88.com/p-6761326454820.html?r=1)

讨论问题:
为什么第一个人、第二个人不能得救,而第三个人能得救?

任务 4　沟通技巧

沟通是一门艺术，是每一个组织和个人都要学会和掌握的技能。如今飞速发展的社会，不会沟通的人是很难取得成功的，沟通具有非常重要的现实意义。

沟通就是信息交流。组织中的相互了解、获得反馈、衡量成果、进行决策，部门之间的协调以及与企业外部的联系等，无不依赖于信息沟通。在管理中，沟通犹如人的血脉，如果沟通不畅，就如血管栓塞，结果是形成内部的诸多误解、矛盾和隔阂。信息沟通与组织绩效密切相关，整个管理工作也都与沟通有关。所以，沟通是管理活动中的一项重要内容。

任务 4.1　沟通的基本内涵

沟通是各种技能中最富有人性化的一种技能。社会就是由人相互沟通所形成的网络。沟通渗透于人们的一切活动之中，是流注人类全部历史的水流，不断延伸人们的感觉和信息渠道。人们已经习惯于生活在沟通的汪洋大海，很难设想，要是没有沟通，人民该怎样生活。但至于什么是沟通，可谓众说纷纭，有关沟通的定义达 100 多种。沟通的含义是相当复杂的，但如果从最一般的意义来说，所谓沟通，就是人与人之间通过语言、文字、符号或其他的表达形式进行信息传递和交换的过程。

这里需要注意三点：第一，信息沟通首先是信息的传递，如果信息没有传递到接受者那里，信息沟通就没有发生；第二，有效地信息沟通，不仅需要信息被传递，还需要信息被理解；第三，信息沟通主要是在人与人之间进行。

一般来说，沟通具有以下几方面的意义：

1. 沟通是增强组织凝聚力、统一组织行动的凝聚剂

在一个组织中，沟通是把许多独立的个人、群体联系起来，成为一个整体。当组织内做出某项决策或制定某项新的政策时，由于每个个体的地位、利益和能力不同，对决策和制度的理解执行的意愿也不同，需要相互交流意见，统一思想认识。而沟通能促使人与人之间在思想、感情、见解、价值观等方面进行交流，有利于实现上级、下级、同级之间的相互理解、配合与支持，自觉地协调每个个体的工作活动，以保证组织目标的实现。因此，可以说没有沟通就不能有协调一致的行动，也就不可能实现组织的目标。

2. 沟通是科学决策的前提和基础

在激烈的市场竞争环境中，决定企业经营成败的关键往往不是企业内部一般性的生产管理，而是在于重大经营方针的决策。任何组织机构的决策过程，都是把情报信息转变为行动的过程。准确可靠而迅速地收集、处理、传递和使用情报信息室决策的基础。事实证明，许多决策的失误是由于信息资料不全、沟通不畅造成的。因此,没有沟通就不可能有科学有效的决策。

3. 沟通是组织内部建立良好人际关系的关键

组织内人际关系主要是由沟通的水平、态度和方式决定的。员工可以通过群体内的沟通来表达自己的挫折感和满足感。因此,沟通提供了一种释放情感的情绪表达机制,并满足了员工的社交需要。

4. 沟通是组织与外部建立联系的桥梁

组织的生存和发展必然要与政府、社会、顾客、供应商、竞争者等发生各种各样的联系,这使得组织不得不与外部环境进行有效地沟通。沟通就是实现组织与外界协调互动的重要桥梁和纽带。

案例 4-12:研发部的梁经理

研发部梁经理才进公司不到一年,工作表现颇受主管赞赏,不管是专业能力还是管理绩效,都获得大家肯定。在他的缜密规划之下,研发部一些延宕已久的项目,都在积极推行当中。

部门主管李副总发现,梁经理到研发部以来,几乎每天加班。他经常第2天来看到梁经理电子邮件的发送时间是前一天晚上10点多,接着甚至又看到当天早上7点多发送的另一封邮件。这个部门下班时总是梁经理最晚离开,上班时第1个到。但是,即使在工作量吃紧的时候,其他同仁似乎都准时走,很少跟着他留下来。平常也难得见到梁经理和他的部属或是同级主管进行沟通。

李副总对梁经理怎么和其他同事、部属沟通工作觉得好奇,开始观察他的沟通方式。原来,梁经理是以电子邮件交代部署工作。他的属下除非必要,也都是以电子邮件回复工作进度及提出问题。很少找他当面报告或讨论。对其他同事也是如此,电子邮件似乎被梁经理当作和同仁们合作的最佳沟通工具。

但是,最近大家似乎开始对梁经理这样的沟通方式反应不佳。李副总发觉,梁经理的部属对部门逐渐没有向心力,除了不配合加班,还只执行交办的工作,不太主动提出企划或问题。而其他各主管,也不会像梁经理刚到研发部时,主动到他房间聊聊,大家见了面,只是客气地点个头。开会时的讨论,也都是公事公办的味道居多。

李副总趁着在楼梯间抽烟碰到另一处陈经理时,以闲聊的方式问梁经理,陈经理表示梁经理工作相当认真,可能对工作以外的事就没有多花心思。李副总也就没再多问。这天,李副总刚好经过梁经理房间门口,听到他打电话,讨论内容似乎和陈经理业务范围有关。他到陈经理那里,刚好陈经理也在接电话。李副总听谈话内容,确定是两位经理在谈话。之后,他找了陈经理,问他怎么一回事。明明两个主管的办公房间一墙之隔,为什么不直接走过去说说就好了,竟然用电话交谈。陈经理笑答,这个电话是梁经理打来的,梁经理似乎比较希望用电话讨论工作,而不是当面沟通。陈经理曾试着要在梁经理房间谈,而不是当面沟通。陈经理不是最短的时间结束谈话,就是眼睛还一直盯着计算机屏幕,让他不得不赶紧离开。

陈经理说,几次以后,他也宁愿用电话的方式沟通,免得让别人觉得自己过于热情。

了解这些情形后,李副总找了梁经理聊聊,梁经理觉得效率应该是最需要追求的目标。所以他希望用最节省时间的方式,达到工作要求。李副总以过来人的经验告诉梁经理,工作效率重要,但良好的沟通绝对会让工作顺畅许多。

(案例来源:http://www.l-sailing.com/show-81.aspx)

讨论问题:

梁经理的不足之处在哪里?从中你得到什么启发?

任务4.2 沟通的目的

组织沟通的目的是促进变革,即对有助于组织利益的活动施加影响,以利于组织内部建立良好的人际关系,成员之间达成理解,进而有利于组织行为的顺利实施,实现组织目标。

由于组织规模的大小和社会环境的变化,不同类型和不同规模的组织沟通的重点有所不同。在小企业主共同参加劳动的简单工厂中,情报沟通几乎是对外的。小企业主需要从外部获得信息,以确定他们的产品、生产方向、生产方式等问题,以利于自己的企业兴旺发达。大型组织的管理人员不仅只是同社会环境沟通,而且要把相当大的注意力放在组织内部的沟通上。在沟通中,应当明确其目的,实现有效沟通,以推动组织的高效运转。一般而言,沟通的目的有5个方面。

1. 控制目标的实现

巴纳德认为沟通就是把组织中的成员联系起来以实现共同目标的手段。组织目标的实现要依赖于组织的各个部门及各成员的共同努力,这就要让每个成员都要知道要实现的目标和实现目标的计划,所以必须进行充分而有效的信息沟通。

2. 控制成员的行为

组织中每个成员的行为都应该符合组织的发展方向和经营目标。通过沟通了解成员的思想和工作,不时地提醒和规范工作行为,有利于工作的顺利开展。

3. 激励员工改善绩效

沟通就是一种激励,领导和激励人们并营造一个人人想要做出贡献的环境。管理者在公司治理中,下属一般不太知道他们在忙什么,他们也不知道下属在想什么,这就失去了激励。平时抽点时间到各部门走动走动,关心一下员工的需求,这样会产生更大的正能量,这也叫走动管理。

4. 表达情感

在企业管理中,情感是工作上的一种满足或挫败。企业成员间的沟通是思想和情感的交流,通过沟通可以在员工之间分享成功或失败,吸取经验或教训,更有利于建立和谐的人际关系。

5. 流通信息

组织内部成员间特别是领导者和被领导者之间,要通过不断的信息沟通才能使彼此了解、互有感情、配合默契。领导者也能借此赢得人们的信任和支持。

案例 4-13:沟通不畅怎么办?

李刚是负责开发某个软件项目的项目经理。而他的团队总是会因为沟通不足而只有少数的人干实事,其他的人不监督不安排就不知道自己该干什么。而少数做出来的软件模块也对接不上。

(案例来源:https://www.doc88.com/p-9428180396079.html)

问题:如果你是李刚,你该怎么做?

任务4.3 沟通的过程

信息沟通是一个过程。信息的沟通就是信息在发送者和接受者之间传递,中间要经历一系列环节。信息在传递的过程中还会受到噪声的影响。所谓噪声,就是指信息在传递过程中的干扰因素,如难辨认的字、周围的背景噪音、他人的打断等。信息沟通的过程如图4-4所示。

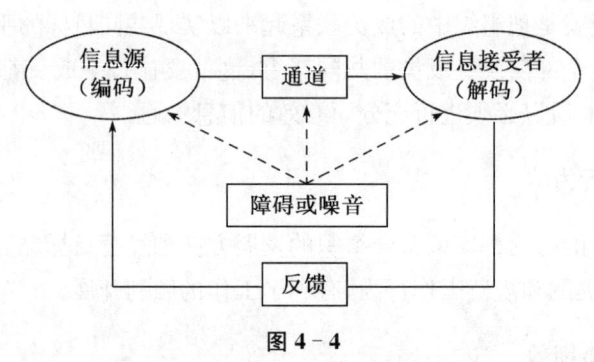

图 4-4

1. 信息源

信息源即信息的发送者或信息来源。发信者的动机、态度及其可靠性对沟通效果有重要作用,可以解决"谁是沟通的主体""信息是从哪里发出来的""信息是否可靠"等问题。

2. 接受者

接受者即接收信息的人,为沟通的客体。对这一要素,要考虑的问题包括:是什么沟通背景促使他们接受和理解这些信息;他们对发信者建议的态度是积极的还是消极的;哪些是主要听众;哪些是次要听众等。

3. 编码

信息发送者将信息转化为可以传递的某种信号形式。

4. 解码

解码指接受者将接收到的信号翻译成可以理解的形式,是接受者对信息的理解和解释。

5. 通道

通道是发送者把信息传递到接受者那里所借助的手段,如面试、电话、会议、政策条例、计算机网络、工作日程等。

6. 噪音

这是影响接收、理解和准确解释信息的障碍。根据噪音的来源,噪音可以分为三种形式:外部噪音、内部噪音和语义噪音。外部噪音来源于环境。内部噪音发生在沟通的主体身上。语义噪音是由于人们对词语感情上的拒绝反应引起的。

7. 反馈

反馈指把信息返回给信息的发出者,通过反馈可以确定发送的信息是否被正确理解。

案例 4-14:理解和沟通

张丹峰管理硕士毕业,在某企业任制造部门经理。张丹峰一上任,就对制造部门进改造,他发现生产现场的数据很难及时反馈上来,于是决定从生产报表开始改造。借鉴跨国公司的生产报表,张丹峰设计了一份非常完美的生产报表,从报表中可以看出生产中的每一个细节。

每天早上,所有的生产数据都会及时地放在张丹峰的桌子上,张丹峰很高兴,认为他拿到了生产的第一手数据。没有过几天,出现了一次大的品质事故,但报表上根本没有反映出来,张丹峰这才知道,报表的数据都是随意填写上去的。

(案例来源:https://www.shangxueba.com/ask/17007421.html)

讨论问题:

为什么生产现场的员工不能理解经理的用意?

任务4.4 沟通障碍及克服

从信息发送者到接收者的沟通过程并非都是畅通无阻的，沟通过程中经常存在这样或那样的障碍，从而导致沟通失败或无法实现沟通的目的。沟通中的障碍，是指导致信息在传递过程中的失真、错误或丢失的各种因素，其中既有发送者与接受者的问题，也有编码与解码的问题，还有渠道、噪音及反馈的问题。可以说，沟通障碍存在于沟通过程中的各个环节，也正因为如此，才到这里沟通障碍的普遍存在。

1. 造成沟通中的障碍因素

（1）地位障碍。由于阶级、政治、宗教、职业的不同而形成的不同意识、价值观和道德标准使人们对同一信息会有完全不同的解释，从而带来沟通障碍。首先从沟通方向来看，由上而下的沟通和由下而上的沟通看似为一类沟通的两个方向，实质却大有不同。因为地位上存在的差异会产生一些微妙的心理变化。例如，下级在向上级汇报工作或主动沟通中，常常带有担心说错、怕承担责任、焦虑等心理，从而致使沟通不畅，形成沟通障碍。而在上级管理者向下沟通的过程中，虽然上级会受到拥护，但毕竟有时会居高临下，给下属造成紧张和压迫感，从而也会形成障碍沟通。其次从专业术语使用上看，不同职业的人在沟通中常有"隔行如隔山"的困扰。每个人都会有意或无意地炫耀自己的专业素养，在讲话的时候，往往会不自觉地冒出一些专业术语，因此造成沟通障碍。

（2）组织结构障碍。组织结构过于庞大，中间层次繁多，必然加大人们之间的距离。沟通渠道过长，不仅会造成信息的流失和失真，还会影响传递速度，反馈也比较慢，沟通效率大大降低。沟通渠道阻塞，也会导致信息无法有效传递。

（3）语言障碍。现代交往中，对于同一事物，不同行业有不同的要求；不同人员站在不同的角度，看到的问题也会不同。同一件事情，有人表达得很清楚，有的人则表达不清楚；有人这样理解，有人那样理解。组织成员中常有不同的说话方式和做事风格，因而对同一件事情也会有不同的认识。因此，单纯利用语言表达思想和食物有很大的局限性，尤其在脱离沟通的语言情境时，有可能理解不正确。

（4）心理障碍。心理障碍主要是指由于人们不同的个性倾向和个性心理特征所造成的沟通障碍。需要和动机的不同、兴趣和爱好的差异等都会造成人们对统一信息有不同的理解。此外，沟通双方缺乏和谐的心理关系，某一方或双方存在人格缺陷，都会对沟通产生不良的影响。例如一个业绩很差的人做工作经验交流报告，大家只会觉得可笑，而不会认真听他讲些什么。同样的信息，由不同的人传达，效果大不一样。有时恐惧心理容易对信息做出极端的理解。

（5）文化习俗差异障碍。首先，思维方式因人而异，来自不同文化背景的人之间差别更大。例如，中国人见面习惯问"你吃了吗？干什么去？"这对于我们很正常，而西方国家却有可能认为这是多管闲事、不礼貌，甚至认为侵犯了他们的隐私，造成沟通障碍。再例如，点头在多数国家表示同意，而在印度却截然不同，点头表示不同意，摇头表示同意。

2. 有效沟通的障碍及改善

所谓有效沟通,简单地说就是传递和交流信息的可靠性和准确性高,它表明了组织对内外噪音的抵抗能力。在沟通过程中,信息发送者、沟通渠道、信息接收者三个环节都可能出现沟通障碍,为了提高沟通效果,必须设法克服这些障碍因素的消极影响。

(1) 发送者的沟通障碍及改善。在沟通过程中,信息发送者的情绪、倾向、个人感受、表达能力、判断力等都会影响信息的完整传递。障碍主要表现在:表达能力不佳;信息传送不全;信息传递不及时或不适时;知识经验的局限;对信息的过滤。

因此,沟通中信息发送者应注意:要有认真的准备和明确的目的性;正确选择信息传递的方式;沟通的内容要准确和完整;信息发布者要努力缩短与信息接收者之间的心理距离,利用"自己人效应";沟通者要注意运用沟通的技巧,如利用"名人效应"。

(2) 沟通通道障碍及改善。沟通通道的问题也会影响到沟通的效果。沟通通道障碍主要有以下几个方面:选择沟通媒介不当。比如对于重要事情而言,口头传达效果较差,因为接受者会认为"口说无凭","随便说说"而不加重视;渠道媒介相互冲突。当信息用几种形式传送时,如果相互之间不协调,会使接受者难以理解传递的信息内容。如领导表扬下属时面部表情很严肃甚至皱着眉头,就会让下属感到迷惑;沟通渠道过长。组织机构庞大,内部层次多,从最高层传递信息到最低层,从低层汇总情况到最高层,中间环节太多,容易使信息损失较大;外部干扰。信息沟通过程中经常会受到自然界各种物理噪音、机器故障的影响或被另外事物干扰所扰,也会因双方距离太远而沟通不便,影响沟通效果。

沟通中应注意以下几点:尽量减少沟通的中间环节,缩短信息的传递链;充分运用现代信息技术,提高沟通的速度、广度和宣传效果;避免信息传递过程中的噪音干扰。

(3) 信息接收者的障碍及改善。从信息接收者的角度看,影响信息沟通的因素主要有四个方面:信息译码不准确;对信息的筛选;对信息的承受力;心理上的障碍;过早地评价情绪。

因此,信息接收者应注意:信息的接收者要以正确的态度去接收信息;要学会"倾听"的艺术。有效地倾听不仅能更好地掌握许多有用的信息和资料,同时体现了对信息发送者的尊重和支持。心理学家戴维斯提出了有效聆听的十大要点:少讲多听,不要打断对方的讲话;交谈轻松、舒适,消除拘谨不安情绪;表示有交谈的兴趣,不要冷淡或不耐烦;尽可能排除外界干扰;站在对方立场上考虑问题,表现出对对方的同情心;要有耐性,不要插话;要控制情绪,保持冷静;不要妄加批评和争论;提出问题,以显示自己的充分聆听和求甚解的心理;仍是少讲多听,关心事物的原本状态。

3. 职场沟通实施

在商务活动中,所有参与沟通的个人、部门及上下级之间都特别需要彼此进行沟通,互相理解,互通信息。这就需要沟通个体根据不同的交流对象、采取不同的方法和扮演各种角色来呈现自己的沟通技巧。职场沟通一般分为与上级沟通(上行沟通)、与平级沟通(平行沟通)和与下级沟通(下行沟通)。

(1) 上行沟通。所谓上行沟通,就是与自己的上级沟通。在工作中,每个商务人员都免不了要和上级打交道,而如何与上级进行沟通堪称一门艺术。一方面,需要通过组织规定的书面或口头报告形式,或者态度调查、座谈会、意见箱等鼓励性沟通途径来进行上行沟通。另一方面,与上级沟通一定要讲究方式方法。掌握和运用与上级沟通的技巧,能减少矛盾和冲突的发生,与上级建立良好的人际关系,也能使自己的工作顺利并获得更多的晋升机会。

① 分析上级的行为方式。上级的行为方式是一种具有权威性与结果性的组织行为方式和社会行为方式,是上级领导主体以其特定的作风、习惯、性格、态度、倾向、思想和教育素质在特定的领导环境制约下形成的,对领导客体做出反应并施加影响的基本行为定式。

上级领导按照性格,可分为专制型上级、民主型上级和放任型上级;按照权力的控制程度,可以分为集权式上级、分权式上级和均权式上级;按照管理重点,可以分为重事式上级、重人式上级和人事并重式上级;按照办事风格,可分为专断式上级、民主式上级和放任式上级。

一般来说,风格强硬的上级往往对琐事不感兴趣,他们充满竞争的心态,做事实际、果决,旨在求胜,在态度上表现得较为强硬,要求下属必须服从。与这样的上级打交道,下级要遵循简、快、直、恭的沟通要点。善于互动的上级凡事喜欢参与,喜欢与他人交流,同时喜欢享受下级对他们的赞美。与这样的上级打交道,下级要遵循夸、亲、面的沟通要点。尊重事实的上级为人处事自有一套标准,具有理性思考能力,重逻辑而反对感情用事,喜欢弄清楚事情的来龙去脉。与这样的上级打交道,下级要遵循核、直、细的沟通要点。

② 上行沟通的原则

1) 尊重而不吹捧。上级的权威和尊严是需要下级适时、适地、适度地尊重和维护的。尽管许多上级不反对下级讨好、奉承,但他们更喜欢那种工作踏实、作风正派的人。如果下级能把上级布置的每件事情都做到有落实、有交代,然后说几句上级爱听的话,上级更希望提拔这样的下属而非只会溜须拍马的人。除了对上级的意见明确表示尊重并积极执行以外,有不同意见,也应注意表达的方式方法,以维护上级尊严。

2) 信任而不亲密。信任上级,上级才会信任你。有了相互的充分信任,才能更好地配合工作。信任并不意味着交往过密,与上级保持适当的距离更能赢得上级的青睐,也不会招致同事的轻视和厌恶。

3) 请示而不依赖。该请示的不能擅自做主,该做主的不能事事依赖上级,商务人员要把握好这个度。其实上级不需要只知道唯命是从的员工,而需要富于创新精神、能主动开展工作的员工。适度的请示是必要的,但不可依赖,更不能等待。商务人员在提问题时应尽量附上自己的意见,让上级觉得你已经思考过并试图解决问题。

4) 主动而不越级。商务人员对工作要积极主动,敢于直言,善于发表自己的意见,勇于承担责任,既不唯唯诺诺,也不阳奉阴违、越级上报。

5) 自信而不自负。与上级沟通时应大方自信,让上司了解自己的工作能力和真才实学,而不是盲目自大,无视上级。

③ 上行沟通的技巧

1) 选择恰当的沟通时机。与上级沟通一定要选择恰当的时机,刚上班时,上级工作繁忙;快下班时,上级疲倦心烦;上级心情不太好时,难以细心静听……这都不是沟通的好时机。与上级沟通一定要抓住上级的闲暇时机,即时间充分、心情舒畅的时候。例如,上级刚刚处理完某项工作,有种如释重负的感觉。此时,商务人员适时、委婉地提出自己的意见,会比较容易得到上级的重视和认可。或者午休结束后的半个小时,上级经过短暂的休息,体力和精力得到恢复,也比较容易听取下级的建议。同时,在某项工作的过程中、结束后,商务人员都应及时与上级沟通,做到勤工作常汇报。

另外,商务人员在非正式场合向上级提出意见,显得比较随意,上级不必做出回应,这样有较大的回旋余地。双方都可以采取"有则改之,无则加勉"的态度。上级认为应该接受,自然会认真对待,若难以接受则可置之不理。总之,轻松的气氛可以消除沟通障碍,使上下级的信息沟通在一种融洽的气氛中进行。

2) 做好充分的沟通准备。上级对某项工作提出疑问后,如果下级事先毫无准备,或者准备不充分,缺乏有力的论据,回答时吞吞吐吐,前言不搭后语,甚至自相矛盾、漏洞百出,经不起上级的细问,不仅不能让上级信服,还会给上级留下不好的印象。因此,商务人员应事先设想上级会提什么问题,自己该如何回答。

商务人员不仅要设想问题更应解决问题。一方面,商务人员要拟订详细的工作计划,具体阐述行动方案,尤其是对工作进度要给出明确的时间表,以便上级进行监控。另一方面,商务人员要多准备几套备选计划,既不能让上级感到除了接受你的建议外别无选择,也会显得你做事严谨周密,考虑问题全面仔细,更为重要的是给上级提供充分的选择余地。

对某项工作的建议,如果只凭嘴说,或者只是空洞的计划,没有太大的说服力,只有摆明利与弊,用事实加以证明,才能让上级认为下级不是主观臆断。因此,在与上级沟通前,商务人员应先收集整理好有关资料,做成书面材料,借助图表,增强说服力。

3) 传递合适的沟通信息。上级很赏识那些有主见的下级。所以,商务人员应该提出自己的想法,不要人云亦云。在与上级交谈时,商务人员一定要简明扼要,突出重点,尤其是上级关心的问题,商务人员要做到言简意赅、结论清晰,不要东拉西扯,言之无物。其实,上级在听取你汇报的同时也在考查你的工作能力和工作作风。

如果同事得到了上级的赏识,你不应嫉妒他,反而应给予由衷的赞美。在职场中,善于欣赏同事的长处,会使上级认为你富有团队精神,你也会获得更多的信任。上级询问某项工作的情况,你若不知道如何作答,千万不要说"不知道"。这样的回答"让我再认真想想,稍后给您答复"不仅能暂时给你解围,也会让上级认为你不草率行事,是个三思而后行的人。当然,你也要记得及时回复上级。

4) 运用有效的沟通方式。在沟通过程中,采取迂回战术易使对方接受你的意见。当你的主张跟上级相悖时,应注意收敛锋芒,以委婉谦虚的口气表达意见。即使你的意见是正确的,也要以谦和得体的藏锋式语言维护上级的威信,让上级悦纳。但是,话说得太委婉也不行,有时话语转弯抹角会使上级觉得你油嘴滑舌、不诚实。

一般来说,上级不太喜欢平庸无能的部下,所以直接或间接地让上级了解你的工作能力显得非常重要。一方面,商务人员必须善于领会上级的意图。如果一件工作需要上级反复交代,直到他明确说出自己的意图时你才"茅塞顿开",就会显得你能力有限。另一方面,上级布置的工作不仅要一丝不苟地对待,还要圆满完成。除此之外,商务人员还要学会用自信心去感染上级。试想一下,如果下级表情紧张、局促不安地对上级说:"领导,我有信心完成这项工作。"上级肯定从他的肢体语言中读出了"不自信"这三个字,因此不敢相信他的建议。

商务人员应勇于承认自己的过失,诚恳地接受批评,而推卸责任只会使自己错上加错。受批评时的辩解不仅于事无补,反而会让上级质疑你的工作态度。即使有充分的理由,商务人员也不要辩解,只能低头说"对不起"以表示歉意。承认过失也有诀窍,就是不要所有的错误都自己扛。面对上级的批评或责难,不管自己有没有错误,商务人员都不要将不满流露在脸上,要让上级知道你已理解他的意图,不卑不亢会让你看起来自信而稳重。

（2）平行沟通。平行沟通即横向沟通,是指平级之间的沟通。因为处于平等的地位,沟通双方很容易产生互不服气的心态。如果处理不当,沟通双方就会出现相互推诿、缺乏配合意识的情况。正因如此,平行沟通就对沟通双方的沟通能力提出了很高的要求。

① 平行沟通的原则。在平行沟通中,沟通双方除了要遵守尊重、理解、宽容、坦诚、互动、渐进等原则外,还要遵守以下几个重要原则:

1) 乐观。商务人员要以积极乐观的心态去面对问题,而不应消极逃避。乐观会增强商务人员解决问题的信心,支持商务人员为解决问题而不懈努力。悲观则会使商务人员失去信心,放弃努力,以致遭受事业的失败。

2) 从容。商务人员要善于从容面对敏感信息。不少人在面对同事冷漠的面孔时,会感到不安。遇到这种情况,商务人员可以对自己说:"他的缺点是不懂得善待别人,我没有这个缺点,我更受朋友的欢迎。"这样的自我安慰可以让心情得以舒缓。即使受到同事的责难,商务人员也要控制情绪,耐心倾听,接受其中合理的成分。对于同事的误解,应在合适的场合进行解释。

3) 分享。在与同事沟通的过程中,商务人员要善于分享,将自己在工作中积累的心得体会和成功做法无私地传授给同事,以实现共同进步。同时,商务人员也要善于帮助同事,当同事在工作中遇到困难时不袖手旁观,而主动提供有益的建议。

4) 坚持。在平行沟通中,商务人员面对不同部门的沟通对象,应持积极合作的态度,在坚持原则的前提下申明自己的立场,坚决维护自己的权利。在工作遇到严重挫折时,商务人员不要心灰意冷,即使当前没有有效的解决办法,也要相信自己,只要坚持不懈,就一定会使问题圆满解决。

5) 团队协作。在商务活动中,团队协作是一种为达到组织预定目标所展现出来的资源共享和协同合作的精神,它可以调动团队成员的全都聪明才智,并清除所有不和谐、不公正的现象,对表现突出者及时予以奖励,从而使团队产生强大而持久的力量。

6) 距离。有人把人际交往的距离准则比作"刺猬理论",即两个刺猬,如果靠得太近,就会被各自身上的刺扎伤,如果离得太远又不会得到温暖。平级相处也是这样,并非越密切越好,过于密切会使彼此受到伤害。只有双方保持适当的距离,让彼此拥有适当的私人空间的沟通才是对双方有益的。

② 平行沟通的技巧。有效的平行沟通可以使办事程序和手续更加简便,节省工序和时间;可以增进平级同事的了解和协调,消除相互之间的冲突;可以增进团队内部的合作和协助,培养团队精神,克服个人本位主义的弊病。

1) 切勿推卸责任。有些商务人员缺乏集体观念,不能从组织利益出发,不愿承担责任,结果工作效率低下,而且团队成员间关系恶化。此时,无论哪方有错,商务人员都要勇于主动承担一部分责任,推卸责任只会错上加错。

2)切勿背后议论。在沟通时一定要注意讲话的内容,哪怕是对比较信得过、合得来的同事也不要信口开河。商务人员向同事谈及自己对公司、领导、其他同事的负面看法,对于问题的解决非但没有帮助,反而会给自己带来麻烦。

3)切勿满腹牢骚。有的商务人员不管在什么环境中总是怨天尤人,逢人就大倒苦水。尽管偶尔推心置腹的诉苦可以营造有利于平行沟通的氛围,但同事没有为你保守秘密的义务。一些话若被上级得知,很容易产生误解,使你成为上级心中的"问题员工"。

4)切勿过分表现自己。在商务活动中要想做出成绩,需要适当表现自己的能力,让同事和领导看到你的卓越之处,这也是适应挑战的必然选择。但是表现自己要分场合和方式,特别是在众多同事面前,如果只有你一个人表现得特别积极,往往会被认为做作、虚伪,效果往往适得其反。真正懂得表现自己的人,常常是既表现了自己又不露声色。商务人员不要总是以自己为中心,讲话时多用"我们"少用"我",对自己要轻描淡写,要谦虚谨慎。

5)切勿结派错位。平级同事之间要保持良好关系,但是不要拉帮结派。若形成小圈子,很容易引发圈外人的对立情绪。另外,平级同事之间的事应当通过平行沟通解决,若通过上级或其他人进行沟通,常常会把事情弄得更复杂,造成当事部门之间、同事之间关系的紧张。

(3)下行沟通。下行沟通即与自己的下级沟通,是组织中信息从较高的层次流向较低层次的沟通过程。一个优秀的管理者,与下级沟通总是很顺畅的。下行沟通一般以命令方式传达上级决定的政策、计划、规划之类的信息。有经验的管理者会针对下级性格、情绪的不同,有的放矢地进行沟通。

① 下行沟通的原则

1)人格平等。上级在心理上必须认定下级是自己的重要伙伴,是为自己执行任务、落实责任、帮助自己成功的人;不可认为下级低自己一等,不可以盛气凌人、高高在上的姿态与下级沟通。用平等的态度与下属沟通,显得亲切、有人情味,容易唤起对方表达的愿望。平等的态度要求上级在语言内容、语气声调、肢体动作等方面都要尊重下级。

2)民主信任。对于某个问题,当下级有不同的意见时,上级应允许下级提出疑问,不要武断地否定不同的意见。在给下级下达命令时,上级要给下级尽可能大的自主权,遇到问题时共同探讨情况、提出对策,而不是抛出问题,只追求结果。

3)涵养承担。上对下沟通时,下级通常会主动礼让三分以示尊重。但是下级也有情绪不好的时候,上级也有着急的时候。此时,上级就应该表现得更有涵养,不要厉声指责,尤其避免态度不好以一副冷脸色面对下级。若伤了和气引起意气之争,一定要忍耐,不要发火,最要紧的是不要有错不认、死要面子。敢于向下级认错的管理者更能得到下级的信任。

② 下行沟通的技巧

1)积极倾听。如非紧急情况,上级应该是说最后一句话的人,而不是说第一句话便做出决定的人。通过积极倾听,上级可以获取重要的信息;可以感受到下级的情感,缓和下级的自卫意识;可以激发下级的谈话欲望,促使下级的思维更加活跃;可以使自己的要求得到下级的认同,甚至使下级产生知音的感觉。倾听中,管理者能发现下级的立场和弱点,充分了解下级的需要和见解,这样才能有效地说服下级。所以,养成让下级主动沟通的好习惯,对下行沟通十分有利。

2) 广开言路。管理者有很高的修养就是要什么话都听得进去,这样才可能广开言路,这就需要管理者善于利用不同的沟通渠道,如会议、汇报、传真、函件等。使信息简单化的关键就是有效地使用多渠道内部通信系统。上级应该学会借力而不是什么事都亲力亲为,一定要从办公室走出来,抱着真诚的愿望和下级进行双向交流。另外,上级还需及时向下级反馈信息,这不但可以缓和由于谣言引起的紧张关系,还能在上级和下级之间建立紧密的联系,防患于未然,避免下级因为不能及时得到准确信息而产生各种各样的猜想。

3) 巧传命令。命令是上级对下级特定行动的要求,目的是让下级按照上级的意图完成特定的行为或工作。为了确保政令畅通,首先,上级必须正确地传达命令,不能笼统含糊,不能让下级去猜测上级的意图。其次,要突破"命令—执行"的固有认识,想方设法让下级愿意接受并愿意执行任务,如利用友善的态度让下级明白工作的重要性,给下级更大的自主权,征询并提供建议让下级自愿执行。最后,要保持下级执行命令的热情。对下级的工作,上级一般不应过多干涉,但应了解和关心工作的进展情况,尤其当下级遇到问题和困难时,上级要给予物质和精神的帮助。

4) 当众表扬。当下级很好地完成任务时,要适时、适度地给予表扬。首先,表扬下级的态度要情真意切,是发自内心的,不要做表面文章。其次,表扬内容要翔实具体。表扬时不要张冠李戴或无中生有,一定要针对某个具体的事情,实事求是地予以表扬。最后,要注意表扬的场合。最好是在会议或团体活动上,公布好的做法、经验,并给予表扬。

5) 私下批评。第一,要尊重客观事实,对事不对人。在批评下级时,一定要做到客观公正,不允许公报私仇,做到对事不对人。第二,要注意批评的方法。在批评下级时,可采取宽容型批评、表扬型批评、安慰型批评等方法,不要以居高临下的态度批评下级。第三,要注意批评的场合。与表扬相反,批评下级时要在私下进行,除非下级造成了重大的事故。另外,上级在批评下级前一定要弄清事情的来龙去脉,责任归属,不要草率地下结论,做决定。

案例4-15:换位思考对等沟通

美国玫琳凯化妆公司的创办人玫琳凯女士,在面对下属员工的时候,总是设身处地地站在员工角度考虑问题。她总是会自问:"如果我是对方,我希望得到什么样的态度和待遇。"经过这样考虑的行事结果,往往再棘手的问题都能很快地迎刃而解。

在当时,卖化妆品并不是件容易的事。玫琳凯总是不厌其烦地指导员工,无论如何也不要得罪美容师和推销指导员,而应尊重他们的工作,并为其工作创造有利的条件。

20年过去了,玫琳凯的公司从9个人发展成拥有20万名员工的国际性大公司,这是和她独特的管理哲学密不可分的。

(根据 https://wenku.baidu.com/view/c077765cbe23482fb4da4cb0.html 改编)

讨论问题:

为什么领导在避免沟通障碍的问题时,"换位思考"是非常重要的?

导入案例 4-16

格兰仕的激励体系

格兰仕创建于 1978 年,前身是一家乡镇企业。1992 年,带着让中国品牌在微波炉行业扬眉吐气让微波炉进入中国百姓家庭的雄心壮志,格兰仕大胆闯入家电业。是什么驱动着格兰仕发展壮大呢?答案是格兰仕的激励体系焕发了广大员工的热情和积极性,从而为自身的发展提供了澎湃的动力和竞争的活力。

格兰仕首先看重员工对企业的感情投入,认为只有员工发自内心的认同企业的理念、对企业有感情,才能自觉地迸发热情、为企业着想。在注重感情投入、文化趋同的基础上,格兰仕对待不同的员工,采取不同的激励方法和策略。对待基层工作人员,他们更多地采用刚性的物质激励;而对待中高层管理人员,则更注重采用物质和精神相结合的长期激励。

基层工人的收入与自己的劳动成果及所在班组的考核结果挂钩,既激励个人努力又激励他们形成团队力量。对生产班组要考核整个团队的产品质量、产量、成本降低、纪律遵守、安全生产等多项指标的完成情况,同时记录着每个工人的完成工件数、加班时间、奖罚项目等。根据这些考核结果,每个人都能清楚地算出自己该拿多少,别人强在什么地方,以后需要在什么地方改进。也许这些考核设计并不高深,但要持之以恒的坚持、保持公正透明的运行,却不是每个企业能做到的。依靠这个严格、公平的考核管理体系,格兰仕将数十个车间和数以万计的工人的业绩有效地管理了起来。

中高层管理层是企业的核心队伍,关系到企业的战略执行的效率和效果。格兰仕对中高层管理者更强调用工作本身的意义和挑战、未来发展空间、良好信任的工作氛围来激励他们。格兰仕的岗位设置相当精简,每个工作岗位的职责范围很宽,这既给员工提供了一个大的舞台,可以尽情发挥自己的才干,同时也给了他们压力与责任。在平时,格兰仕对管理者们工作的业绩和表现进行考核,只发几十元的月度工资,而把激励的重点放在财务年度上。他们将格兰仕的整体业绩表现、盈利状况和管理者的薪酬结合起来,共同参与剩余价值分配,从而形成长期的利益共同体。他们采取年终奖、配送干股、参与资本股的方式,递进式地激励优秀的管理者。

(案例来源:木叶蝶.格兰仕:"大白鲨"的激励体系[J].东方企业文化)

讨论问题:

格兰仕为什么对待不同的员工,采取不同的激励方法和策略呢?

任务 5　有效激励

组织中的任何活动都需要由人来进行。充分调动人的积极性,最大限度地挖掘人的潜力,是组织管理的目标之一。在现实中,影响人的工作行为表现的因素是多种多样的,如社会环境、工作条件、技术设备等客观条件,以及教育、训练、知识经验积累以及先天素质的影响等。其中最重要、影响最大的是人的能力和心理因素。能力是做好工作的基本前提,但是一个有能力而没有工作积极性的人是不会有良好的行为表现的。激励是管理中一项非常重要的研究内容,通过激励可以使下属充分发挥其潜能,从而保持工作的有效性和高效性。美国心理学家研究表明:一个人在没有任何激励的情况下,其能力只能发挥20%～30%,如果能充分调动他们的积极性,其潜能就能发挥75%～90%。将两者这之间的差额用于提高劳动效率,效果将非常可观,这就必须依靠有效激励。

任务5.1　激励的概念、作用和模型

1. 激励的概念

"激励"一词是心理学上的术语,是指激发人的行为动机的心理过程,即通过各种客观因素的刺激,引发和增加人的行为的内在驱动力,即内驱力,使人达到一种兴奋的状态,从而把外部的刺激内化为个人的自觉行动。从狭义上讲,激励就是一种刺激,指促进行为的手段。适当的、健康的外部刺激可以使个人的行为总是处于完成目标高度的激活状态,从而最大限度地发挥人的潜力,去实现组织的目标。

员工激励是指通过各种有效地激励手段,激发员工的需要、动机、欲望,形成某一特定目标,并在追求这一目标的过程中保持高昂的情绪和持续的积极状态,发挥潜力,达到预期的目标。从这一表述可知,激励过程应该包括:目标;追求目标的积极性和能力投入;激励手段。这三者是密切联系的统一过程。目标的形成有赖于一定的刺激,人的能力的发挥也有赖于外界的刺激。而激励正是起这种刺激的作用。激励是通过满足人的某种需求期望而实现的。人存在或可能存在某种需求期望,这是激励的心理基础。如果一个人没有任何需求期望,那么,任何刺激对他都将不起作用。一定的刺激作用于具有某种需求期望的个人,引起实际反应,从而达到提高努力强度的作用。不同的人有不同的需求时期,同一个人在不同时期的需求期望也不同。如果一定的刺激素不断重复使用,激励效力就会降低,难免使人保持持续的积极状态。因此,在组织管理过程中,要加强激励的研究,以便针对不同的需求期望,灵活地运用不同的刺激素。

2. 激励的作用

激励是与人的行为过程紧密联系在一起的,激励效果通过人的行为表现及效果来测定。激励水平高,人的行为表现越积极,行为效果也就越好。现代管理高度重视激励问题,一个管理者如果不懂得激励员工,是无法实现组织目标的。激励在组织管理中发挥着十分重要的作用。

(1) 有利于激发和调动员工的积极性。积极性是员工在工作时的一种能动、自觉的心理和行动状态。这种状态可以促使员工努力和体能充分地释放,并导致一系列积极的行为,如提高劳动效率、超额完成任务、良好的工作态度等。

> **案例 4-17：不要忽视激励的作用**
>
> 马戏团的猴子正在做精彩的表演，它先是翻了一连串干净利落的筋斗，博得了观众一阵阵喝彩和掌声，紧接着它又拿起一面铜锣，一面敲一面绕观众一周，之后又表演了一套精彩的舞蹈。最后当马戏团的领班要猴子表演套火圈的绝技时，猴子说什么也不肯，引得周围观众的一片嘘声。这时领班从箱子里拿出一根香蕉在猴子面前晃了晃，猴子正要伸手去拿，领班却把香蕉举过头顶，用另一只手指着火圈，示意猴子只要跳过这个火圈就可以享用这根香蕉。猴子搔了搔脑袋，忽然一个纵跃就穿过了火圈，赢得观众一阵长时间的热烈掌声。猴子也从领班手里接过香蕉美美地吃了起来。
>
> （案例来源：https://wenku.baidu.com/view/8a7192af84254b35eefd34fb.html）

（2）有助于增强组织的凝聚力。任何组织都是由各个个体、工作群体及各种非正式群体组成的有机结构。为保证组织整体能够有效、协调地运转，除了必要的、良好的组织结构和严格的规章制度外，还需运用激励的方法，分别满足他们的物质、精神、爱好、社交等多方面的需要，以鼓舞员工的士气，协调人际关系，进而增强组织的凝聚力和向心力，促进各部门、各单位之间的密切合作。

（3）有助于将员工的个人目标与组织目标统一起来。个人目标及个人利益是员工行为的基本动力，他们与组织的目标有时是一致的，有时是不一致的。当两者发生背离时，个人目标往往会干扰组织目标的实现。激励的功能是以个人利益和需要的满足为前提，引导员工把个人目标统一于组织的整体目标，激发员工为完成工作任务做出贡献，从而促使个人目标与组织整体目标的共同实现。

（4）造就良性的竞争环境。科学的激励制度包含一种竞争精神，它的运行能够创造出一种良性的竞争环境，进而形成良性的竞争机制。在具有竞争性的环境中，组织成员就会收到环境的压力，这种压力将转变为员工努力工作的动力。正如麦格雷戈所说："个人与个人之间的竞争，才是激励的主要来源之一。"在这里，员工工作的动力和积极性成了激励工作的间接结果。

（5）留住企业优秀人才。激励存在于人力资源管理的每一个环节，每一个环节又都体现员工的价值，让员工感到下一步还有新的机会。当员工技术发展到顶尖，企业可扩大他的工作范畴。加大工作量，让他的工作具有挑战性，让员工觉得他在公司是海阔天空的，能学到东西，永远没有尽头，还可让他们在相应的岗位上担任行政职务或特级专业技术职务，既让他们感觉到公司对他们的重视，也给他们以事业施展的平台，因此适合的激励使员工对公司的归属感有极大作用。

3. 综合激励的模型

综合型激励理论是指有综合特性的激励理论，最常见的是波特—劳勒综合激励理论，该理论是由美国心理学家莱曼·波特和爱德华·劳勒在期望理论的基础上引申出来的，可以应用该激励模式对主管人员的激励进行研究。波特和劳勒在1968年的《管理态度和成绩》一书中，以工作绩效为中心，对与绩效相关的许多因素，进行了一系列相关性研究，并在此基础上提出了一个激励综合模型，如图4-5所示。

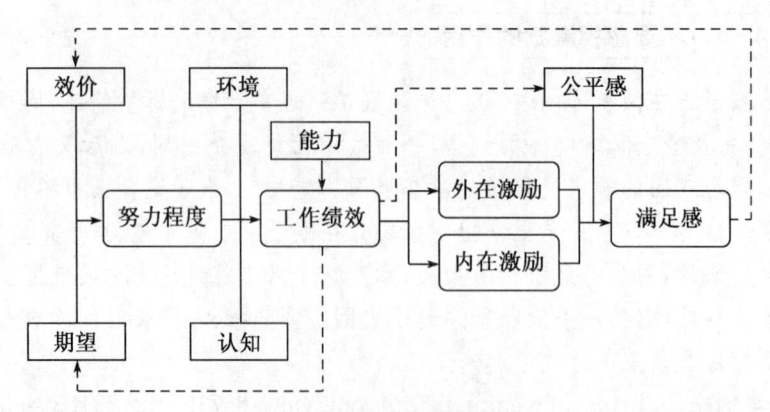

图 4-5　综合激励的模型

综合激励模型认为：员工的努力会促进工作绩效提升、工作绩效提升会得到组织奖励，组织奖励会使员工满意，员工感到满意后会继续努力工作，这样就完成了一个绩效管理综合激励循环。但上述这个闭环系统的实现是有条件的，需要各个方面的支撑。

在该模型中，突出四个变量，即努力程度、工作绩效、报酬（激励）和满意感之间的有机联系。把整个激励过程联结为一个有机的整体。由此我们可以归纳出该模式的几个基本点。

（1）个人是否努力以及努力的程度不仅仅取决于奖励的价值，还受到个人觉察出来的努力和受奖励的期望的影响。个人觉察出来的努力也就是指其认为需要或应当付出的努力，也就是效价。受到奖励的概率是指其对于付出努力之后得到奖励的可能性的期望值。很显然，过去的经验、实际绩效以及激励的价值将对此产生影响。

（2）个人实际能达到的绩效不仅仅取决于其努力的程度，还受到个人能力的大小以及对任务了解和理解程度深浅的影响。特别是对于比较复杂的任务如高难技术工作或管理工作，个人能力以及对此项任务的理解较之其实际付出的努力对所能达到绩效的影响更大。

（3）个人所应得到的奖励应当以其实际达到的工作绩效为价值标准，尽量剔除主观评估因素。要使个人看到，只有努力完成了组织的任务或达到目标时，才会受到精神和物质上的奖励。不应先有奖励，后有努力和成果，而应当先有努力和成果，再给予相应的奖励。这样奖励才能成为激励个人努力达到组织目标的有效刺激物。

（4）个人对于所收到的奖励是否满意以及满意的程度如何，取决于受激励者对所获报酬公平性的感觉。如果受激励者感到不公平，则会导致不满意。

（5）个人是否满意以及满意的程度将会反馈到其完成下一个任务的努力过程中。满意会导致进一步的努力，而不满意则会导致努力程度的降低甚至离开工作岗位。

综合激励模型告诉我们，激励和绩效之间并不是简单的因果关系。要使激励产生预期的效果，就必须考虑到奖励内容、奖励制度、组织分工、公平考核等一系列的综合性因素，并注意个人满意度在努力中的反馈。

案例 4-18：三星创始人李秉哲

一个向李秉哲学习了 30 多年经营的三星高级经营者说："人们都说李会长的用兵术是非常高明的，其实他并没有别的秘诀，就是对人的完全信赖。如果他信任你，就会全权委任你,并全力支持你的工作,这样就会使你产生责任感,产生一定要完成任务的意志。"这不能不说体现了李秉哲管理上的独特之处。

这就是他的"用人不疑,疑人不用",在多少次困难时期挽救了"三星",李秉哲曾经回忆说:"三星克服严重危机的最大力量,是信赖我并忠于职守的社员的团结精神和爱社精神。"

李秉哲还经常用各种方式表达他对部属的信任和关心,鼓励他们积极工作。他常在各种场合对他信任的经营者给予高度评价。在一次社长会议上,李秉哲关心地对一位社长说:"你的嘴唇裂了,看样子很辛苦。"第二天他就把配好的补药通过秘书室转给了那位社长。

有了这样关心下属的社长,"三星"的成功也就不足为怪了。

(案例来源:https://www.5law.cn/tk/kj/note/2014/0121/5909.html)

问题:李秉哲为什么会成功?体现在哪里?

任务5.2 激励理论

激励就是通过影响员工的需要的实现来提高他们的工作的积极性,引导他们在组织中的行为,以利于组织目标的实现。因此西方管理界对激励理论的研究多数是围绕着人类的需要的实现及其特点的识别以及如何根据需要的类型和特点的不同来采取措施以影响他们的行为而展开的。根据这些理论的不同特征,可以把它们分为内容型激励理论、过程型激励理论和强化型激励。

1. 内容型激励理论

内容型激励理论,主旨是确定有哪些因素能够促使员工努力工作,并根据这些因素,设计并实施相应的措施和手段,从而达到激励的目的。由于该类理论主要研究人的需要、需要结构,需要层次以及如何满足需要的问题,故而又被称为需要理论。

(1) 马斯洛——需要层次论

马斯洛,美国著名的心理学家,人本主义心理学的创始人。他根据多年的研究成果,于1943年提出该理论。他认为人是有需要的动物,其需要取决于他已经得到了什么,还缺少什么,只有尚未满足的需要才能影响他的行为,即已经满足的需要就失去了激励的作用;人类的需要是有层次之分的,当一个层次的需要满足后,另一个层次的需要才会出现。他把人类的需要由低到高归结为五种需要:生理需要,是人的最基本的需要,在各层次需要中居于基础地位,是维持生命所必需的,包括人们的衣、食、住、行。该需要得不到满足,也就谈不上其他的需要。只有生理需要得到满足了,人们才会关注更高层次的需要,即所谓"仓廪实而知礼节,衣食足而知荣辱"。

安全需要,分为两类:一是对现在安全的需要,即要求现在生活的各个方面都有保证,如人身安全、工作安全、情感安全等;二是对未来安全的需要,即期望未来的生活有保障,如将来老、弱、病、残的生活保障等。

社交需要,也称归属需要,人是社会动物,是社会关系的总和。任何人都不可能孤立地生存和工作,总希望与别人交往,在交往中受到关注、接纳、关心、友爱等,要求在感情上有所归属。因此工作的场所也是人们进行社交活动、建立友谊、获得归属感的场所。

尊重需要:人们并不仅仅满足于作为组织的一员,总是希望自己的重要性得到认可,希望自己的成就、人品、才能等得到较高的评价;希望自己拥有一定的声望,有一定的影响力。如晋升、领导的认可等都能满足自尊的需要。

自我实现需要:这是最高层次的需要,在上述需要满足后,这个需要就突显了。自我实现的需要就是要求事业上有所建树、最大程度地发挥自己的才能,实现自己的理想和抱负等。该需要通常表现在胜任感和成就感两个方面。

马斯洛认为这五个需要是有层次之分的,分为较低层次需要(生理需要、安全需要)和较高层次需要(社交需要、尊重需要和自我实现需要)。人在不同的时期其需要是不同的,在同一时期也有不同的需要,在各种需要中,只有占主导地位的需要才能支配人的行为。

(2) 赫茨伯格——双因素理论

这一理论是美国心理学家赫茨伯格在20世纪50年代后期提出来的。他在大量调查研究基础上,发现在对员工激励的问题上,有直接的因素和非直接的因素,因而提出了"激励—保健理论",又叫双因素理论,是在马斯洛的需要层次论的基础之上提出的。赫茨伯格首先修正了传统的关于满意与不满意的观点,认为满意的对立面是没有满意,不满意的对立面是没有不满意。在工作过程中有两类因素起作用:

保健因素,也称为环境因素,这些因素是与工作环境或条件有关的能防止人们产生不满意感的一类因素,主要包括除工作本身之外的外界环境因素,如公司政策、人际关系、监督、工作环境、薪金、地位等。当保健因素不健全时,人们就会产生不满意感。但保健因素仅仅可以消除工作中的不满意,却无法增加人们对工作的满意感,所以这些因素是无法起到激励作用的。

激励因素,这些因素是与工作本身或工作内容有关的能促使人们产生工作满意感的一类因素,是高层次的需要,包括工作本身的挑战性、工作成就的认可、工作责任、晋升等。当激励因素缺乏时,人们就会缺乏进取心,对工作无所谓,但一旦具备了激励因素,员工则会感觉到强大的激励力量而产生对工作的满意感,所以只有这类因素才能真正激励员工。

因此,赫茨伯格认为,作为管理者,首先要保证员工在保健因素方面的满足,要给员工提供适当的工资和安全,改善他们的工作环境与条件,对他们的监督要能为他们所接收,否则就会引起他们的不满。但即使满足了保健因素,也不能产生直接激励的效果。因此,管理者必须充分重视利用激励方面的因素,为员工提供具有挑战性的工作,扩大其工作责任范围和独立自主性,工作内容要丰富化,为其出成绩、做贡献提供机会和条件,不断地激励他们进步和发展。

(3) 麦克利兰——成就需要理论

麦克利兰是美国哈佛大学的教授,他于20世纪50年代提出该理论。麦氏认为,人有三种基本的需要:归属需要、权力需要和成就需要。这些需要并不是先天的本能欲求,而是通过后天的学习获得的。

归属需要:建立友好和亲密的人际关系的愿望。具有高度归属需要的人,比较注重与他人保持一种融洽的社会关系,渴望他人的喜爱和接纳,喜欢与他人保持密切友好的关系和相互的理解与沟通,并且更喜欢合作而非竞争的环境。

权力需要:控制他人的愿望和驱动力。具有较高权力需要的人喜欢承担责任,并努力影响他人,喜欢置身于具有竞争性的工作环境中和工作岗位上。与有效的绩效相比,他们更关心自己的威望和影响力。他们往往能言善辩、头脑冷静,喜欢演讲、爱教训别人。

成就需要:即把事情做得更好,追求成功的愿望。具有成就需要的人,他们有强烈的求得成功的愿望,也有同样强烈地对失败的恐惧,他们渴望挑战,爱为自己设置一些有一定的难度但经过努力能够实现的目标。他们追求的往往是成功本身,而不是成功后的奖赏与报酬。

经过研究,麦氏认为具有高成就需要的人,他们往往力求把事情做得更好,而且往往做得更好;他们喜欢具有个人责任、能够获得工作反馈和适度冒险精神的环境。高成就需要的人并不一定是一个优秀的管理者。归属需要和权力需要与管理者的成功密切相关。

2. 过程型激励理论

过程型激励理论主要研究对人们行为起决定作用的某些关键因素,弄清它们之间的相互关系,并在此基础上预测或控制人的行为。

(1) 弗鲁姆——期望理论

弗鲁姆,美国心理学家,于1964年提出该理论。人们在采取一定的行为之前,总是要对自己行为所指向的目标的价值及成功的概率进行一番估计。当他认为行为指向的目标正是自己所期望的,对自己的价值较大时,其行动的激发力量就会增大;反之,则相反。同时,当他估计到自己的行为成功的可能性较大时,其激发力量也会增大;反之,如果成功的概率微乎其微或者根本不可能,那么他的激发力量也就微乎其微或者为零。期望理论用公式表示如下:

$$M = E * V(激励水平 = 期望值 * 效价)$$

其中:M——激发力量,即行为的努力程度。

E——估计概率,即成功的可能性的大小。

V——目标效价,即目标对于行动主体的价值的大小。

可以看出,V 和 E 任何一个出现其值小的情况,则 M 的值都将变小。

根据该理论,在实际管理中,须处理好以下几个方面的关系:

第一,努力—绩效:只有当预期达到目标的概率较高时,才能激发很强的工作力量。人总是希望通过一定的努力能够达到预期的目标,如果个人主观认为通过自己的努力达到预期目标的概率较高,就会有信心,就可能激发出很强的工作力量;如果他认为目标太高,通过努力也不会有很好的绩效时,就失去了内在的动力,导致工作消极。

第二,绩效—奖励:只有预期完成绩效能获得奖励时,人才有较高的工作热情。这种奖励是广义的,既包括提高工资、多发奖金等物质方面的奖励,也包括表扬、自我成就感、同事们的信赖、个人威望等精神方面的奖励,还包括物质与精神兼而有之的奖励。

第三,奖励—个人目标:如果获得奖励正是个人所期望的,即对个人的价值较大,则激发的工作力量也较大。然而由于人们在年龄、性别、资历、社会地位和经济条件等方面存在差异,他们对各种需要得到的满足程度不同。所以,对待不同的人,采用同一种奖励满足的需要程度不同,所激发出来的工作动力也不相同。

(2) 亚当斯——公平理论

亚当斯,美国心理学家,于1963年提出该理论,也称社会比较理论。该理论主要讨论报酬的公平性对人的工作积极性的影响,即人除了关注自己报酬的绝对量外,还关注与相关的他人的报酬相比较的相对量。

这种理论的心理依据:人的知觉对于人的动机的影响关系很大。他们指出,一个人不仅关心自己所得所失本身,而且还关心与别人所得所失的关系。他们是以相对付出和相对报酬去全面衡量自己得失的。如果得失比例和他人相比大致相当时,就会心理平衡,认为公平合理心情舒畅。比别人高则令其兴奋,最有效激励,但有时过高会带来心虚,不安全感剧增。反之,心里不平衡,甚至工作不努力,因此,分配合理性常是激发人在组织中工作动机的因素和动力。

公平理论可以用公平关系式来表示。设当事人 a 和被比较对象 b,则当 a 感觉到公平时有下式成立:

$$OP/IP=OC/IC$$

其中:OP——自己对所获报酬的感觉

OC——自己对他人所获报酬的感觉

IP——自己对个人所作投入的感觉

IC——自己对他人所作投入的感觉

当上式为不等式时,也可能出现以下两种情况:

① $OP/IP<OC/IC$

在这种情况下,他可能要求增加自己的收入或减小自己今后的努力程度,以便使左方增大,趋于相等;第二种办法是他可能要求组织减少比较对象的收入或者让其今后增大努力程度以便使右方减小,趋于相等。此外,他还可能另外找人作为比较对象,以便达到心理上的平衡。

② $OP/IP>OC/IC$

在这种情况下,他可能要求减少自己的报酬或在开始时自动多做些工作,但久而久之,他会重新估计自己的技术和工作情况,终于觉得他确实应当得到那么高的待遇,于是产量便又会回到过去的水平了。

纵向比较,即人们还会与自己的过去想比较。比较的结果与横向比较相类似,不再赘述。

3. 激励强化理论

(1) 斯金纳——强化理论

斯金纳,美国心理学家,于20世纪70年代提出该理论。该理论来源于对动物的训练。人们为了实现自己的目标,就必须采取一定的行为。行为产生结果,结果作用于环境,环境对结果做出评价,该评价对人以后的行为产生影响,好的评价会加强该行为,使其重复出现;不好的评价或者不进行评价,则该行为将会减弱甚至消失。环境所起的就是强化的作用。

强化有正负之分。在组织管理上,对于积极的、符合组织目标的行为进行奖赏,即是正强化,如奖金、表扬、提升、改善工作关系等。受到正强化的行为得到加强,就会重复出现,从而有利于组织目标的实现。对于那些消极的与组织目标偏离或者背道而驰的行为进行惩罚,即是负强化,如克扣奖金、批评、降级等。消极的行为得到负强化,就会减弱或消失。两种强化的目的是一致的,但实践表明,正强化的作用更加明显。强化时,还须注意其时间间隔和频率。工作的性质、难度、风险程度等对强化的时间间隔和频率的要求不同,其强化的效果也有较大差异。有的需要连续性的、即时的强化,有的则需要固定的时间间隔的强化。

(2) 海德的归因理论

归因理论最早是由美国心理学家海德发展起来的。该理论主要解决的是日常生活中人们如何找出事件的原因。海德认为人有两种强烈的动机:一是形成对周围环境一贯性理解的需要;二是控制环境的需要。而要满足这两个需求,人们必须有能力预测他人将如何行动。因此海德指出,每个人(不只是心理学家)都试图解释别人的行为,并都具有针对他人行为的理论。

归因理论认为,人们的行为成败或是失败主要归于四个因素:努力、能力、任务难度和机遇。这四个因素可以按内外因、稳定性与可控性三个维度来划分:从内外原因方面看,努力和能力属于内部因素,而任务难度和机遇属于外部因素;从稳定性来看,能力和任务难度属于稳定因素,努力和机遇属于不稳定因素;从可控制性来看,努力是可控因素,任务、难度和机遇是不以人的意志为转移的。研究表明,人们把成功和失败归因于何种因素,对今后工作的积极性有很大影响。

如果把失败的原因归结为相对稳定的因素、可控的因素或者内部因素,就会容易使人不再坚持努力行为;相反,如果把失败的原因归结为相对不稳定的因素,不可控的因素或外部因素,则人们比较容易继续保持努力行为。如果员工感到主要受内因控制,他们会觉得可以通过自己的努力、能力或技巧来影响行为的结果;当员工感到主要受外因控制,他们会觉得行为的结果非自己所能控制,而是受到外力的摆布,正是这种被感知的控制,会对人民的满足和绩效带来不同的影响。

以上对中外管理界广为流传的几种激励理论进行了简要的描述,但并未对其进行评价。需要指出的是,任何一种理论都不可能放之四海而皆准,任何一种理论都有其适用的范围及对象。同样,任何一种理论,由于社会历史背景的差异以及创造者自身的原因,都有它的局限性。但这并不能否认各种激励理论的价值所在,各种理论都从不同的角度提出了自己关于激发人的积极性的理论观点,这些观点都是创造性的,都是管理理论宝库中的重要组成部分。基于激励理论的多样性,要求管理者们在管理实践中,不要局限于一家之说、一方之言,要创造性地综合运用多家理论,积极利用其合理的部分,防止某种理论不足的地方对管理实践产生消极影响,从而切实达到激发员工的积极性,顺利实现组织的目标。

案例 4-19:金香蕉奖

美国一家名为福克斯波罗的公司,专门生产精密仪器制设备等高技术产品。在创业初期,在技术改造上遇到了若不及时解决就会影响企业生存的难题。一天晚上,正当公司总裁为此冥思苦想时,一位科学家闯进办公室阐述他的解决办法。总裁听罢,觉得其构思确实非同一般,便想立即给予嘉奖。他在抽屉中翻找了好一阵,最后拿着一件东西躬身递给科学家说:"这个给你!"这东西非金非银,而仅仅是一只香蕉。这是他当时所能找到的唯一奖品了,而科学家也为此感动。因为这表示他所取得的成果已得到了领导人的承认。从此以后,该公司授予攻克重大技术难题的技术人员一只金制香蕉形别针。

(案例来源:http://www.360doc.cn/mip/479869043.html)

讨论问题:

从案例中你得到什么启发?

任务5.3 激励实务

由于人的心理、需求和行为的复杂性以及外部环境的多样性,决定了在不同的情形下对不同的人进行激励的复杂性和困难性。同时,激励总是存在一定的风险,所以在制度和实施激励的政策时,一定要谨慎。尽管如此,在管理中仍然有一些共同的激励原则可以遵循和参考。

1. 激励的原则

(1) 目标原则。在激励机制中,设置目标是一个关键环节。目标设置必须同时体现组织目标和员工需要的要求。目标既不能过高,也不能过低。过高会使员工的期望值降低,影响积极性,过低则会使目标的激励效果下降。

(2) 物质和精神激励相结合的原则。员工存在着物质需要和精神需要,相应的激励方式也应该是物质激励与精神激励相结合。物质激励是基础,精神激励是根本。在两者结合的基础上,逐步过渡到以精神激励为主。在这个问题上,避免走极端,迷信物质激励则导致拜金主义,迷信精神激励则导致唯意志论或精神万能论,事实证明二者都是片面的、有害的。

(3) 合理性原则。激励的合理性原则包括两层含义:其一,激励的措施要适度。奖励和惩罚不适度都会影响激励效果,同时增加激励成本。奖励过重会使员工产生骄傲和满足的情绪,失去进一步提高自己的欲望;奖励轻则会起不到激励效果,要根据所实现目标本身的价值大小确定适当的激励量;其二,奖惩要公平。激励应该本着公开、公平、公正。公平性是员工管理中的一个很重要的原则,员工感到任何不公的待遇都会影响他的工作效率和工作情绪,并且影响激励效果。

(4) 时效性原则。要把握激励的时机,"雪中送炭"和"雨后送伞"的效果是不一样的。激励越及时,越有利于将人们的激情推向高潮,使其创造力连续有效地发挥出来。

(5) 正、负激励相结合的原则。所谓正激励就是对员工的符合组织目标的期望行为进行奖励。所谓负激励就是对员工违背组织目的的非期望行为进行惩罚。正负激励都是必要而有效的,不仅作用于当事人,而且会间接地影响周围其他人。

(6) 按需激励原则。激励的起点是满足员工的需要,但员工的需要因人而异、因时而异,并且只有满足最迫切需要(主导需要)的措施,其效价才高,其激励强度才大。因此,领导者必须深入地进行调查研究,不断了解员工需要层次和需要结构的变化趋势,有针对性地采取激励措施,才能收到实效。

2. 激励的方法

有效的激励必须通过适当的激励方式与手段来实现。

(1) 情感激励。情感是人们对客观事物的态度的一种反映,它具有两极性,积极的情感可以提高人的活动能力,消极的情感削弱人的活动能力。在工作中,具备积极情感的人通常有积极的心态和进取心,有着较高的工作效率;具有消极情感的人通常工作效率较低。因此,人力资源管理工作的一项重要内容就是使被管理者尽可能保持积极情感。同样,人力资源管理者也可以运用情感激励的方式来培养带动被管理者的积极情感,消除、抑制消极情感。在进行情感激励时,管理者可以通过交谈等语言激励方式与被管理者沟通,了解被管理者想法、状况,从而对症下药,改善关系,也可以通过非语言形式如动作、手势、姿态等激励员工。无论采取何种方式,管理者本人要具备良好的积极情感,还要使自己处于一种情感移入状态,与被管理者达成情感共融。

(2) 目标激励。目标激励是指通过在组织中全面推行目标管理,增强员工对组织目标的制定、分解、协商和实施措施的制定及其成果评价等关系的参与意识,从而增强实现组织目标的责任感和积极性。组织目标时组织凝聚力的核心,它体现了职工工作的意义,能够在理想和信念的层次上激励全体职工。

(3) 工作激励。日本著名企业家道山嘉宽在回答"工作的报酬是什么"时指出:"工作的报酬就是工作本身!"这表明工作本身具有激励力量。工作激励是指通过设计合理的工作内容,分配恰当的工作任务来激发员工的内在热情。

按照双因素理论,对人最有效的激励因素来自工作本身。尤其在今天,当企业解决了员工基本的生存问题之后,员工就更加关注工作本身是否具有乐趣和吸引力,如在工作中是否会感受到生活的意义,工作是否具有挑战性和创造性,工作中能否取得成就、获得自尊等。

(4) 公平激励。公平感是每个被管理者都具有的,当他们在分配上产生公平感时,会心态平和、努力工作,而产生不公平感时则会有思想包袱、满腹怨气,影响工作效率。公平激励就是根据公平的心理规律,在管理中采取各种措施力争做到公平,必须坚持客观、公正、民主和科学,使员工产生公平感,从而调动工作积极性。

(5) 参与激励。以员工参与管理及决策为诱因,激发员工的积极性和创造性。员工参与管理,有利于满足员工的尊重需要,有利于集中群众意见,保证决策的科学性和正确性。参与管理激励机制通过一系列制度和措施来体现,如自我发展计划、合理化建议、雇员调查、员工评议等,使员工在管理和决策中发挥作用。

(6) 发展性激励。发展性激励就是为组织的成员创造学习与成长的机会,包括设置挑战性的工作任务,提供更多的学习与培训的机会,合适的轮岗安排,职业生涯设计等。职业生涯发展体系通过为组织内成员构建职业开发与职业发展轨道,最大限度地开发个人的潜能并充分发挥其潜力,使之与组织的职业需要相匹配、相协调、相融合,使组织和个人的需求达到最佳的结合,最后达到双赢的结果。

3. 运用激励时注意事项

（1）准确地把握激励时机。从某种角度来看，激励原则如同化学实验中的催化剂，要根据具体情况决定采用时间。人力资源管理实际中，并不存在一种绝对有效的激励时机，激励时机的选择是随机制宜的。从事人力资源管理，应根据具体客观条件，灵活地选择激励的时机或采用综合激励的形式，以有效地发挥激励的作用。激励原则在不同时间进行，其作用与效果有很大的区别。根据时间上的快慢差异，激励时机分为及时激励和延时激励。根据时间间隔，可分为规则激励与不规则激励；根据工作周期可分为期前激励、期中激励和期末激励。

（2）相应采取激励频率。激励频率是指在一定时间进行激励的次数，它一般以一个工作学习周期为其时间单位的。激励频率与激励效果之间并不是简单的正比关系，在某些特殊条件下，两者可能成反比关系。因此，只有区分不同情况，采取相应的激励频率，才能有效发挥激励的作用。激励频率选择受到多种客观因素的制约，包括工作的内容和性质、任务目标的明确程度、激励物件的自身素质、工作学习状况及人际关系等。一般来说，如果工作学习性质比较复杂，任务比较繁重，激励频率应相应提高，反之，则相反。对于目标任务比较明确，短期见效的工作，激励频率应当高，反之，则相反。在具体的人力资源管理中，应具体情况具体分析，采取恰当的激励频率。

（3）恰当地运用激励程度。激励程度是激励机制的重要因素之一，与激励效果有极为密切的联系。所谓激励程度是激励量的大小，即奖赏或惩罚标准的高低。能否恰当地掌握激励程度，直接影响激励作用的发挥，过量激励和不足量激励不但起不到激励的真正作用，有时甚至会起反作用，造成对工作积极性的挫伤。在人力资源管理过程中，如果设定的激励程度偏低，就会使被激励者产生不满足感、失落感，从而丧失继续前进的动力；如果设定的激励程度偏高，有会使被激励者产生过分满足感，感到轻而易举，也会丧失上升的动力。所以要求人力资源管理者从量上把握激励要做到恰如其分，激励程度要适中，超过了一定的限度或不到一定程度，激励的作用就不能得到充分的发挥。

（4）正确地确定激励方向。所谓激励方向是指激励的针对性，即针对什么样的内容来实施激励。它对激励的效果具有显著的影响作用。根据美国心理学家马斯洛的需要层次理论，人的行为动机起源于五种需要，即生理的需要、安全的需要、归属的需要、尊重的需要和自我实现的需要。一般来说，当较低层次的需要相对满足以后，较高层次的需要才会出现。这一理论表明，激励方向选择与激励作用的发挥有着非常密切的关系，当某一层次的需要基本得到满足时，激励的作用就难以继续保持，只有把激励方向转移到满足更高层次的需要，才能更有效地达到激励的目的。

案例 4-20：激励原则

A大学毕业后进入了一家中外合资公司做销售工作。他很满意这份工作，因为工资高且固定，不用担心未受过专门训练的自己比不过别人。若拿佣金，比人少得太多就会丢面子。这样倒好，没有压力，可以好好过一阵清闲日子了。

刚上班的头两年，A的工作平平淡淡，销售成绩一般．随着年龄增长，孩子出生，家庭经济压力的增大,他有了一种成就事业的紧迫感.他努力工作改变现状。随着对业务的熟悉和与客户关系的加强,销售额也渐渐上升了,他渐渐感到工作得心应手。到了第三年年底他已列入全公司几十名销售员中前列。对下一年,他很有信心,自己当属推销员中的冠军了。不过该公司的政策,是不公布每人的销售额,也不鼓励互相比较。去年,A干得特别出色。尽管定额比前年提高了25%,到了九月初他就完成了这个定额。根据他的观察,同事中间还没有人完成定额。今年,公司又把他的定额提高了25%,他仍是一路领先,比预计干得还好。他根据经验估计,九月前他准能完成自己的定额。

可是他觉得自己的心情并不舒畅。自己拼死干活,工资却没有比以前多多少,也没有得到公司的表扬。他听说本市另两家中外合资化妆品制造企业都搞销售竞赛和有奖活动,业绩优秀者可以拿到高额的佣金。其中一家是总经理亲自请最佳推销员到大酒店吃一顿饭;而且还有内部通讯小报,公告每人的销售业绩,还评选季度、年度最佳销售员。而最令他烦恼的事,是自己在公司待了这么长时间,一直没有得到提升,同时进公司的同事也大多保持现状,只有与总经理关系最好的一位同事平步青云,几年中已经有好几位同事辞职了,他感到在公司的前景特别暗淡。

想到自己公司这套做法,他就特别恼火。其实一开头他并不关心表扬什么的,现在却重视起来了。不仅如此,他开始觉得公司对推销员实行固定工资制是不公平的,一家合资企业怎么也搞大锅饭?应该按劳付酬。

不久前,他主动去找了公司经理,谈了他的想法,建议改行佣金制,至少按成绩给奖金制。不料经理说这是既定政策,拒绝了他的建议。没过几天,令公司领导吃惊的是,A辞职去另一家公司了。

（案例来源:https://wenku.baidu.com/view/682e210aba1aa8114531d904.html）

讨论问题:
该公司违背了激励的什么原则？你从中得到什么启发？

导入案例 4-21

俞敏洪创业的领导力心法

1991年,俞敏洪看准了英语培训潜在的巨大市场,毅然从北大辞职,自己出来开了英语培训班——新东方,并通过收购、连锁经营或者设立分校的形式进行地域扩张,迅速扩大企业规模,占据市场份额,扩展业务能力,把英语培训做成一个全国的品牌。

俞敏洪将其创业近三十年的领导力心法分享:第一,个性原则,创业领导要具备主动参与的能力,合群、开朗坦诚、果断坚毅。第二,分享原则。新东方就是在不断分配再分配的过程中做大的。不管是分享利益,还是分享创业中的酸甜苦辣,都很重要。第三,主导原则。领导要能迅速抓住主动权。第四,气场原则。要培养领导力,自创气场。第五,奖励原则。俞敏洪说:"奖励有两种,虚和实。'虚'是口头上的表扬和鼓励,'实'就是现金的奖励。所谓虚实并重,就是要让人感觉到时时有鼓励,并且经常有一个开放的平台在他们的眼前。"另外,俞敏洪认为,奖励一定要公开,这样对得奖的人激励更大。第六,掌控原则。俞敏洪建议,领导不要做掌控不了的事情,例如很多创业公司失败,就是因为迅速扩张,结果资金跟不上。第七,包容原则。俞敏洪说,原则性问题是一定要惩罚的,但是非原则性问题可以包容。

(根据 https://www.sohu.com/a/253899634_281356 改编)

讨论问题:

新东方创始人俞敏洪认为,只有创始人气场强大,才能够号召众人。你如何理解"创始人的气场"?

任务6 中小微企业创业领导

任务6.1 新创中小微企业领导风格及其演变

什么样的创业者能够为团队指明方向,带领员工在激烈的市场竞争中突出重围,取得成功?领袖魅力型、交易型、变革型和道德型是当下新创中小微企业中较为推崇的领导风格。

1. 领袖魅力型领导风格

同许多伟大的领导者一样,阿尔弗雷德·斯隆、斯蒂夫·乔布斯、杰克·韦尔奇、华特·迪士尼和马云等都是企业界最富于领袖魅力的领导者典型。华特·迪士尼能用讲故事的方式迷倒人们;从创业第一天起,马云就宣称,阿里巴巴会成为最伟大的电子商务公司。他们在行为的关键点上表现出与非领袖魅力是领导的根本性差异。通常,有领袖魅力的领导更加自信,他们对自己的管理和决策能力更有信心;有目标远景,并能够通过向下属描绘前景来带动下属的动力、承诺和奉献;通过清楚表述目标,他们能够使其他人明白所追求的目标;拥有强烈的奉献精神,愿意挑战高风险的创业项目,并承受可能要为之付出的代价;不循规蹈矩,他们的行为是富有创造性的。所以,他们获得成功时会令下属和外界崇敬。在进行创新和变革时,拥有这些品质的创业者可以激发起追随者的信任、信心、服从、钦佩以及更高的工作绩效。

领袖魅力式领导在创业初期具有非常明显的作用,但有的时候,在组织经过创业初期进入稳定发展后,领袖魅力式领导的作用会有所减退。

2. 交易型领导风格

领导和下属之间存在以一系列的交换和隐含的契约为基础的关系,那么这种领导风格即为交易型领导风格。新创企业无论是创业者还是下属,都有共同的目标就是实现企业的创立和发展。所以在这种情况下交易型领导通常在实现创业目标时具有较高的效率。首先确定员工需要做什么,再通过运用组织正式权力,使下属明确相关职能,获得行为绩效,从而得到奖励。创业者则从下属的工作绩效中获益。所以交易型领导的主要风格就是依赖组织的奖惩来影响员工的绩效。

3. 变革型领导风格

变革型领导,主要通过与下属之间的互动来提升彼此的成熟度和动机水平。变革型领导通常可以把企业建设成为一个兴奋而富有活力的组织。变革型领导的特征在于可以超越交换的诱因,通过对员工的开发、智力激励来鼓励员工为群体的目标、任务以及发展前景超越自我的利益,实现预期的绩效目标;集中关注较为长期的目标,强调以发展的眼光鼓励员工发挥创新能力;引导员工不仅为他人的发展,也为自身的发展承担更多的责任。所以,变革型领导能够在企业中制造兴奋点,产生更强的影响和冲击力。

4. 道德型领导风格

道德型领导者具有双重角色,即道德的人和道德的管理者。道德型领导在个人行为及人际关系中表现出规范性的、适当的行为,并通过双向沟通、巩固和决策,在其追随者中促进这种行为。创业者的行为对下属会起到示范作用,所以,诸如诚实、可信赖、公平、关心他人等都是创业者应当具备的品质。

现有研究发现,员工对领导者正直的认知会对员工的工作满意度产生正向影响,对员工从事有损团体或社会利益的不道德行为的意图会产生负向影响;领导者的公平性与下属参加组织、团队工作的意图呈正相关。所以,道德型领导风格的创业者将有效带动员工的工作热情、信任感和归属感。

世界经济不断发展,科学技术日益更新,在给全社会带来巨大财富的同时,这些进步也给社会带来了更多的不确定性,尤其是管理界,究竟什么样的管理才是目前最好的管理,至今没有定论,同样,什么样的领导行为或领导风格对创立一家中小微企业才是最佳的,也没有统一的意见。所以,新创中小微企业的创业者应当根据本企业实际情况,集合各类领导风格的优缺点演变出最适合自己企业和组织的领导风格。

> **案例 4-22:超级课程表创始人的领导风格**
>
> 2011年5月,自学编程的余佳文开发了一个软件"超级课程表",能够跟教务系统对接,很方便地显示课程名称、地点和老师姓名。该软件推出2天之内下载量超过500。于是,余佳文搬出了宿舍,在学校附近的城中村租了个房子,他瞄准了全国3000万的大学生。后来超级课程表2.0版上线了。
>
> 2013年5月,余佳文参加真人秀节目《爱拼才会赢》。节目过后,余佳文拿到了四笔投资。
>
> 2014年,余佳文放出豪言"明年我会拿出一个亿的利润分给员工!"
>
> 2015年,余佳文在《开讲了》表示自己拿不出这么多钱给员工分红。此时,在场的周鸿祎告诫他"你这种做法是非常错误的,这种失信其实是很大的一件事情",而余佳文则说,"年轻人的企业就是玩出来的,不必过于认真"。
>
> 2019年3月7日,超级课程表因不健康内容,从应用市场下架20天进行整改。
>
> (根据 http://www.techweb.com.cn/news/2015-08-13/2188795.shtml 改编)

讨论问题：
你认为"超级课程表"的成功与现状，和其创始人的领导风格是否有关？

任务6.2　创业沟通

新创企业中流动着大量的沟通信息，这些信息不仅来自企业中个体间的人际交流，还包括组织内沟通的管理信息。

1. 创业活动中的人际沟通

创业团队成员之间、创业者和下属之间的人际沟通在某种程度上代表了企业中信息和知识传播、扩散的程度。在人际沟通过程中，各种噪声的干扰构成了对创业团队有效沟通的挑战。信息的发出失真、传递失真、接收失真和反馈失真主要源于认知因素、文化因素和结构因素所带来的威胁。

（1）认知挑战。创业者和创业团队成员、下属之间会存在个体认知差异以及个体间的关系所造成的沟通障碍。个体人格特质会导致：有的创业者适应能力较差，表现为容易紧张、自我怀疑、喜怒无常等；有的创业者社交能力较差，表现为羞涩、不自信、退缩等；有的创业者责任心不强，表现为容易起冲突、粗心、无责任感等；有的创业者缺乏合作性，表现为独立、冷漠、粗鲁等。

（2）文化挑战。新创组织成员间还会存在不同的文化差异，并通过自我意识、语言交流、衣着打扮、饮食习惯、时间意识、价值观念、思维过程、工作习惯等方面表现出来。当信息从一种文化模式传递到另一种模式时，文化的差异也会铸造人际沟通的障碍。

文化情境也会成为文化间沟通的障碍。在高文化情境的新创企业中，人际沟通具有建立社会信任先于建立工作关系，看重人际关系，注重沟通环境等特征。在低文化情境的新创企业中，人际沟通表现出相反的特点，领导通常看重个人专长和绩效，会直截了当谈论任务、工作和问题，更注重清晰、准确的沟通过程。

创业者也要意识到，在人际沟通中的非言语沟通也很普遍。非语言沟通明显地展示出跨文化的特征，合适的身体语言，如姿势、手势、目光接触、面部表情、语音语调等，只有与特定的文化联系，才能准确表达出其含义。

（3）组织结构挑战。组织结构因素包括地位差别、信息传递链、团体规模和空间约束四个方面。研究表明，地位差别是沟通中的一个重要障碍，地位的高低对沟通的方向和频率有很大的影响。信息连续地从一个等级到另一个等级传递时所发生的变化称为信息链传递现象。当创业团队规模较大时，人和人之间的沟通也相应变得较为困难。企业中的空间约束，不利于员工之间的交流会限制他们的沟通。所以对于创业者来说，较为亲民的组织结构形式会有效地拉近成员间的距离，有效促进成员的沟通和协作。

2. 组织沟通

在新创企业内会有多条信息沟通渠道交错，我们按照其流向和正式程度，将组织沟通分为纵向沟通、横向沟通和非正式沟通。

(1) 纵向沟通。组织中的纵向沟通是指沿着命令链进行的向上和向下的沟通。当创业者作为组织的最高管理层通过各个管理层次向下传递信息即为向下沟通的过程。向下沟通的主要内容通常是指导、通知、命令、建议和员工业绩评价等。所以沟通的目的是要把和组织目标有关的信息提供给员工。相反,从组织的底层向较高管理层流动的沟通信息,即为向上沟通,通常包括进度报告、建议、解释以及申请等。通过向上沟通,有助于员工反映实际问题,增强员工参与创业的意识,提高团队士气。

公开式管理是近来被业界和学术界普遍认同为纵向沟通的有效方法,创业者需要和组织内所有员工共享重要信息,并且共同发掘价值和未来增长潜力。需要共享的信息,包括财务目标、销售额预测、销售额以及其他有关企业的绩效、前景的数据。公开式管理,可以将创业管理转化成员工也可以获胜的竞赛,教会员工如何读懂企业的财务数据,分享经营信息,向员工展示他们的工作是如何影响企业的财务状况的,授权员工设法改进关键绩效,保持员工的责任心,公布改进结果并庆祝取得的成功,根据员工对财务指标的贡献分配奖金等。事实证明,完善的沟通系统可以使员工理解工作的意义,认清完成预定的工作目标会得到什么样的报酬,并促使每个人都关心创业进程,也可以激发员工思考如何以不同的方式为企业做贡献,学习新的技能,通过苦干和巧干提高工作绩效。

(2) 横向沟通。组织中的横向沟通,通常是指沟通信息在层级结构的同一水平上的流动。横向沟通经常发生在工作群体内部成员之间、两个工作群体之间、不同部门的成员之间。横向沟通的主要宗旨在于为组织、协调与合作提供一条直接的渠道,并产生组织内不同部门间的信息共享、相互协作,消除组织内部的冲突,产生社会和情感支持。例如摩托罗拉会通过年会使得整个公司的不同职能部门和事业部交流和共享新发现、新经验。

横向沟通的推荐形式是团队对话。团队是两个或者两个以上相互作用和协作从而完成组织预定目标的单位。进行有效的团队对话,首先,是构建团队沟通的规范,排除沟通的障碍,形成清楚的惯例,例如轮流发言、积极倾听、以支持的立场来提问、帮助别人理清思路等,避免钻牛角尖、贴标签、对发言者评头论足、开小差、感情用事等不良习惯。其次,促使成员参与沟通,使每个成员都得到说话的可能,创造一个有利于平等沟通的氛围。最后,有效的团队对话还包括成功地引发沟通对话,对团队间进行合作的细节进行探讨等。

(3) 非正式沟通。在创业活动中,由于存在机遇、挑战和风险,这些问题都是员工所关心的,所以在企业中,会存在一些非官方的、私下传播的消息,这种通过非正式渠道传播消息就是非正式沟通。典型的非正式沟通传播各种各样的观点、猜想、疑问、担忧和威胁等。和正式沟通相比,非正式沟通具有信息交流速度快、效率高、满足员工情感需要和不确定性等特点。

案例 4-23:创业团队的沟通问题

小张新加入了一个移动互联网创业团队,团队目前4人,包括创始人、程序员、设计师、和担任产品经理的小张。

在小张加入团队之前,项目已经运行了18个月,但是尚未推出1.0版本,小张发现团队有以下问题:

1. 之前做了3个方案,每次方案出来,创始人都要求界面反反复复进行修改,导致程序员负能量大,也给设计师带来了很大的压力,整个团队负面情绪严重。

2. 团队难以沟通,设计师和程序员对创始人有颇多意见,经常互相吵架,互相抱怨。

3. 整个团队根本没有做版本管理和团队管理,也没有绩效管理等制度规范。

讨论问题:

你认为应该如何去解决该创业团队的沟通问题?

任务6.3 创业激励

1. 创业激励的必要性

激励机制是提升效率的法宝,对创业团队成员也不例外,要制定正确的激励机制,就必须对人的需求有深刻的理解。根据马斯洛的需求层次理论,人的需求可以分为五个层次。居于底层的是更为基础的需要,只有底层需要得到相当程度的满足之后,人们才会更多地考虑高层次的需要。对于创业者来说,创业目的可能主要是为了满足尊重的需要和自我实现的需要。因此,在采取制定激励机制的时候,就必须考虑创业者的高层次需要。

2. 激励的方法

(1) 目标激励:人的行为大多由动机引起的,并且都指向一定的目标。目标是通过奋斗能获得的成就与结果。对员工进行激励的目标要分层次,大小远近等。

(2) 物质激励:通过满足员工个人利益的需求来激发其工作的积极性与创造性。企业给员工提供的报酬对每个个人而言都至关重要,但企业在初创期给付报酬的能力通常有限,所以要全面考虑并确保企业具备长期支付报酬的能力。

(3) 任务激励:要使员工肩负起与其才能相适应的重任,在企业创立阶段提供给员工获得成就和发展的机会,激发其献身精神,满足其事业心与成就感。

(4) 荣誉激励:所有个人都希望得到社会或集体的尊重。对于那些为团体做出突出贡献的员工,要给予一定的荣誉,这既能使荣誉获得者经常以鞭策自己,又可以为他人树立榜样和奋斗目标。

(5) 信任激励:同事之间,特别是上下级之间相互信任是一种巨大的精神力量,这种力量不仅可以使员工团结成一个坚强的战斗集体,共同面对企业创办初期面临的种种不确定因素,而且能激发出每个人的积极性和主动性。

(6) 强化激励:正强化,对良好行为给予肯定。负强化,对不良行为给予否定与惩罚,使其减弱、消退,批评、惩处、罚款等都属于负强化。对人的行为进行强化激励时,一是坚持正强化与负强化相结合,以正强化为主。二是要坚持精神强化与物质强化相结合,以精神强化为主。

(7) 数据激励:明显的数据对人会产生明显的印象,激发强烈的感想。数据激励,就是把员工以前的行为结果用数字对比的形式反映出来,以激励上进,鞭策后进。

(8) 情感激励:情感是影响员工行为的最直接的因素之一。通过建立良好的情感关系,激发每个员工的士气,从而达到提高工效的目的。

> **案例 4-24:"传递快乐"的 Zoom**
>
> 2020 年的 3 月,美国股市接连发生了三次熔断。在全球资本市场哀鸿一片,投资人普遍担心经济会进入严重衰退之时,硅谷视频会议平台 Zoom 的股价却是一枝独秀,3 月里逆势大涨了近 30%。
>
> 2011 年只有 40 多个员工的 Zoom 成立时,视频会议的赛道已经是强敌环伺,比如有微软的 Skype、谷歌的 Google Hangouts、思科的 WebEx、苹果的 FaceTime 等产品。但此后几年,在与这些巨头的竞争中,小公司 Zoom 却发展成了最受美国市场欢迎的视频会议平台。
>
> Zoom 创始人袁征是一位深受员工喜爱的 CEO。2018 年,美国职场研究调查公司 Comparably 根据全美 5 万家公司的 1000 万名员工提交的职场幸福调查答卷,评出员工幸福感最高的 25 家公司,Zoom 名列第一。同年 7 月,美国求职网站 Glassdoor 评出了全美 100 强 CEO 榜单,第一名是 Zoom 的创始人袁征,袁征以 99% 的员工好评率夺冠,成为首次荣登榜首的非白人 CEO。
>
> 袁征表示:公司成立之初,结合我以前的工作经历,每天除了做 PPT,没有什么实际的东西,想做新的项目也做不了,工作很轻松但是感觉很无趣。所以,我想好自己要做的公司应该是那种每天早上起来第一件事就是很想去上班的公司。我们公司的文化就是"Deliver Happiness"——传递快乐,让大家都高兴。我作为 CEO 要努力让员工高兴,员工高兴了就会想办法让客户高兴,客户高兴了我就会高兴,我高兴了就会再想办法让员工高兴。就是这样良性的循环,简单又高效。客户高兴了,公司就可以活下来。到了一定的年龄就会慢慢地懂得,让别人幸福,就能得到真心的幸福。公司对员工都会有 KPI 考核,我们全体员工包括前台都有公司的股份。除此之外员工如果自己积极主动地干活,比如说某个人周末花了很大气力把一样事情做好了,作为主管都会主动给员工发奖金的,我们会关心员工,让他们在公司里能体会到成就感。
>
> (根据 https://www.sohu.com/a/393942461_263537 改编)
>
> 讨论问题:
> 让员工获得幸福感的结果可能有哪些?

项目小结

1. 领导是管理的一项重要职能。领导包含领导者和被领导者两个方面;领导的基础是领导者的影响力;领导的目的是为了实现组织的目标。领导在组织中主要发挥指挥、协调和激励的作用。

2. 领导方式及其理论的研究是从领导者的风格和领导者的作用入手,把领导者的行为划分为不同类型。领导者风格包括专制型领导、民主型领导和放任型领导。

3. 领导方格理论是研究企业的领导方式及其有效性的理论,主要从对工作的关心和对人员的关心两个方向分析。权变领导理论认为,有效的领导方式是因情境不同而不同的,即权变。只有与特定情境相适合的领导方式才是有效的,而与特定情境不适合的领导方式往往是无效的。

4. 沟通在管理工作中具有重要作用。沟通包括信息源、编码、沟通渠道、信息接收、解码、反馈等一系列环节。沟通障碍及提高沟通的有效性应采取有效的对策。

5. 需要引起动机,动机支配行为,行为又指向一定的目标。了解激励的模式才能更好地提高人的劳动积极性。激励是管理的重要职能,有利于激发和调动员工的积极性;有助于增强组织的凝聚力;有助于将员工的个人目标与组织目标统一起来;造就良性的竞争环境;留住企业优秀人才等。

6. 激励理论可以分为内容型、过程型和强化型。本章主要介绍了需要层次论、双因素理论、期望理论、强化理论、公平理论、成就需要理论、归因理论。

7. 在具体实践活动中,合理运用激励原则和方法。

8. 当下新创中小微企业中较为推崇的领导风格有领袖魅力型、交易型、变革型和道德型。

9. 新创企业的沟通信息不仅来自个体间的人际交流,还包括组织内沟通的管理信息。组织沟通可以分为纵向沟通、横向沟通和非正式沟通。

思考与练习

◇ 选择

1. 管理方格图中,9.9型对应的是(　　)领导方式。
   A. 任务型　　　B. 乡村俱乐部　　　C. 团队型　　　D. 贫乏型

2. 领导者的(　　)取决于领导者的知识和技能。
   A. 法定权　　　B. 仿效权　　　C. 专长权　　　D. 奖励权

3. 下列西方管理家中,提出权变理论的是(　　)。
   A. 吉沙利　　　B. 费德勒　　　C. 布莱克　　　D. 施米特

4. 需要层次论认为,人的最低层需要是(　　)。
   A. 生理需要　　　B. 安全需要　　　C. 尊重需要　　　D. 社交需要

5. 激励理论可分为内容型激励理论、过程型激励理论和(　　)。
   A. 期望型激励理论　　　　　　B. 强化型激励理论
   C. 成就需要激励理论　　　　　D. 双因素激励理论

◇ 案例讨论

东方博远公司创立初期,团队内部就签署了协议,明确每个团队成员的名义股份以及按服务时间逐步释放的原则,例如技术总监名义股份为10%,则这些股份应该在三年工作且发挥相应作用之后才能够得到。一开始,他能够得到该名义股数的34%,以后每工作满一年便能够得到另外的22%。如果工作满两年,其将得到的是10%×(34%+22%+22%)=7.8%的股份,剩余2.2%将添加到由CEO代持的预留股份中。名义股份的具体调整在工商行政管理部门变更公司章程时得以实现。这种做法较好地实现了团队成员的持续激励,能够较好地解决团队成员中途离开公司可能出现的问题。

讨论问题:如果你是一名创业者,你将制定什么样的制度持续激励团队成员呢?

项目五

控 制

课件及参考答案

能力目标

1. 能对部门实施控制；
2. 能运用现代控制方法；
3. 能够识别中小微企业创业过程中可能存在的风险和危机，并掌握相关控制方法。

知识目标

1. 了解控制职能的含义，理解管理控制的基本类型。
2. 掌握控制的基本程序。
3. 掌握现代控制技术和方法。

素质目标

通过对管理控制的理论学习，以及对实际案例的分析与讨论，培养学生具备管理人员的基本素质，具备工作质量和产品质量控制素养。

导入案例 5-1

麦当劳公司的管理控制(McDonald's Corporation)

MCD是全球最大的连锁快餐企业，是由麦当劳兄弟和Ray Kroc在50年代的美国开创的以出售汉堡为主的连锁经营的快餐店。

麦当劳的黄金准则是顾客至上，顾客永远第一。提供服务的最高标准是质量(Quality)、服务(Service)、清洁(Cleanliness)和价值(Value)，即QSC&V原则。这是最能体现麦当劳特色的重要原则。Quality是指麦当劳为保障食品品质制定了极其严格的标准。例如，牛肉食品要经过40多项品质检查；食品制作后超过一定期限(汉堡包的时限是10分钟、炸薯条是7分钟)，即丢弃不卖；肉饼必须由83%的肩肉与17%的上选五花肉混制等。严格的标准使顾客在任何时间、任何地点所品尝的麦当劳食品都是同一品质的。Service是指按照细心、关心和爱心的原则，提供热情、周到、快捷的服务。Cleanliness是指麦当劳制定了必须严格遵守的清洁工作标准。Value代表价值，是后来添加上的准则(原来只有Q、S、C)，加上V是为了进一步传达麦当劳的"向顾客提供更有价值的高品质"的理念。也可以说，QSC&V原则不仅体现了麦当劳的经营理念，而且因为这些原则有详细严格的量化标准，使其成为所有麦当劳餐厅从业人员的行为规范。

严格的检查监督制度，为了使各加盟店都能够达到令消费者满意的服务与标准化，除了上述理念和规范以外，麦当劳公司还建立了严格的检查监督制度。麦当劳体系有三种检查制度：一是常规性月度考评，二是公司总部的检查，三是抽查(在选定的分店每年进行一次)。公司总部统一检查的表格主要有食品制作检查表、柜台工作检查表、全面营运评价表和每月例行考核表等；公司总部的抽查资料有分店的账目、银行账户、月报表、现金库和重要档案等，详略不等。而对每个分店的一年一次的检查一般主要由地区督导主持，主要检查现金、库存和人员等内容。地区督导常以普通顾客的身份考察食品的新鲜度、温度、味道、地板、天花板、墙壁、桌椅等是否整洁卫生,柜台服务员为顾客服务的态度和速度等。

麦当劳非常重视员工培训,并建立了较完备的培训体系。这为受许人成功经营麦当劳餐厅、塑造"麦当劳"品牌统一形象提供了可靠保障。麦当劳的培训体系是在职培训与脱产培训相结合。脱产培训主要是由位于芝加哥的汉堡大学(Hamburger University)完成。汉堡大学是对分店经理和重要职员进行培训的基地。1992年在北京开办的中国第一家麦当劳餐馆的4名管理人员就毕业于汉堡大学。汉堡大学提供两种课程的培训,一种是基本操作讲座课程(BOC),目的是教育学员制作产品的方法、生产及质量管理、营销管理、作业与资料管理和利润管理等;另一种是高级操作讲习课程(AOC),主要用于培训高层管理人员培训上,其内容包括QSC&V的研究、提高利润的方式、房地产、法律、财务分析和人际关系等。

正是麦当劳这种管理控制方法和严格的检查监督制度使得麦当劳得以在世界范围内推广,麦当劳餐厅遍布在全世界六大洲百余个国家,成为全球餐饮业最有价值的品牌。

(案例来源:https://www.baidu.com/link? url)

分析:
1. 麦当劳提出的以QSC&V原则为核心内容的公司文化在管理控制中有何作用?
2. 麦当劳运用了哪些控制手段和方法?
3. 麦当劳公司的控制在经营管理活动中起到了哪些作用?

控制是管理工作的第4大职能。在管理过程循环中,如果说制定计划是管理工作的第一步,然后是组织和领导计划的实施,那么,接下来的问题便是要考虑计划实施的结果如何,计划所确定的目标是否得到顺利实现,甚至计划目标本身制定得是否科学合理?要弄清楚这些问题并采取妥善的处理措施,就必须开展卓有成效的控制工作。

任务1 控制职能与控制过程

任务1.1 控制职能

1. 控制的含义

(1) 控制的必要性。控制是日常生活中的常见现象。汹涌的大海上,需要依靠舵手的"掌舵术"将偏离航线的船只拉回到正确的航道上,确保平安到达目的地。足球教练在比赛之前给球队制定比赛战术,赛中利用暂停指导队员改变战术,比赛过程中换人和赛后总结获胜、失利的经验教训等,都是为了球队取得预期的绩效。控制是必要的,控制是使活动达到预期目标的保证。

在现代管理活动中,制定的计划是针对未来的,由于各方面原因,制定计划时不可能完全准确、全面,计划在执行中也会发生变化,因此,为了达到目标,实行控制是非常必要的。控制是管理工作的最重要职能之一,它与计划、组织和领导等职能保持协同关系,组成管理系统。控制职能可以有效对付环境的不确定性对组织活动的影响,是保持组织计划与实际运作动态相适应的管理职能。控制可以使复杂的组织活动协调一致地运作,可以避免和减少管理失误造成的损失,防范风险发生和舞弊行为。控制是保证一个组织的目标实现而采取的各种必要活动所不可缺少的措施。如果没有有效的控制系统,一个社会和组织就会杂乱无章,就会脱离正确的轨道。

在现代社会中,竞争日趋激烈,组织所处的内、外部环境是一个复杂、多变而不稳定的环境。一个组织如果没有一个有效的控制系统,就不可能适应环境的变化,就有可能导致原有计划的失败,使既定的目标不能实现。许多组织感到难以通过计划来控制计划期内的管理活动,不时发出"计划赶不上变化"的感慨和抱怨。其实这种问题的产生不能简单地归咎于环境变化太快,可能与组织对管理控制理论不够充分、应用不够灵活有更大的关系。所有组织都应该要实施管理控制,一些成功的组织将强化管理控制作为秘招;也有些组织却由于忽视、漠视管理控制,造成巨大亏损以致破产,如"毒大米""苏丹红""三聚氰胺"及近期的"瘦肉精"和"牛肉膏"等事件,均暴露出某些组织在整个生产管理上对管理控制的缺失的问题。

企业在开展生产经营活动中,由于受外部环境和内部条件变化的影响,实际执行结果与预期目标不完全一致的情况是时常发生的。对管理者来讲,重要的问题不是工作有无偏差,或者是否可能出现偏差,而在于能否及时发现已出现的偏差或预见到潜在的偏差,采取措施予以预防和纠正,以确保组织的各项活动能够正常进行,组织预定的目标能够顺利实现。

(2)控制的概念。"控制"一词的出现,可以追溯到很久以前。早在古希腊时期,柏拉图(Plato)就使用了"控制论"这个词,原意是国家和"掌舵的艺术",是指领航者通过发号施令将偏离航线的船只拉回到正常的轨道上来。由此可以说,控制概念的最核心含义,就是维持朝向目的地的航向,或者说维持到达目标的正确行动路线。古代的控制思想和实践主要是关于自动机械的思想和实践。据史料记载,早在4000多年前的中国古代,就已经有了自动计时的"铜壶滴漏"装置(时间控制)以及自动定向的"指南车"了。近代的控制大多应用于机械化大生产基础上的自动调速技术等领域,而现代,控制则向自动化、智能化方向发展了。

控制是管理工作过程中一项不可缺少的职能,其定义最早是由法约尔确定的。他曾经说过:"在一个企业中,控制就是核实所发生的每一件事是否符合所规定的计划、所发布的指示以及所确定的原则,其目的就是要指出计划实施过程中的缺点和错误,以便加以纠正和防止再次出现同样的错误。控制对每件事、每个人、每个行动都起作用。"由此可见,控制应该贯穿在计划实施的每个阶段、每个部门,所以每个管理者都有控制职责。

基于以上这种认识,古典管理理论认为,控制是指管理人员为保证实际工作能与计划一直而采取的一切行动。按照这一观点,控制职能包括为组织配备得力的管理人员,挑选和安排合格的职工,伴之以使用奖励和制裁等。所有的管理者都应当承担控制的职能,即使他的部门是完全按照计划行动的。因为管理者对已经完成的工作与计划所应达到的标准进行比较之前,并不知道部门的工作是否运行正常。一个有效的控制系统可以保证各项行动完成的方向是朝着组织目标进行的。确定控制系统的有效性的准则就是看它在促进组织目标实现中是否发挥了应有的作用。控制系统越是完善,管理者实现组织的目标就越是容易。

现代管理理论认为,控制一次具有多重含义,主要包括:限制或抑制;指导或命令;核对或验证。这三方面从广义地说,对一个组织或其管理过程都是重要的。但狭义地讲,侧重在预计或验证,即使组织业务活动的绩效与达到目的或目标所要求的条件相匹配的控制。因此,可以说控制就是按照计划标准衡量计划的完成情况,纠正计划执行过程中的偏差,确保计划目标的实现。从现代管理角度来说,控制就是"纠偏"。它还应该能促使管理者在适当的时候对原定的控制标准和目标做适当地修改,以便把不符合客观需要的活动拉回到正确的轨道上来。这种导致控制标准和目标发生偏差的行动简称为"调适"。这种"调适"是现代意义下企业控制工作的有机组成部分。

理解控制的含义,需要掌握以下几点:

第一,控制是管理过程的一个阶段,它将组织的活动维持在允许的限度内,它的标准来自人的期望。这些期望可以通过目标、指示、计划、程度或规章制度的形式含蓄地或明确地表达出来。从广义上讲,控制的智能是使系统以一种比较可靠的、可信的、经济的方式进行活动。而从实质上讲,控制必须同检查、核对或验证联系起来,这样才有可能使控制根据由计划过程事先确定的标准来衡量实际的工作。

第二,控制是一个发现问题、分析问题、解决问题的全过程。组织开展业务活动,由于受外部环境、内部条件变化和个人认识问题、解决问题能力的限制,经常会出现结果与目标产生偏差这样的现象。对于管理者来说,需要及时发现这样的问题,采取恰当的措施,从而保证业务活动的顺利进行。

第三,控制职能的完成需要一个科学的程序。要实施控制,需要三个基本步骤,即确立标准、测量实绩与界定偏差以及偏差的矫正。没有标准就不可能有衡量实际成绩的根据,没有比较就无法知道实行的好坏,不规定纠正偏差的措施,整个控制过程就会成为毫无意义的活动。因而,控制职能的三个基本步骤,需要建立在有效的信息系统之上。

第四,控制要有成效,必须具备以下要素:控制系统必须具有可衡量性和可控制性,人们可以据此来了解标准;有衡量这种特性的方法;有一种用来比较实际结果和计划结果,并评价两者之间差别的方法;有一种调控系统以保证必要时间调整已知标准的方法。

第五,控制的目的是使组织管理系统以更加符合需要的方式运行,使它更加可靠、更加便利、更加经济。因此,控制所关心的不仅是与完成组织目标有直接关系的时间,而且还要使组织管理系统维持在一种能充分发挥其职能,以达到这些目标的状态。

(3)计划与控制的关系。所谓控制,从其最传统的意义方面说,就是按照计划标准来衡量所取得的成果并纠正所发生的偏差,以确保计划目标的实现。

控制与计划既是互相区别,又紧密相连的。计划为控制工作提供标准,没有计划,控制也就没有依据。但如果只编制计划,不对其执行情况进行控制,计划目标就很难得到圆满实现。控制与计划两职能之间的关系不仅体现在计划提供控制标准,而控制确保计划实现这一"前提"与"手段"的关系上。有些计划本身的作用就已具有控制的意义,如政策、程序和规则,它们在规定人们行动的准则的同时,也对人的行为产生极大的制约作用。又如,预算和进度表等形式的计划,它们既是作为计划工作的一个重要组成部分而得到编制的,同时又可以直接作为一种有效的控制工具。可见,某些计划形式实际上涵盖了控制的内容。另一方面,广义的控制职能实际上也包含了对计划的修改和重定。计划在执行过程中产生结果与目标之间的偏差,其原因除了执行不力外,还可能是计划之初对外部环境和内部条件估计出现失误,造成了目标设定过高或过低,或者是计划执行中所面临的内外环境条件出现了重大变化,导致目标脱离现实,这时,改变计划本身就是控制工作的一大任务。

2. 控制的作用

就整个企业组织而言,控制工作所发挥的作用可以归纳为两大方面:

(1) 防止和纠正偏差的发生,使计划执行结果符合计划目标的要求,这是控制确保组织的稳定运行的作用;

(2) 修改原订计划或重新制订新的计划,通过积极调整计划目标来保证组织对内外环境的适应性,这是控制确保组织的应变能力的作用。

案例 5-2:比尔的烦恼

在某大型电子零件批发公司的一家连锁商店里,刚出任经理的比尔正为一些事搞得心烦意乱。店里两位售货员,每天上午轮流去隔壁的自助餐厅喝咖啡,吃甜馅饼。因为少了一个售货员,顾客们在店里等候服务已经司空见惯。更令人头痛的是,这家零售商店的营业额一直达不到公司的平均水平。当比尔对售货员们谈及这两件事时,他们不屑一顾地答道:"你看看公司付给我们多少工资!你还能要求什么?"

比尔对他们回应道:"在我们讨论工资的事并且谈出点眉目来之前,有一件要紧的事,就是要你们明确知道我对你们的工作有什么要求。让我们来确定三件事:第一,在安排好的上班时间内,谁也不可以离开商店。当然,在你们的午餐时间里,你们爱干什么都行。第二,如果这家商店还要营业,不搬到别处去的话,我们每天的平均销售额应该是1000美元。总公司的记录表明,每位顾客大约购买5美元的货,那就是说,一天要接待200位顾客。我们是两位售货员当班,平均一下,我要求你们每人每天接待100位顾客。第三,就是你们怎样来接待顾客,我希望你们做到一丝不苟,礼貌周到。他们想了解什么,你们要有问必答。这三件事你们清楚了吗?如果是这样的话,让我们来瞧一瞧你们的工资袋,看看出了什么毛病,想一想根据我们对这项工作提出的要求,应该干点什么事来跟那工资袋相称。你们考虑考虑。"

(案例来源:https://www.docin.com/p-641281091.html)

讨论问题:

1. 顾客服务和营业收入都未能达到预期水平,而员工却在抱怨公司付给他们的工资太少了。到底哪一方面出了问题?

2. 比尔接任后对员工说的三件事,对员工绩效的改善会有效果吗?

任务1.2 控制的基本过程

控制工作作为管理工作中相对独立的一个环节，它也是由若干活动步骤组成的。管理工作中的控制过程也可以划分为如下几步：

1. 确立标准

控制标准的订立对计划工作和控制工作实际起着承上启下或连接的作用。如前所述，计划是控制的依据，但各种计划的详尽程度是各不一样的。有些计划已经制定了具体的、可考核的目标或指标，这些指标就可以直接作为控制的标准。但大多数的计划是相对比较抽象、概括的，这时需要将计划目标转换为更具体的、可测量和考核的标准，以便于对所要求的行为结果加以测评。企业控制工作涵盖的范围很广泛，因此，为实行控制而制定的标准也就有多种层次和多个方面。从最基层的工作任务控制角度来说，常用的控制标准有四类：一是时间标准，如工时、交货期等；二是数量标准，如产品产量、废品数量等；三是质量标准，如产品等级、合格率、次品率等；四是成本标准，如单位产品成本、期间费用等。举例来说，对企业生产工作的控制，可具体检查产量是否达到数量标准，原材料规格和产品合格率是否达到质量标准，产品在时间上是否按期生产出来并如期完成交货，原材料消耗及职工工资是否超出成本费用限制，等等。通过这种全方位的控制，就可以确保生产过程按质、按量、按时和低成本地实现计划规定的任务。

2. 测量实绩与界定偏差

对照标准衡量实际工作成绩是控制过程的第二步，它分为两个步骤：一是测定或预测实际工作成绩；二是进行实绩与标准的比较。控制既然是为了纠正实际工作结果与标准要求之间的偏差，就必须首先掌握工作实际情况。掌握实绩可以通过两种方式：一是测定已产生的工作结果，另一是预测即将产生的工作结果。无论哪种方式。都要以通过一定的方法（如亲自观察、口头与书面报告、抽样调查等）搜集到大量的有关信息作为基础。通过差距或偏差的确定，就可以发现计划执行中的问题。但并非所有偏离标准的情况均需作为"问题"来处理，这里有个容限的幅度。所谓容限，就是准许偏差存在的上限与下限范围，在这个界限范围内即便实际结果与标准之间存有差距，也被认为是正常的。

3. 分析原因与采取措施

解决问题首先需要找出产生差距的原因，然后再采取措施纠正偏差。所以，必须花大力气找出造成偏差的真正原因，而不能仅仅是头痛医头、脚痛医脚。对偏差原因作了彻底的分析后，管理者就要确定该采取什么样的纠偏行动。具体措施有两种：一是立即执行的临时性应急措施，另一是永久性的根治措施。对于那些迅速、直接地影响组织正常活动的急性问题，多数应立即采取补救措施。

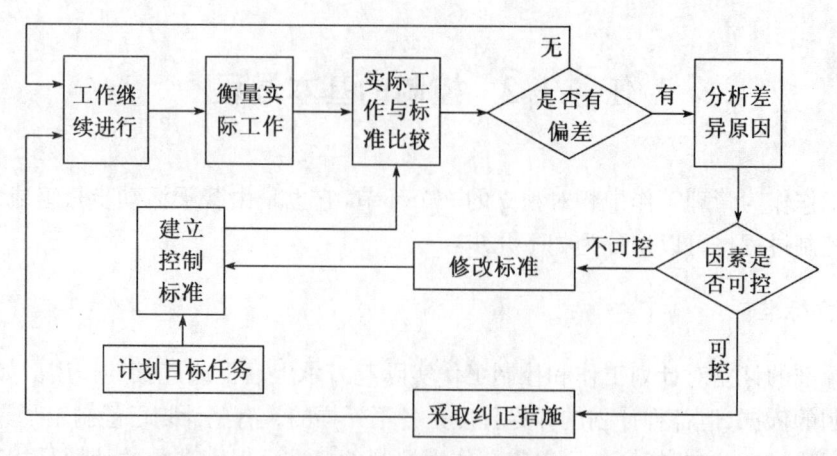

图 5-1 控制过程示意图

以上是从控制着眼于纠正偏差方面说的。但积极的控制还会引致计划的修改或重定，从这个角度来看，控制工作过程的步骤会有些变化，如第二步就不是衡量计划执行的当前和预期结果，而是要检测计划执行中内外环境条件已发生或将发生的变化，确定差距也不是进行实际与应该（标准）之间的比较或者实际与实际（历史水平或横向水平）的比较，而是主要进行应该与应该比较（查看标准、指标或目标间是否平衡一致）、应该与将来比较（查看决策前提的变化及决策本身的连续控制）。第三步针对差距采取措施，也不是着眼于纠正计划执行不力所引起的偏差，而更多考虑原计划制定不周或内外环境条件变化这些方面的问题，其行动措施的结果不是使实绩向目标、标准靠近，而是使计划目标和标准本身发生变化。

案例 5-3：哈勃望远镜

经过长达 15 年的精心准备，耗资 15 亿美元的哈勃太空望远镜最后终于在 1990 年 4 月发射升空。但是，美国国家航天局仍然发现望远镜的主镜片存在缺陷。由于直径达 94.5 英寸的主镜片的中心过于平坦，导致成像模糊。因此望远镜对遥远的星体无法像预期那样清晰地聚焦，结果造成一半以上的实验和许多观察项目无法进行。

更让人觉得遗憾的是，如果有一点更细心的控制，这些是完全可以避免的。镜片的生产商珀金斯-埃默公司，使用了一个有缺陷的光学模板生产如此精密的镜片。具体原因是，在镜片生产过程中，进行检验的一种无反射校正装置没设置好。校正装置上的 1.3 毫米的误差导致镜片研磨、抛光成了误差形状。但是没有人发现这个错误。具有讽刺意味的是，与其他许多 NASA 项目所不同的是，这一次并没有时间上的压力，而是有足够充分的时间来发现望远镜上的错误。实际上，镜片的粗磨在 1978 年就开始了，直到 1981 年才抛光完毕，此后，由于"挑战者号"航天飞机的失事，完工后望远镜又在地上待了两年。

美国国家航天局（NASA）中负责哈勃项目的官员，对望远镜制造中的细节根本不关心。事后航天管理局中一个 6 人组成的调查委员会的负责人说"至少有三次明显的证据说明问题的存在，但这三次机会都失去了"。

（案例来源：https://www.docin.com/p-86425552.html）

讨论题：
1. 哈勃望远镜出现问题的根源是什么？
2. 一件事情，无论计划做得多么完善，如果没有令人满意的控制系统，其结果会是怎样的？
3. 请谈谈你对计划、实施、控制与效果这几者间关系的认识。

导入案例5-4

"防差错技术"

防差错技术是在过程失误发生之前即加以防止，是一种在作业过程中采用自动作用、报警、标识、分类等手段，使作业人员不特别注意也不会失误的方法。例如可以在相似的零件上做出明显的防错标识，指导操作人员的装配，或者告诉消费者的使用，这些标识包括符号、文字和鲜艳的颜色等，我们使用的耳机上分别标明"L"和"R"用于区分左右就是这种应用。

某企业工艺配方中原料较多，有20~30种，一个配方一般有10多种原料。经常出现多配、少配、错配的现象，异常报废情况较多；人工称配料过程容易出现各种各样的无意识人为错误，比如拿错物料、选错秤体、忘记去皮、看出允差、记错数据、忘记校秤等，这些错误会造成无法持续而有效地保证产品质量，同时也会因此而浪费物料/造成损失，甚至影响生产任务和订单的正常交付。该企业正在尝试使用"防差错技术"解决以上问题。

讨论问题：
1. "防差错技术"是现场控制、前馈控制还是反馈控制？
2. 你能为这家企业设计出可应用的"防差错技术"吗？

任务2　控制基本类型及其比较

案例5-5：扁鹊三兄弟

魏文王问名医扁鹊说："你们家兄弟三人，都精于医术，到底哪一位医术最好呢？"扁鹊回答说："大哥最好，二哥次之，我最差。"

文王再问："那么为什么你最出名呢？"

扁鹊答说："我大哥治病，是治病于病情发作之前。由于一般人不知道他事先能铲除病因，所以他的名气无法传出去，只有我们家里的人才知道。我二哥治病，是治病于病情刚刚发作之时。一般人以为他只能治轻微的小病，所以他只在我们的村子里才小有名气。而我扁鹊治病，是治病于病情严重之时。一般人看见的都是我在经脉上穿针管来放血、在皮肤上敷药等大手术，所以他们以为我的医术最高明，因此名气响遍全国。"

文王连连点头称道:"你说得好极了。"

(案例来源:《史记·鹖冠子》)

案例启示:事后控制不如事中控制,事中控制不如事前控制,可惜大多数的事业经营者均未能体会到这一点,等到错误的决策造成了重大的损失才寻求弥补。弥补得好,当然是声名鹊起,但更多的时候是亡羊补牢,为时已晚。对企业高级领导来说,最重要的才能莫过于能做出正确的判断,而这种特殊才能将是电脑永远无法取代的。

控制工作按不同标准分类,可以划分为不同的类型,其中最主要的分类是根据控制点在控制过程中的不同位置,划分为前馈控制、现场控制和反馈控制。

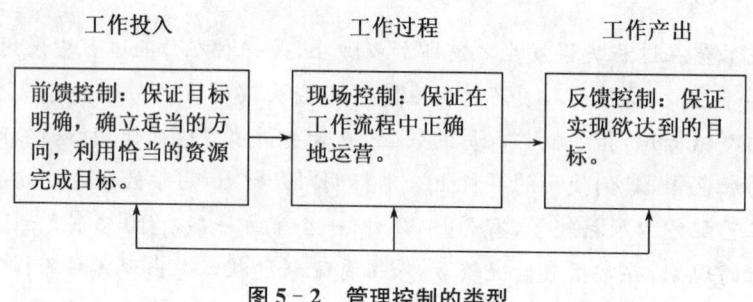

```
工作投入              工作过程              工作产出

前馈控制:保证目标   →  现场控制:保证在   →  反馈控制:保证
明确,确立适当的方      工作流程中正确       实现欲达到的目
向,利用恰当的资源      地运营。             标。
完成目标。
```

图5-2 管理控制的类型

任务2.1 常见的几种控制类型

1. 现场控制或同步实时控制

现场控制是一种同步、实时控制,即在活动进行的同时就施予控制。现场控制是指在某项活动或者工作过程中,管理者在现场对正在进行的活动或行为给予必要的指导、监督,以保证活动和行为按照规定的程序和要求进行的管理活动。现场控制是一种主要为基层主管人员所采用的控制方法。现场控制活动的标准来自计划工作所确定的活动目标、政策、规范和制度;现场控制的重点是正在进行的计划实施过程;现场控制的有效性主要取决于主管人员的个人素质。因此,主管人员的言传身教将发挥很大作用,进行现场控制时,要避免单凭主观意志进行工作,主管人员必须加强自身的学习和提高,亲临第一线进行认真仔细地观察和监督,以计划或标准为依据,服从组织原则,遵从正式指挥系统的统一指挥,逐级实施控制。

现场控制的方法有两种:一是驾驭控制,有如驾驶员在行车当中根据道路情况随时使用方向盘来把握行车方向。这种控制是在活动过程中随时监视环境因素的变动,一旦发现干扰因素介入便立即采取对策,以防执行中的偏差出现。另一是关卡控制,它规定某项活动必须经由既定程序或达到某种水平后才能继续进行下去。如企业中规定,某产品售价是否可以调整、某项投资是否继续都要经过有关主管人员的同意,生产过程中对在制品质量进行分段检验等,这些都起着关卡控制的作用。

2. 前馈或预防性控制

前馈控制是一种在计划实施之前,为了保证将来的实际绩效能达到计划的要求,尽量减少偏差的预防性控制。由于前馈控制把控制活动提前到组织活动开始之前,因而也称之为预先控制和事前控制。前馈控制的目的是保证高绩效,它在本质上有预防的作用,因此它属于一种预防性控制。它的工作重点并不是控制工作的结果,而是克服某些干扰或适应环境的变化,提前采取各种预防性措施,包括对投入自有的控制、主动修正指令,以防止工作过程中可能出现的偏差,保证预期目标的实现。他们可以通过提出各一个重要的但是经常被忽视的问题来减少以后出现的问题:在开始之前,我们需要做些什么?例如,麦当劳公司对事物成分的预先控制;企业中制定一系列规章制度让职工遵守,从而保证工作的顺利进行;为了生产处高质量的产品而对原材料质量进行入库检查;职工的岗前培训,等等,这些都属于前馈控制。

由于未来的不确定性,要实行切实的前馈控制也不是一件容易的事情,它需要及时和准确的信息,必须对整个系统和计划有透彻的分析,懂得计划行动本事的客观规律性,从而建立前馈控制的模式,要经常注意保持它和现实情况相吻合,并且输入变量数据,估算它们对预期的最终成果的影响,还要采取措施以保证最后结果合乎需要。由于管理人员不可能完全把握未来会发生的所有事件和可能导致的结果,因而,虽然前馈控制有许多优点,但在管理工作中也不能完全代替其他类型的控制工作。

由于未雨绸缪采取了防患于未然的行动,从而可以克服反馈控制系统的滞后性。

3. 反馈控制

反馈控制是在活动完成之后,通过对已发生的工作结果的测定来发现偏差和纠正偏差(此为负反馈),或者是在企业内外环境条件已经发生了重大变化,导致原定标准和目标脱离现实,这时采取措施调整计划(此为正反馈)。反馈控制实际上是一种事后的控制,故反馈亦称作后馈或事后控制。企业中使用最多的反馈控制包括财务报表分析、产成品质量检验、工作人员成绩评定等。反馈控制对于本次所完成的活动已不再具有纠偏的作用,但它可以防止将来的行为再出现类似的偏差。

正、负反馈和前、反(后)馈概念的区别和联系:
(1)正前馈是在预测环境条件变化基础上调整控制标准;
(2)正反馈是在比较控制标准与现实环境要求的差距后调整控制标准;
(3)负前馈是在预测工作实绩变化基础上矫正执行活动;
(4)负反馈是在比较现有工作实绩的差距后矫正执行活动。

案例 5-6:摆梯子

在某集团生产车间的一个角落,因工作需要,工人需要爬上爬下,因此,甲放置了一个梯子,以便上下。可由于多数工作时间并不需要上下,屡有工人被梯子所羁绊,幸亏无人受伤。于是管理者乙叫人改成一个活动梯子,用时,就将梯子支上;不用时,就把梯子合上并移到拐角处。由于梯子合上竖立太高,屡有工人碰倒梯子,还有人受伤。为了防止梯子倒下砸着人,管理者丙在梯子旁写了一个小条幅:请留神梯子,注意安全。

一晃几年过去了,再也没有发生梯子倒下砸到人的事。一天,外商来谈合作事宜。他们注意到这个梯子和梯子旁的小条幅,驻足良久。外方一位专家熟悉汉语,他提议将小条幅修改成这样:不用时,请将梯子横放。很快,梯子边的小条幅就改过来了。

(案例来源:https://wenku.baidu.com/view/8f156711aa956bec0975f46527d3240c8547a111.html)

讨论问题:

哪位管理者实施的是事前控制的?控制效率最高的是谁?本案例给我们的最重要的一个启示是什么?

任务2.2 其他控制类型简介

1. 战略控制、管理控制和任务控制

这是从问题的重要性和影响程度来划分的。任务控制亦称运营控制,主要是针对基层生产作业和其他业务活动进行的。其控制的主要任务是确保按质、按量、按期和按成本完成工作任务,因此以负反馈控制为主。

管理控制是一种财务控制,即利用财务数据来观测企业的经营活动状况,以此考评各责任中心的工作实绩,控制其经营行为。管理控制通称为责任预算控制。

战略控制是对战略计划实现程度的控制。战略控制中不仅要进行负馈控制,更常需要进行正馈控制。也就是说,在战略控制过程中常常可能引起战略计划重大修改或重新制订。因为这个缘故,人们倾向于将战略的计划与控制系统笼统地称作战略计划系统,而将任务的计划与控制系统称作是任务控制系统。同理,在较低层次的管理控制中以负馈为手段的常规控制占主要地位,随着组织层次的提高和管理责任的加重,正馈控制的成分就越来越大。

2. 外在控制与内在控制

这是按控制力量的来源来分类的。外在控制是指一单位或个人的工作目标和标准的制订,以及为了保证目标和标准的顺利实现而开展的控制工作,是由其他的单位或个人来承担,自己只负责检测、发现问题和报告偏差。例如,上级主管的行政命令监督、组织程序规则的制约等,都是外在强加的控制。与之不同,内在控制不是"他人"控制(它既不是来自上级主管的"人治",也不是来自程序规则的"法治"),而是一种自动控制或自我控制(称之为自治)。自我控制的单位或个人,不仅能自己检测、发现问题,还能自己订立标准并采取行动纠正偏差。例如,目标管理就是一种让低层管理人员和工人参加工作目标的制定(上下协商确定目标),并在工作中实行自主安排(自己决定实现目标的方法手段)、自我控制(自己检查评价工作结果并主动采取处理措施)的一种管理制度和方法。目标管理通过变"要我做"为"我要做",使人们更加热情、努力地去实现自己参与制定的工作目标。当然,目标管理只有在个人目标与组织目标差异较小、员工素质普遍较高时采用才容易奏效。而在目标差异较大、员工素质较低时，较多外在强加控制则是需要的。

3. 专业控制

控制工作可以按其所发生的专业领域进行分类，但在不同类型的组织中，由于其具体专业活动的内容不尽一样，所以控制对象也各异。从企业组织来看，其专业控制的内容有：① 库存控制；② 进度控制；③ 产量控制；④ 预算控制；⑤ 内部和外部审计；⑥ 人事管理控制等。

案例 5-7：不相容职务分离

不相容职务分离是内部控制的一个基本原理，通常需要分离的不相容职务包括授权与执行、执行与审核、执行与记录、保管与记录。所谓"管钱不管账，管账不管钱"就是不相容职务分离原理的典型运用。货币资金是最容易出现舞弊的一项资产，如果由出纳来负责领取银行对账单、编制银行存款余额调节表，就能很轻易挪用或侵占公司货币资金，并通过伪造对账单或在余额调节表上做手脚来掩盖。

会计卞某从1995～2003年的8年时间里，采用谎称支票作废、偷盖印鉴、削减金额、伪造银行进账单和信汇凭证、编造银行对账单等手段贪污、挪用公款人民币两亿余元。卞某担负资金收付的出纳职能，同时所有银行单据和对账单也都由他一手经办，使得他得以作案长达八年都没有引起怀疑。

（根据 https://wenku.baidu.com/view/369ea6a3a1c7aa00b42acb4b.html 改编）

讨论问题：
企业内控还有哪些基本原理或方法？

导入案例 5-8

肯德基的标准化

肯德基管理体系划分科学，标准化体系保障可靠，使得肯德基的食品品质和服务质量被我国消费者广泛熟知。

食品品质标准化，重点控制三个环节：一是原材料质量关。从质量、技术、财务、可靠性、沟通五个方面对供应商进行星级评估并实行末位淘汰，坚持进货索证，从源头上控制产品质量。二是工艺规格关。所有产品均有规范和数字化的操作生产程序。如"吮指原味鸡"在炸制前的裹粉动作要按照"七、十、七"操作法严格执行等。三是产品保质期。如炸鸡出锅后1.5小时内销不出去，就必须废弃；汉堡的保质期为15分钟；炸薯条的保质期只有8分钟。

服务质量标准化。强调服务是产品质量的延伸，时刻注意让顾客感受到服务员的热情礼貌和周到服务以及充分体验被肯德基尊重的感觉。把是否具有微笑服务意识当作录用员工的重要考核内容，并对新员工进行近200个工作小时的培训，确保员工拥有高水平的服务意识和服务技能。

(根据 https://www.doc88.com/p-180436610651.html?r=1 改编)

讨论问题：
所有产品均制定数字化的操作生产程序有什么好处？

任务3 有效控制方法与手段

引导案例5-9：决堤一定修堤吗？

春秋时期，楚国令尹孙叔敖在苟陂县一带修建了一条南北水渠。这条水渠又宽又长，足以灌溉沿渠的万顷农田，可是一到天旱的时候，沿堤的农民就在渠水退去的堤岸边种植庄稼，有的甚至还把农作物种到了堤中央。等到雨水一多，渠水上涨，这些农民为了保住庄稼和渠田，便偷偷地在堤坝上挖开口子放水。这样的情况越来越严重，一条辛苦挖成的水渠，被弄得遍体鳞伤，面目全非，因决口而经常发生水灾，变水利为水害了。

面对这种情形，历代苟陂县的行政官员都无可奈何。每当渠水暴涨成灾时，便调动军队去修筑堤坝，堵塞滑洞。后来宋代李若谷出任知县时，也碰到了决堤修堤这个头疼的问题，他便贴出告示说，"今后凡是水渠决口，不再调动军队修堤，只抽调沿渠的百姓，让他们自己把决口的堤坝修好。"这布告贴出以后，再也没有人偷偷地去决堤放水了。

(案例来源：李若谷治堤[J].人力资源.2007)

- 案例点评

这是一个有趣的故事，但是故事背后的寓意却值得我们做管理者的深思。如果在执行一项政策之前就把这当中的利害关系对执行者讲清楚，他们也许就不会了为自己的私利而做出损害团队利益的事情了，当然这只是对素质高的团队来说。

有的企业可能因为行业的原因，员工的素质都不太高，遇到这种情况即使你说明了利害关系他还是会为了自己的利益偷偷地去做一些损公肥私的事情，怎么办？严格有效地监督控制机制的建立就显得非常重要了。以人管理，总是有漏洞可循的，因为人都有弱点、有感情的。动物之间哪怕是猫和老鼠相处久了也会有感情也会相安无事。而制度呢？却能起到人所不能起到的作用。

当制度都不能发挥作用的时候，就只有利用李若谷的办法，以子之矛攻子之盾，当他发现这样做得到的好处还不如他损失的多的话，他自然也就不会再去做这样的事情了。所以说，不管具体用什么方法来执行，制定一套安全有效的内部控制制度是非常必要的。一个没有制度的企业只是一个货堆。

任务 3.1　控制点、控制标准的确定

控制标准的制定是控制能够有效实行的关键。没有切实可行的控制标准,控制就可能流于形式。标准是衡量实际工作绩效的依据和准绳,标准来自组织目标,但不等同于组织目标。在具体的业务活动中,笼统地将组织的计划目标作为标准是不行的,必须根据具体的作业特点设置标准,标准的设立应当具有权威性。

1. 确定控制对象

控制工作的最初始动机就是要促进企业有效地取得预期的活动结果,因此,要分析需要什么样的结果。这种分析可以从生产率、营利性、市场占有率等多个角度进行,并把它们列为需要控制的对象。由于企业无力也无需对所有活动进行控制,因而只能在影响经营成果的众多因素中选择若干关键环节作为众多控制对象。比如在酿造啤酒的过程中,影响啤酒质量的因素很多,但主要因素是水的质量、酿造的温度以及酿造的时间。这三个因素控制好了,就能基本保障啤酒的质量。标准可以是多种多样的,其中最好的标准就是可考核的目标,不论用定量形式表示,还是用定性形式表示。不同的业务领域、不同种类的活动各有不同形式的控制标准。但是就其基本类型而言,表示标准的方法或形式,主要有以下几种:

（1）用实物量表示标准,如每月的产量。
（2）用价值量表示标准,这是最常用的标准,包括资金标准、收益标准、成本标准等。
（3）使用时间表示标准,如各种工时定额、完成任务的限期等。
（4）用定性指标表示标准,如企业的经营方向。控制的对象有的可以借助一定的量化指标来表示,而有的则只能使用定性标准。

2. 选择关键控制点

对于简单的经营活动,管理人员可以通过对所做工作的亲自观察来实行控制。但是,对于复杂的经营活动,主管人员就不可能事事都亲自观察,而必须选出一些关键控制点,加以特别的注意。有了这些关键点给出的各种信息,各级管理人员可以不必详细了解计划的每一细节,就能保证整个组织计划的贯彻执行。

关键控制点是业务活动中的一些限定性不利因素,或是能使计划更好地发挥作用的有利因素。不同的组织部门,其性质、业务有其特殊性,所要计量的产品和劳务不同,所要执行的计划方案数不胜数,因而,可能有完全不同的关键控制点。比如,某企业在落实产品生产成本计划时,主要控制点是重点制造部门的生产成本和材料部门的采购成本。另一家企业制定了发展计算机管理信息系统的规划,选中的关键控制要素为:由信息部门负责系统设计与各部门的协调工作,抓好数据库的建设,各个部门领导要参加项目审批过程。选择关键控制点的能力是一种管理艺术,有效的管理控制取决于这种能力。

对关键控制点的选择,主要考虑三个方面:
（1）影响整个工作运行过程的重要操作与事项;

(2) 能在重大损失出现之前显示出差异的事项;

(3) 若干能反映组织主要绩效水平的时间与空间分布均衡的控制点。

选择了关键控制点之后,需要考虑进一步的问题,比如:如何设计该控制点的目标?如何衡量出现的偏差?谁应对哪些失误负责?哪些信息反馈价值最大、最经济实用,等等。具体说来,就是要制定一些客观的标准。

3. 制定标准的方法

确定了建立标准的范围后,就应根据具体情况的需要,选择适当的方法制定标准。主要有三种方法。

(1) 统计分析法

统计分析法是根据企业的历史数据资料以及同类企业的水平,运用统计学方法来确定企业经营各方面工作的标准。用统计计算法制定的标准,称为统计标准。

统计分析法的优点:方法简单,工作量小。

统计分析法的缺点:定额的准确性差,可靠性差。① 对历史统计数据的完整性和准确性要求高,否则制定的标准没有任何意义;② 统计数据分析方法选择不当会严重影响标准的科学性;③ 统计资料只反映历史的情况而不反映现实条件的变化对标准的影响;④ 利用本企业的历史性统计资料为某项工作确定标准,可能低于同行业的先进水平,甚至是平均水平。

(2) 经验估计法

估计法又分为经验估计法和比较估计法,是由有经验的人员根据自己多年实际经验,通过对实物进行观察而得出数据的一种方法。如清查建筑工地的砂石料、清查企业中用作燃料的煤堆数量等,都可采用经验估计法。这种方法的优点事简单易行,工作量小,缺点是受主观因素影响大,准确性差。

(3) 工程标准法

工程标准法是根据对具体工作情况做出客观的定量分析来制定标准的一种方法。它不是利用现成的历史数据,也不是考管理者的经验判断,而是对实际发生的活动进行测量,从而订立出符合实际的可靠标准。用这种方法订立标准,一般是更科学,更可靠的,因为它是以实际测量为基础的。但这种方法也有一定的局限性,即有些实际工作测量的难度是很大的,而且现在的实际又难以反映未来的变化。

案例 5-10:危害分析关键控制点 HACCP

凯远食品有限公司为提高出口肉鸡的卫生质量,对出口冻肉鸡加工生产的主要环节:水洗前、水洗后、预冷后、装袋前、冻成品及加工用水、冷却水以及车间空气、加工人员等进行细菌总数、大肠菌群、金葡萄和沙门氏菌 4 项检测,通过检测数据分析找出出口冻鸡加工中微生物污染的关键控制点。

(案例来源:李爱玉.出口肉鸡微生物检测及加工的关键控制点[J].食品科学)

讨论问题:

试找出服装或汽车生产企业的关键控制点?

任务 3.2 有效控制的必要条件和控制方法

1. 有效控制的必要条件

要实施有效控制,就必须具备一些条件,主要有三个必备条件:
(1) 控制标准,没有标准就没有控制。
(2) 受控系统的相关信息,得不到准确与足够的信息也无法实现有效控制。
(3) 必要的权利,即必须拥有能够纠正偏差的权力。

2. 有效的控制方法

管理控制中有许多不同种类的控制手段和方法,有些方法属于传统的控制方法,例如预算控制和非预算控制。另外一些方法,例如计划评审法,则代表了新的计划和控制方法,它说明科学技术的进步、社会活动规模的扩大必然伴随着管理理论的发展和管理技术的进步。从控制范围的构成看,有些方法是适用于局部控制的,例如程序控制方法,而另一些方法是用于综合控制的,例如损益控制法。随着组织规模的扩大和分权管理的发展,对管理工作的综合控制显得日益重要。其中有单一的控制手段,也有综合性的控制工具。此外,我们还注意一个显著的特点,那就是许多控制方法同时也是计划方法。

(1) 预算控制

在管理控制中使用最广泛的一种控制方法就是预算控制。预算是以数量形式表示的计划。预算的编制是作为计划过程的一部分开始的,而预算本身又是计划过程的终点,是一种转化为控制标准的数量化的计划。西方与我国习惯所用的"预算"概念,在含义上有所不同。在我国,"预算"一般是指经法定程序批准的政府部门、事业单位和企业在一定期间的收支预计,而西方的预算概念则是指计划的数量说明,不仅是金额方面的反映。

预算控制最清楚地表明了计划与控制的紧密联系。不过,在一些非营利的组织中,例如政府部门、大学等,却普遍存在着计划与预算脱节的情况,二者是分别进行的,而且往往互不通气。在许多组织中,预算编制工作往往被简化为一种在过去基础上的外推和追加数量的过程,而预算审批则更简单,甚至不加研究调查,就以主观想象为根据任意削减预算,从而使得预算完全失去了应有的控制作用,偏离了其基本目的。正是由于存在这种不正常的现象,促使新的预算方法发展起来,它们使预算这种传统的控制方法恢复了活力。

① 预算的性质与作用。预算就是用数字编制未来某一个时期的计划,也就是用财务数字或非财务数字来表明预期的结果。这表明:

预算是一种计划,从而编制预算的工作是一种计划工作。预算的内容可以概括为:"多少"——为实现计划目标的各种管理工作的收入(或产出)与支出(或投入)各是多少;"为什么"——为什么必须收入(或产出)这么多数量,以及为什么需要支出(或投入)这么多数量;"何时"——什么时候实现收入(或产出)以及什么时候支出(或投入),必须使得收入与支出取得平衡。

预算是一种预测。它是对未来一段时期内的收支情况的预计。作为一种预测,确定预算数字的方法可以采用统计方法、经验方法或工程方法。

预算主要是一种控制手段。编制预算实际上就是控制过程的第一步——拟定标准。由于预算是以数量化的方式来表明管理工作的标准,从而本身就具有可考核性,因而有利于根据标准来评定工作绩效,找出偏差(控制过程的第二步),并采取纠正措施,消除偏差(控制过程的第三步)。无疑,编制预算能使确定目标和拟定标准的计划得到改进。但是,预算的最大价值还在于它对改进协调和控制的贡献。当为组织的各个职能部门都编制了预算时,就为协调组织的活动提供了基础。同时,由于对预期结果的偏离将更容易被查明和评定,预算也为控制中的纠正措施奠定了基础。所以,预算可以导致出更好的计划和协调,并为控制提供基础,这正是编制预算的基本目的。

如果要使一项预算对任何一级的主管人员真正具有指导和约束作用,预算就必须反映该组织的机构状况。只有充分按照各部门业务工作的需要来制定、协调并完善计划,才有可能编制一个足以作为控制手段的分部门的预算。把各种计划缩略为一些确切的数字,以便使主管人员清楚地看到哪些资金将由谁来使用,将在哪些单位使用,并涉及哪些费用开支计划、收入计划和以实物表示的投入量和产出量计划。主管人员明确了这些情况,就有可能放手地授权给下属,以便使之在预算的限度内去实施计划。

② 预算的种类。预算在形式上是一整套预计的财务报表和其他附表。按照不同的内容,可以将预算分为经营预算、投资预算和财务预算三大类。

◆ 经营预算,是指企业日常发生的各项基本活动的预算。它主要包括销售预算、生产预算、直接材料采购预算、直接人工预算、制造费用预算、单位生产成本预算、推销及管理费用预算等。

◆ 投资预算,是对企业的固定资产的购置、扩建、改造、更新等,在可行性研究的基础上编制的预算。它具体反映在何时进行投资、投资多少、资金从何处取得、何时可获得收益、每年的现金净流量为多少、需要多少时间回收全部投资等。由于投资的资金来源往往是企业的限定因素之一,而对厂房和设备等固定资产的投资又往往需要很长时间才能回收,因此,投资预算应当力求和企业的战略以及长期计划紧密联系在一起。

◆ 财务预算,是指企业在计划期内反映有关预计现金收支、经营成果和财务状况的预算。它主要包括"现金预算""预计收益表"和"预计资产负债表"。必须指出的是,前述的各种经营预算和投资预算中的资料,都可以折算成金额反映在财务预算内。这样,财务预算就成为各项经营业务和投资的整体计划,故亦称"总预算"。

③ 预算控制的风险。预算工作中存在着一些使预算控制失效的危险倾向。

◆ 预算过于烦琐带来的危险:由于对极细微的支出也做了琐细的规定,致使主管人员管理自己部门必要的自由都丧失了。所以,预算究竟应当细微到什么程度,必须联系到授权的程度进行认真酌定。过细过繁的预算等于使授权名存实亡。

◆ 让预算目标取代了企业目标带来的风险,即发生了目标的置换。在这种情况下,主管人员只是热衷于使自己部门的费用尽量不超过预算的规定,但却忘记了自己的首要职责是千方百计地去实现企业的目标。例如,某个企业的销售部门为了不突破产品样本的印刷费预算,在全国的订货会上只向部分参加单位提供了产品样本,因此丧失了大量的潜在用户,失去了可能的订货。

目标的置换通常是由两个方面的原因引起的:

◆ 没有恰当地掌握预算控制的度,例如预算编制得过于琐细,或者是制定了过于严厉的制裁规则以保证遵守,还可能制定了有较大吸引力的节约奖励措施,以刺激主管人员尽可能地压缩开支。

◆ 为职能部门或作业部门设立的预算标准,没有很好地体现计划的要求,与企业的总目标缺乏更直接的、更明确的联系,从而使这些部门的主管人员只是考虑如何遵守预算和程序的要求,而不是从企业的总目标出发来考虑如何做好自己的本职工作。

为了防止在预算控制出现目标置换的倾向,一方面应当使预算更好地体现计划的要求;另一方面应当适当掌握预算控制的度,使预算具有一定的灵活性。

◆ 预算潜在的效能低下的风险。预算有一种因循守旧的倾向,过去所花费的某些费用,可以成为今天预算同样一笔费用的依据;如果某个部门曾支出过一笔费用购买物料,这笔费用就成了今后预算的基数。此外,主管人员常常知道在预算的层层审批中,原来申请的金额多半会被削减。因此,申报者往往将预算费用的申请金额有意扩大,远远大于实际需要,所以,必须有一些更有效的管理方法来扭转这种倾向,否则预算很可能会变成掩盖懒散、效率低下的主管人员的保护伞。这样的方法一种是编制可变预算;另一种就是"零基预算法"。

案例 5-11:小镇的年度预算

张海是某地区一个小镇的镇长,他给小镇各业务部门起草了一份年度预算。在预算中,他把各部门的费用平均分配到十二个月里。过了半年,自来水厂从预算中省下不少钱。与此同时,公路保养部门却大大地超支了。张海尖锐地批评了保养公路的管理人员在控制使用预算上没有尽力,然而,在解决问题时,他提议把自来水厂积余的部分转到公路预算上,以此平衡这一年度的开支。李宏是公路管理人员,他说自己完全有理由为超支辩解。苏丽是自来水厂的主管,她坚决反对从预算中挪走那笔资金。

(案例来源:https://www.doc88.com/p-3147464337732.html? r=1)

讨论问题:公路管理人员有哪些理由为自己辩护?自来水厂的主管不愿挪走预算中积余的钱,她会有什么理由呢?那位镇长应该怎样改进他的预算程序?

(2)非预算控制。除预算之外,还有一些传统的管理过程控制方法,比如:

① 视察。视察可能算是一种最古老、最直接的控制方法,它的基本作用就在于获得第一手的信息。基层主管人员通过视察,可以判断出产量、质量的完成情况以及设备运转情况和劳动纪律的执行情况等;职能部门的主管人员通过视察,可以了解到工艺文件是否得到了认真的贯彻,生产计划是否按预定进度执行,劳动保护等规章制度是否被严格遵守,以及生产过程中存在哪些偏差和隐患等。上层主管人员通过视察,可以了解到组织的方针、目标和政策是否深入人心,可以发现职能部门的情况报告是否属实以及员工的合理化建议是否得到认真对待,还可以从与员工的交谈中了解他们的情绪和士气等。所有这些,都是主管人员最需要了解的,但却是正式报告中见不到的第一手信息。

视察的优点还不仅仅在于能掌握第一手信息,它还能够使组织的管理者保持和不断更新自己对组织的感觉,使他们感觉到事情是否进展得顺利以及组织这个系统是否运转正常。视察还能够使上层主管人员发现被埋没的人才,并从下属的建议中获得不少启发和灵感。此外,亲自视察本身就有一种激励下级的作用,它使得下属感到上级在关心着他们。所以,坚持经常亲临现场视察,有利于创造一种良好的组织气氛。

当然,主管人员也必须注意视察可能引起的消极作用。例如,也存在着这样的可能,即下属可能误解上司的视察,将其看作是对他们工作的一种干涉和不信任,或者是看作不能充分授权的一种表现。这是需要引起注意的。

尽管如此,亲临视察的显著好处仍使得一些优秀的管理者始终坚持这种做法。一方面即使是拥有计算机化的现代管理信息系统,计算机提供的实时信息、做出的各种分析,仍然代替不了主管人员的亲身感受、亲自了解;另一方面,管理的对象主要是人,是要推动人们去实现组织目标,而人所需要的是通过面对面的交往所传达的关心、理解和信任。

② 报告。报告是用来向负责实施计划的主管人员全面地、系统地阐述计划的进展情况、存在的问题及原因、已经采取了哪些措施、收到了什么效果、预计可能出现的问题等情况的一种重要方式。控制报告的主要目的在于提供一种如果有必要,即可用作纠正措施依据的信息。

对控制报告的基本要求是必须做到:适时;突出重点;指出例外情况;尽量简明扼要。通常,运用报告进行控制的效果,取决于主管人员对报告的要求。

③ 比率分析。对于组织经营活动中的各种不同度量之间的比率分析,是一项非常有益的和必需的控制技术或方法。"有比较才会有鉴别",也就是说,信息都是通过事物之间的差异传达的。

一般说来,仅从有关组织经营管理工作绩效的绝对数量的度量中是很难得出正确的结论的。

企业经营活动分析中常用的比率可以分为两大类,即财务比率和经营比率。前者主要用于说明企业的财务状况;后者主要用于说明企业经营活动的状况。

◆ 财务比率。企业的财务状况综合地反映着企业的生产经营情况。通过财务状况的分析可以迅速地、全面地了解一个企业资金来源和资金运用的情况,了解企业资金利用的效果以及企业的支付能力和清偿债务的能力。

◆ 经营比率。财务比率是衡量一个企业生产经营状况和财务状况的综合性指标。除此以外,还有一些更直接的比率,可以用来进一步说明企业的经营情况。这些比率称为经营比率。

④ 盈亏分析。所谓盈亏分析,就是根据销售量、成本和利润三者之间的相互依赖关系,对企业的盈亏平衡点和盈利情况的变化进行分析的一种方法,又称"量、本、利"分析。它是一种很有用的控制方法和计划方法。在盈亏分析中,将企业的总成本按照性质分为固定成本和变动成本(或可变成本)。所谓固定成本是指不随销售量变化而变化的那部分成本,例如折旧费、设备大修理费、办公费、新产品研制费等。变动成本则是指随销售量变化而变化的那部分成本,例如原材料、工时费、燃料和动力费等。固定成本、变动成本、销售量和利润之间的关系可用一种称之为"盈亏平衡图"的坐标图来描述。

盈亏分析在控制中的应用主要有以下几方面：预测实现目标利润的销售量；分析各种因素变动对利润的影响；进行成本控制；判断企业经营的安全率。

案例5-12：运动鞋的价格战

一家生产慢跑、网球等运动鞋的公司发现它的一些主要竞争对手在和它进行一场价格大战。为了弥补降低了的销售收入，公司经理安排了削减成本的计划，由三部分组成，主要目标是减少原材料成本的10%、生产成本的15%以及销售成本的5%。

（案例来源：https://www.docin.com/p-1789311125.html）

问题：公司打算用哪种控制手段来达到这些目标？

---

(3) 程序控制。在讨论计划的种类时，已阐述过程序的概念。程序是对操作或事务处理流程的一种描述、计划和规定。组织中常见的程序很多，例如决策程序、投资审批程序、主要管理活动的计划与控制程序、会计核算程序、操作程序、工作程序等。凡是连续进行的、由多道工序组成的管理活动或生产技术活动，只要它具有重复发生的性质，就都应当为其制定程序。

① 程序的性质

◆ 程序是一种计划

程序规定了如何处理重大问题以及处理物流、资金流、信息流等的例行办法。也就是说，对处理过程包含哪些工作、涉及哪些部门和人员、行进的路线、各部门及有关人员的责任，以及所需的校核、审批、记录、存贮、报告等，进行分析、研究和计划，从中找出最简捷的、最有效的和最便于实行的准确方案，要求人们严格遵守。

◆ 程序是一种控制标准

程序通过文字说明、格式说明和流程图等方式，把一项业务的处理方法规定得一清二楚，从而，既便于执行者遵守，也便于主管人员进行检查和控制。程序所隐含的基本假设是管理中的种种问题都是因为没有程序或没有遵守程序而造成的。

◆ 程序还是一种系统

② 程序的分析和制定方法

管理程序分析所依据的理论是管理的原理，分析的工具主要是业务流程图。业务流程图是利用少数具有特定含义的符号和文字说明，形象而具体地描述系统的业务流程，非常直观，便于记忆分析和对比。它不仅可用来设计管理程序，而且也是分析和设计计算机化的管理信息系统的主要工具。

管理程序的设计和说明，除采用流程图形式外，通常还包括程序说明以及对票据与账簿的格式、项目和填写要求的说明。

③ 程序控制的准则。实践经验表明，主管人员在对程序进行计划和控制时，应遵循下列准则。

◆ 使程序精简到最低程度。对主管人员来说，最重要的准则就是要限制所用程序的数量。程序控制有一些固有的缺点，例如增加文书工作的费用，压抑人们的创造性，对改变了的情况不能及时做出反应等；所有这些都是有关的主管人员在制定程序之前要反复考虑的。

换句话说,主管人员必须在可能得到的效益、必要的灵活性和增加的控制费用之间权衡得失利弊。

◆ 确保程序的计划性。既然程序也是计划,因而程序的设计必须考虑到有助于实现整个组织的(而不仅仅是个别部门的)目标和提高整个组织的效率。主管人员应当向自己提出如下的问题并做出满意的回答:程序是否已计划好？如果建立某一程序是必要的,那么所设计的程序能否收到预期的效果？能否有助于实现计划？例如,间接材料的发放程序必须起到监督间接材料的领用、控制间接材料的消耗、加强成本核算、降低成本、提高企业经济效率的作用。

◆ 把程序看成是一个系统。任何一个程序,无论是工资发放、材料采购、成本核算还是新产品开发等程序,其本身都是包含着许多活动的呈网络关系的系统。同时,从组织的整体角度来考虑,任何一个程序又都是一个更大的系统的组成部分或要素。我们可以将由许多程序组成的系统称为程序系统。将程序看作系统,就是要从整体的角度细微地分析和设计程序,务必使各种程序的重复、交叉和矛盾现象减少到最低限度。此外,将程序看作系统,还有助于主管人员追求整体的最优化而不仅仅是局部的次优化。

◆ 使程序具有权威性。程序能否发挥应有的作用,一方面取决于它设计得是否合理；另一方面取决于它执行得是否严格。程序要求人们按既定的方式行事,但人们往往总是想按照习惯的方式或是随意性的方式处理事情。这就给程序的实施带来不少阻力,因而也就对程序的控制提出严格的要求,这就是使程序具有权威性。

程序的重要性是毋庸置疑的。但由于程序的计划和控制单调枯燥,看似简单平凡,所以主持该程序的人往往得不到最高主管部门人员的关心和支持。在我国,真正对程序的计划和控制持认真态度的企业或其他组织还不多,即使在这些组织中,有的也只是"认真"过一个时期,后来因为各种原因而流于形式。所以,真正实行程序化、标准化管理并不是件容易的事。不过,我们也应当看到,随着改革开放的深入进行,随着各方面管理工作的不断完善以及引进、吸收、消化国外先进的管理方法、技术、手段等,有不少组织也已真正开始重视并认真对待其管理当中有关程序的制订和控制,并已取得良好的效果。实践经验证明,推行管理的程序化和标准化,是改革传统管理方式,实现管理现代化的重要步骤。

(4) 计划评审。当代的管理活动有两个显著的特点:时间成为做任何事都必须考虑的重要因素；协作关系十分复杂。例如,大型的军事工程、大型水坝的建设工程、大城市交通枢纽工程、企业中关键设备的检修工程等,都要求在规定的时间里,利用有限的资源完成十分复杂的工程项目。这就对计划与控制提出了很高的要求,需要有一套科学的计划与控制方法。计划评审技术就是适应这种需要而发展出的一种行之有效的科学管理技术。

所谓计划评审技术,是把工程项目当作一个系统,用网络图或表格或矩阵来表示各项具体工作的先后顺序和相互关系,以时间为中心,找出从开工到完工所需时间最长的关键线路,并围绕关键线路对系统进行统筹规划、合理安排以及对各项工作的完成进度进行严密控制,以达到用最少的时间和资源消耗来完成系统预定目标的一种计划与控制方法。

计划评审技术最初是美国海军特别规划处在建造北极星核潜艇的过程中发展起来的一种管理方法。由于应用了计划评审技术,使该项工程比原计划提前两年交付使用,取得了巨大的成功。随后,这种方法推广应用于民用工程管理和企业管理中。我国从60年代初期开始在国防、建筑、水利和冶金等部门推广使用,称之为"统筹法",也取得了显著绩效。

① 计划评审技术的特点

◆ 体现了系统工程的整体性、综合性和科学性的原理

◆ 能够帮助主管人员进行计划,并掌握全局,找出主要矛盾,抓住关键环节。通过网络分析,可以了解哪些工序是关键的,是必须保证的;哪些工序还有潜力可挖,从而可以在保证总工期的前提下,抽调非关键工序的人力和物力来支援关键工序。

◆ 能够有效地对工作进度进行控制,特别是当某道工序的完成进度拖期时,能够分析出它对全局的影响,便于及时采取正确的补救措施。

◆ 能够通过网络分析,得出完成计划的多个可行方案,从而为选取最优方案创造条件。

◆ 工程项目越复杂,其优点越显著。计划评审技术除了可以用于进度的计划和控制,还可以在资源有限的情况下进行负荷平衡,以求得工期尽可能短并能够充分利用资源的最优方案。此外,还可以对工程的费用开支进行优化以及对工程按期完工的可能性进行估算等。

② 计划评审技术的局限性。计划评审技术尽管有许多的优点,但也有一定的局限性。

(5)绩效审核。一般而言,大多数控制方法都是根据特定的控制对象而具体设计的,例如政策控制、程序控制、产品质量控制、生产费用控制、现金预算等。这些控制方法一般只针对组织某一方面的工作,其控制的重点是管理过程本身或是其中的某个环节,而不是管理工作的全部绩效和最终成果。但经验表明,高效率不一定带来高效益。因此,还必须提出一些能够控制企业整个工作绩效的方法。此外,在一些实行分权管理或事业部制的企业中,如何对那些具有相对独立性的单位或部门进行有效的控制,在不干预其内部管理过程的前提下使之达到预期的目标,也需要有一些有效的综合控制方法。

综合控制首要解决的问题是确定衡量全部绩效的标准。从根本上说,衡量一个组织全部工作绩效的综合标准和最终标准应是经济方面的指标(对企业来讲就是利润和利润率)。因此,一般说来,综合控制主要是财务方面的控制,也就是说从财务的角度控制那些直接影响经济指标(利润和利润)大小的因素,例如投资、收入、支出、负债等。

但是,利润和利润率高并不意味着企业就一定是管理完善,因为即使管理得很差,也可能因为在经营方面,例如销售、投资或利用环境机会方面做得出色而取得成就。经营毕竟不等于管理,经营顺利掩盖了其管理不善,这样的企业,一旦外部环境条件恶化,就会陷于困境甚至破产。因此,组织绩效的综合控制,还应包括对管理工作质量和水平的评价和控制。目前,这方面比较有效的控制方法之一,就是管理审核。

① 损益控制法。损益控制法是根据一个组织(企业)的损益表,对其经营和管理绩效进行综合控制的方法。由于损益表能够反映该企业在一定期间内收入与支出的具体情况,从而有助于从收支方面说明影响企业绩效的直接原因,并有利于从收入和支出的方面进一步查明影响利润的原因。所以,损益控制的实质,是对利润和直接影响利润的因素进行控制。显然,如果损益表能采取预测的形式,将会使控制更为有效。

一般说来,损益控制法主要适用于那些实行分权制或事业部制组织结构的企业,它将受控制的单位看作利润中心,也就是直接对利润负责的单位。实行损益控制意味着充分地授权。作为利润中心的单位或部门,可以按照他们认为是有利于实现利润的方式相对独立地开展经营。他们往往有权决定销售价格;有权订货、采购、制造、雇佣和解聘员工;有权决定

工资及奖金的分配制度等。

由此可见，一个组织其所属各部门各单位的职能越是完整，就越有利于实行严格的损益控制法。

由于损益控制法的优点，使得一些以职能制和专业化原则为基础组织起来的企业，在其内部的各部门之间也实行损益控制。例如，在一些大型机械制造企业中，将铸造、热处理、钣金、机加工、装配车间也看作是"利润中心"。铸造车间将铸件"出售"给机加工车间，而后者又将它的半成品"出售"给装配车间；装配车间再将产成品"出售"给销售部门；最后由销售部门出售给客户。严格地说，这种形式的利润中心只是一种"模拟利润中心"，相应的损益控制应当称为"模拟损益控制"。这种情况下，"利润"是根据预先制订的"内部转移价格"来计算的。这种"模拟损益控制"的好处是可以强化企业内部各部门的经济责任，强化各部门主管人员的成本意识和质量意识，使部门的目标与组织的目标取得较大程度的一致性。

当然，这种做法也存在一些缺点。一个主要的缺点是内部转移价格的制订和核算工作要花费大量的精力，而且很难完全准确，从而使内部利润并不能真正反映一个部门的工作绩效，结果形成"假账真算"，失去了应有的控制作用。所以，模拟损益控制只适用于产品比较单一、生产相对稳定、管理基础工作较好的企业。而一般不适用于政府部门或是企业的职能管理部门。

② 投资报酬率控制法。投资报酬率控制法是以投资额和利润额之比，从绝对数和相对数两方面来衡量整个企业或企业内部某一部门的绩效。这种方法与损益控制法的主要区别在于，它不是把利润看成一个绝对的数字，而是把它理解为企业运用投资的效果。由于企业的投资最终来源于利润，因此，如果企业的投资报酬率只相当于或者甚至低于银行利率，那么企业的投资来源便会趋于枯竭，从而使企业发展陷于停滞。所以，企业的目标不仅是最大限度的利润额，更应当是最大限度的投资报酬率。

对销售利润率和投资周转率的进一步分解和分析，可以透视出企业各个方面的财务情况和经营果。投资报酬率主要用于那些实行分权制或事业部制管理体制的企业的内部控制。在这种体制下，事业部不仅是利润中心，而且是投资中心。也就是说它不仅需对成本、收入、利润负责，而且还要对所占用的全部投资（即全部固定资产和流动资产）承担责任。这就有助于使事业部的主管人员从企业最高主管部门的角度来考虑自己的经营问题，有助于克服争投资、买设备、上项目，而不顾投资效果的倾向，使他们的经营行为合理化，使各个分权单位的目标与企业目标取得最大限度一致。

在那些典型的按职能和直线制组织起来的企业中，可以将投资报酬率控制法应用在不同的产品系列中。这需要按不同的产品系列分摊销售收入、销售费用、工厂成本以及固定资产和流动资产。其中直接成本的分摊比较简单，间接成本的分摊可以按工时或其他标准进行。销售费用可以按销售额分摊。此外，现金、应收账款等也可按销售额分摊，库存可以按产品系列分摊。固定资产的分摊比较困难，但如果生产组织是按产品专业化原则设计的，则分摊就容易得多。

尽管投资报酬率控制法有显著的优越性，但要建立一个投资报酬率控制系统却不是一件轻而易举的事。最大的困难也许是在观念方面，企业的部门主管人员习惯于从职能和专业的角度看待经营和管理问题，要使他们按损益控制法的要求来考虑经营和管理问题，就已经很不容易;若要求他们按投资报酬率控制法的要求来考虑问题和做决策,则会更加困难。

案例 5-13:美国通用电气公司(GE)的内部审计

GE 公司是美国最大的产业公司之一,也是世界上最大的电气公司。该公司有 12 大类产品和服务项目,包括家用电器、广播设备、航空机械、科技新产品开发、销售服务等。

GE 为其公司审计署规定了即使在美国公司中也可以说是标新立异的工作目标:超越账本、深入业务。这一措施的运用使得他们在检查和改善下属单位的经营状况、保证投资效果符合公司的总体战略目标和培养企业管理人才方面开创了极为成功的范例。

GE 的内部审计包括两类:首先是下属企业财务部门自己的审计,重点审查其自身经营情况和财务活动是否符合总公司的规定。其次是总公司一级的审计。最能代表 GE 特色的是其公司审计署的审计。

在审计工作开始之前,审计小组要做的工作是了解和研究情况,倾听其他有经验成员的各种想法和建议,他们形象地把这种调查研究称之为对自己大脑的一次知识和概念的"轰炸",在此之后才确定本次审计的目标。在审计中,审计小组对整个审计工作享有全面权利,召开调查会、进行个别谈话、收集情况和资料等活动都由他们自主安排。在这之后是分析情况、理清头绪、衡量各种问题间的相互影响。为了实现审计目标,他们可以做他们认为需要做的任何工作,目的只有一个:找出问题的解决方案。即便找到了解决办法,事情也远未结束。实施方案的具体建议一般由审计小组提出,而且他们总是要把新方案变成一种日常工作,具体落实后才肯罢手,以便在他们离开后能够坚持下去。在这过程中,审计小组要与被审计部门的领导和业务人员打无数次交道。总的来说,GE 公司内部审计已远远不是我们一般人所认为的审计概念了(一般人可能认为审计往往带有事后性质,而且也只是财务性质的),它成了 GE 对下属企业进行强有力控制的最有效工具,也是 GE 对其下属企业所有权的具体体现和保证。

(案例来源:季大成.美国通用电气公司(GE)的内部审计[J].中国内部审计.2004)

讨论问题:

为什么说内部审计是 GE 对下属企业进行强有力控制的最有效工具?

导入案例 5-14

什么样的企业能够成为百年老店?

柯林斯和波勒斯撰写的著作《基业长青》,在管理领域名闻遐迩。2002 年,这本书一经出版,便使无数企业家思考书中提出的一个问题:"什么样的企业能够成为百年老店?""成为百年老店",建立一个超越自己生命的伟大组织是许多创业者创业的真正动力,统计显示,目前我国企业平均的寿命是七年左右。

《基业长青》的作者所研究的目标公司都是当时被称为"高瞻远瞩"的公司,作者对"高瞻远瞩公司"的定义是整个市场都可能过时和消失,但是高瞻远瞩的公司却会长期枝繁叶茂,经历很多次产品生命周期,经历很多代管理者而继续生存。

真的有基业长青的企业吗?在我国悠久的历史长河中,有很多基业长青的企业。距今已经有着近500年历史的六必居,主营柴米油盐这些最有生活气息的东西;药企马应龙从创立到发展至今,也已经有四百多年的历史。

其实,现实中基业长青的企业很多都是中小企业,日本据说有1万多家超过150年的企业,其中有很多都是规模不大的家族企业,比如说"庆云馆"——世界上最古老的旅馆,再比如说"金刚组"——一家专门承接寺院建筑的公司。

"金刚组"曾是地位崇高的寺社建筑典范,也是颠沛于战火之中的军用木箱制造作坊,也曾被外界指摘为经营失败,不思求进。

不管"金刚组"经营制度如何改变,也曾被世人淡忘。但自古至今,金刚组一直推崇"职人技"和"工匠精神"。工匠加藤博文说,整个四天王寺的建筑,木柱和横梁的接驳关节没用一颗钉子,这是金刚组世代传承的古法。"我们用纯木材纵横卡位的技术支撑屋顶,使修复变得简单"。

直到今天,金刚组仍在坚持用传统建造技术,大梁、立柱、雕花、楔子,全部用手工打磨。在这些精美的柱子和横梁连接的内侧部位,经常可以看到如"坚固田中"的字样,只有检修拆开才能发现。"这是金刚组师傅的习惯,是给未来的人看的,要传达的意思是:这个时代是我创造的!"数百年后无论何时改修,工匠后辈们都可以感受到前人的心意。

只要对于杉木材料的精选态度,对于工艺的坚持,对于诸如此类传统技术的敬畏与执着不变,那么终会有一个契机足以令它再兴。保护所能保护的,适应必须适应的,这或许是金刚组最近一百年来最有体会的道理。

至少它保护住了它所能保护的东西,并且长达1400年。

(根据 https://www.sohu.com/a/112515934_465378 改编)

讨论问题:

"金刚组"的历史对创业者有何启示?

任务4 中小微企业创业控制

任务4.1 新创中小微企业投资风险控制

投资是每家新创中小微企业获取投资收益的必经之路,投资可以帮助企业进行价值创造以获得更大的利益。新创企业常见的投资活动包括购置生产设备、建筑物、人才培训、研发等内部投资;还有股票投资、债券投资、基金投资等证券投资的外部投资。市场的投资风险是无所不在的,因此需要控制投资风险。投资方向的正确与否是影响企业未来发展的重要因素,投资失败将导致企业遭受本金损失及收益损失。通常,投资的风险越大,投资回报也越高,因此企业应设立合适的收益目标,采取措施对风险进行控制。

1. 投资风险成因

(1) 主观因素。许多中小微企业的投资决策依然靠创业者几个人或一个人拍板决定,造成投资决策过于主观的问题。在固定资产投资决策中,许多企业并没有组织强有力的团队对项目的可行性进行周密的分析,决策时掌握的市场信息并不全面甚至不准确,导致对投资风险估计不足,引发错误的投资决策。最直接的原因就是企业对于产业发展过于乐观,无视其中的风险,导致投资的盲目性。另外投资结构不合理,由于自身的融资能力有限,导致企业资金投入的来源不合理,大部分资金都是债务性资金,一旦企业投资失败将带来巨额债务。这些因素都和企业内部控制水平有很大关系,内控水平较高或者风险意识较强的企业的不良投资较少。

(2) 客观因素。企业投资的社会环境也较为复杂,而且项目的投资周期较长,在遭遇外部不利变化时,将会影响收益,甚至亏损本金。这种社会环境包括国内外政治形势、经济环境、法律政策及科学和文化等,各种因素的变动都将使投资遭受风险。

2. 投资风险控制措施

(1) 经济周期的投资风险控制。许多项目的风险都在于投资周期较长,尤其是大中型项目,因此在经济形势不景气时所启动的项目往往是成本较低,在经济形势好转时仍在建设,若项目可以转让,企业可以考虑将其转让,从而提前获取收益,当然应该做足够的评估,如果项目具有很高的商业价值,还应继续经营,但中途转让,可以转让周期过长带来的风险并提早获得收益。风险控制的关键点就是学会掌握投资的时间轴,对国内及国际经济环境了解的情况下,才能入市,投资项目在不同的经济时期体现出来的价值是不一样的,最理想的情况是在低价时介入,在高价时卖出,也即在经济低潮时投资有潜力的项目,等待经济好转时,转手获利。

(2) 面临通货膨胀的投资风险控制。通货膨胀时,投资的实物形成的固定资产和相关的金融资产将面临所占用投资额的实际价格下降的风险,这将导致投资的获益大幅减少。因此需要对和所投资的项目相关的土地、房屋建造等价格变动,同时预测原材料等成本的变化规律,分析不确定因素对项目造成的影响。投资中还要留有预备金,应对成本上升等可能出现的情况。如棉花大幅涨价将影响纺织企业的经营成本,因此周期性的行业投资应注意周围经济环境影响,必要时应用期货套期保值投资以便控制成本市场的价格风险。

(3) 合理的融资渠道和结构。资金链是企业投资重要的保证,也是企业投资的风险源之一。因此在前期的投资决策时,应首先制定融资方案,解决本项目融资渠道的可能性。需要考虑的方面有:企业目前是否存在稳定的现金流,所投资的项目能否达到预期、客观的收益率,企业在投资过程中,能否加强目前潜在的融资能力。融资是企业资金链的重要保障,只有符合企业投资和融资达到合理的结合,才能保障正常有序的经营运作,从而获利。当然企业也应实事求是,根据自身的能力,合理定位,确立符合自身的融资渠道,找出一套有竞争力、低风险的盈利方式。

(4) 完善管理手段。企业应该在投资前、中、后三个阶段加强风险管理和控制,提高对投资风险存在的不确定性及随机性认识,把握投资风险管理中的主动权,通过有序地开展管理,将其中的风险降低到可控范围,将投资风险可能造成的经济损失降低。建立和完善企业自身的投资管理机构和系统,配备能力强、经验丰富的管理人才,制定合理的管理目标和方向。

投资风险中的各项因素,应有定性和相关定量的分析,可以采用敏感性分析,掌握相关的投资影响因素对于方案执行时允许变动的范围及规律,通过规划求解的方法确定对投资效益产生较大影响的因素,对其可能产生的原因进行分析,采取相关措施,将其控制,另外想方设法提高投资前的分析所掌握的经济和市场信息。

案例 5-15:A 公司投资失败案例

A 公司于 2010 年 12 月经上级批准注册,组织架构合理。

公司成立之初,预计投资 2000 万元,有商业规划书和项目书。在 2009~2015 年期间,该公司针对投资问题,共召开了 6 次董事会,至 2015 年 12 月,实际投资总额达 5000 万元,其中土建部分 1500 万元,安装部分 2500 万元,超出初期投资规划近 3000 万元,无总体设计方案,投资超出部分无项目可行性报告和明确的投资概算。项目竣工投入使用已多年,未做竣工决算审计和财务决算审计。公司根据客户某一项偶然性商品需求而增加生产线,投入以后只生产一两批次产品就长期停用,缺乏长远规划造成设备闲置。A 生产线、B 配置生产线、C 生产线、1#—6#冷库已长期停用,每年闲置设备和房屋的折旧费用近 100 万元,企业负担越来越重。

2016 年末,公司资产总额 4000 万元,其中固定资产原值 5000 万元,净值 3000 万元。负债总额 8000 万元,资产负债率高达 200%,已严重资不抵债,不得已全面停止运营,职工按法定程序解除劳动关系。

(根据 https://wenku.baidu.com/view/1408026681eb6294dd88d0d233d4b14e85243e9e.html 改编)

讨论问题:

企业在固定资产投资中如何做好预算管理?

任务 4.2 中小微企业经营危机控制

创业活动中需要企业在时间紧迫、人财物资源短缺和信息不充分的情况下做出危机反应和恢复性活动。所以,企业在经营过程中,应具备预防手段以防止或减少危机出现时给企业带来的损害。所谓危机,是指具有严重威胁、不确定性和有危机感的情境,会引发企业中一系列的负面影响,对组织及其员工造成损害。严重的危机会导致中小微企业创业失败。通常,企业经营过程中出现的危机具有突发性、破坏性、紧迫性等特征。

1. 理解危机控制的重要性

企业在经营过程中应有危机意识,做好危机控制,能够根据危机的特征和发展阶段,通过危机发生前的风险评估和预防活动,危机发生后的解决计划、决策以及恢复活动来避免或最大限度地减少危机的损害。

危机控制的基础工作包括组织沟通、媒体管理等活动,这些活动贯穿于微机控制的全过程。在危机发生前后,企业都面临如何进行组织沟通,以消除内外的冲突。有的时候,危机是企业组织冲突不断升级的结果。媒体管理也贯穿于危机管理的始终,无论是危机发生前还是危机发生后,如若能够获得公众的认可、媒体的支持和利益相关者的帮助,就可以帮助企业传递信息、改善组织形象、为管理者提供社会支持和解决问题的外脑。

2. 典型的经营危机类型

中小微企业在经营过程中会碰到各种危机,但最为关键或典型的是以下两种:

(1) 市场危机。创业者制定商业模式,勾画事业前景的时候,都是基于一定的市场份额及其业绩的假设,也就是企业的市场开拓及营销能力、顾客对本企业产品的接受程度等。由于新创企业提供的产品无论是根本性的创造还是改进性的创新,抑或是模仿,大多数创业者对目标市场都是陌生的,缺乏经验或基础,所以预期目标无法实现的情况时有发生。造成这类风险发生的原因可能是创业者乐观或简单地估算市场前景,进入目标市场时机选择失误和市场营销策略不当等。

企业要解决市场危机,没有固定的方法。但普遍适用的切入点有:一是建立市场监测及策略调整机制,在企业运营过程中,定期重复市场分析过程,保持对关键市场信号的敏感度,不断调整、优化市场营销策略。二是顺应产品生命周期,采取有针对性的市场营销策略,如明确本企业产品处于产品生命周期的导入期,也就是顾客的需求是不确定的,市场参与者的竞争地位也尚未明确,那么企业的营销策略应当尽量减少不确定因素,通过大量的促销等市场开拓方法将产品推给顾客,使其接受产品。

(2) 现金流危机。企业的日常运营,采购、销售、固定资产投资、人力的开支等活动都会影响现金的流入和流出,所以企业经营的所有活动都会以货币化的结果呈现出来。创业者要持续关注企业经营的货币化结果,并且意识到这种货币化的结果绝不会在利润表中显现出来,关键是要关注现金流的实际状况。

一家原本经营良好的新创企业可能会因为短期的现金流短缺而被并购或者终止经营。如果因为现金流的短缺,而葬送了一家具有发展潜力的企业,无论对于创业团队还是对于市场环境来说,都是损失和不幸。然而,很多的新创企业在现金流管理中会出现一些问题,例如融资计划短期性严重,后续跟进工作不够充分;内控体系不规范,现金支出失去控制;盲目地进行投资,降低了现金流的流动性;因为现金流短缺而盲目融资,引入新的投资人,丧失企业的控制权,导致企业的发展背离创始人的初衷,等等。

那么,对于新创的中小微企业来说,有没有可以避免或解决现金流危机的办法呢?我们可以从企业经营和控制的角度需求一些常用方法,例如:

① 用收付实现制的会计原则来管理现金流。有些企业会刻板地理解"会计核算应当以权责发生制为基础",所以采用权责发生制记账,但同时带来了一个隐患,就是不能真实地反映现金的流入和流出。一般来说,权责发生制适用于短期现金流充足的大企业,对于新创企业来说,收付实现制是更加适合的。收付实现制是在付出和收到现金时入账,更利于现金流

的管理。

② 权衡投资回报与付出,谨慎投资。即使在产品销适销对路,市场前景较好,短期现金流充裕的情况下,新创企业仍然需要全面考虑新增投资的回报率、回收期,以及由于新增投资所带来的对企业现有能力的挑战。巨人集团就是因为盲目追求多元化投资,涉足电脑业、房地产业、保健品业等行业,新进入的领域也并非其优势所在,却急于铺摊子,有限的资金被套死,导致财务危机,使其仅仅因数百万流动资金不足而失利。

所以,新创企业应该明确战略边界,强调决策的自律和规则,树立"有所为,有所不为"的投资理念。

③ 借用孵化器平台,争取政府基金及政策支持。对于从事新材料、新技术等行业的新创企业来说,充分利用所在的孵化器平台争取政府基金及相关政策的支持,是一种成本相对较低的缓解现金流短缺的方法。孵化器通常是大量政策资源的聚集地。许多优惠的政策,会对某一孵化器内部的企业生效。所以孵化器内的新创企业通常在政策资源上有得天独厚的优势。

④ 变短期激励为长期激励,减缓企业短期现金流的压力。加入新创企业,和进入成熟企业相比来说要承担更大的风险,所以,新创企业各类人才通常会要求高于成熟企业的回报,包括物质资源、学习成长、能力增长等方面的回报。为了和成熟企业争夺优秀人才,新创企业不仅需要为员工规划清晰的发展前景,还要支付相对较高的人工成本。

此时,采用高额的短期激励方式不仅会增加企业现金流的负担,而且不具备对员工的长期约束效果。所以通过企业年金、股权、股票期权等长期激励的方式兑现个人收入的一部分,可以有效地解决企业短期的资金流现金流压力,并直接将员工的个人利益和企业的长期发展联系在一起。

⑤ 加强内部管理,提高费用支出的效率。开源节流,是企业经营中最朴素,也是最实用的手段和策略。节流并不是简单地减少支出,而是通过费用支出结构分析以及支出的必要性、经济性分析,采取相应的措施来改善费用支出的实际效果。对于新创企而言,研发费用和销售费用是加强管理和控制的主要对象。创业团队容易因为对技术本身的追求给企业带来大额研发费用支出,却忽略成果的市场需求情况,导致市场接受程度不高。所以,新创企业在研发投入决策上,需要重点考虑研发方向的商品化前景。

⑥ 优化盈利模式,稳定现金流入。盈利是企业一切经营活动的目的,创业者在"开源"方面要不断思考:企业的盈利模式如何?在这个模式中,哪些环节是可盈利的,哪些是损耗利润的?对盈利环节哪些可以进一步优化,以实现利润再增长?对损耗利润的环节哪些可以加以改善使其盈利?对企业自身盈利模式的清晰认识是确保企业生存、发展的头等大事。只有弄清企业的价值链,通过不断更新和优化,保持其可营利性,才能稳定现金流入,使新创企业在激烈的市场竞争中生存下来,并保持可持续性发展的势头。

3. 危机反应与恢复

当危机事件一旦发生,危机控制的任务就是要减少危机所造成的损失,使企业能够尽快从危机中恢复过来,继续运作。

(1) 危机反应管理。危机反应管理的目标就是要阻止或减少人、财、物的损耗,阻止或延缓危机的蔓延,避免或延缓连锁的反应。因此,有助于管理者反应行动的技巧就在于处理危机时要反复思考三个关键性的问题:如何争取到更多的时间?如何获得更多的信息?如何降低资源损失或损耗?这种思考可以使创业者集中精力,减少压力,并有效地解决问题。有效的危机反应措施应当包括以下几个方面的内容:

① 迅速建立危机反应小组。迅速建立危机反应小组可以使危机反应有统一的指挥中心,以协调、全面地展开危机反应的各项行动。

② 突出重点有步骤地采取措施。危机反应行动应有主次之分,有效的行动需要对危机可能造成损失的严重程度,危机蔓延的可能性,以及各种影响进行评估。

③ 获取更多的信息。获取更多的信息是危机反应能有效进行的保证。如果危机反应中获得的信息不充分,就会浪费企业反应的资源和时间。

(2) 危机恢复管理。在危机已经得到基本控制以后,危机控制的重点就会转向危机恢复。危机恢复的目的是弥补危机所带来的损害,以维持企业的生存,同时也要抓住危机所带来的发展机遇。一般来说,严重的危机会损害企业的利益,影响企业运作的连续性,甚至威胁企业的生存。危机恢复,首先是要弄清危机事件损害的大小,评价恢复的价值和能力,确定恢复工作的方向。当危机损害程度太大,组织恢复能力有限时,恢复工作主要是维持生存,等待企业的重新崛起。斯图尔特的研究发现,只有29%的小企业在大危机发生的两年后仍然可以维持经营,大量的小企业由于渠道的破坏、缺少物质支持、劳动力减少、客户流失等原因而倒闭。

危机恢复并不是简单地再现危机前的局面,而是应该抓住时机,力争使企业获得新的发展。危机往往会打破旧的均衡,给企业带来革新的机会,如果企业能在有效控制危机后,继而进行组织变革和管理再造,将会最大限度的减少危机所造成的损失。恢复危机,也可以促使员工同心协力,共渡难关,塑造组织内部的团结;恢复危机还可以利用组织内部自我反省的机会,对一些潜在的问题进行反思;危机往往还可以使企业受到新闻媒体、公众利益相关者的更多关注,企业的良好表现可以向社会展现积极的形象,从而消除原有的一些偏见。

案例 5-16:无印良品的危机公关

2017年,无印良品被曝光其违规出售日本福岛核电站泄漏事件中禁售产地的商品。无印良品随即发出声明。声明中指出,引起误解的原因是所销售的进口食品日文标识上所标示的"販壳者株式会社良品计画 RD01 东京都丰岛区东池袋 4-26-3",而该信息为本公司母公司名称及其法定注册地址,并非本司所售进口食品的产地。

也就是说,记者把公司注册地和食品产地搞混了。无印良品还在声明最后附上了每批次食品报关报验单等一系列证明复印件。

舆论迅速反转,网友的情感值迅速回升,危机公关成功帮助品牌转危为安。

(根据 https://www.sohu.com/a/315435701_100295265 改编)

讨论问题:
为什么说无印良品此次的危机处理是成功的?

任务4.3 中小微企业工作质量和产品质量控制

工作质量与产品质量是衡量企业经营目标工作状态中,可预见的经营效率与结果的重要内容。

1. 工作质量控制

在中小微企业的日常经营管理活动中,工作质量的控制是企业保证和提高工作质量和工作效率的重心,关系到企业的可持续发展。因此,企业和所有部门在制定企业战略规划或部门计划时,均应围绕实现企业的经营总目标而进行开展。其计划应科学地预见经营活动各环节的工作优劣情况,并及时跟踪调整,使工作计划安排与工作效果相吻合,达到企业工作目的与要求。

评定工作质量优劣的先决前提条件:工作优良率,即在工作合格抑或优良的基础上,再求工作速度与数量。否则,倘若颠倒,则可能事与愿违,干得越多,企业受得损失也可能越大。通常可以从以下几个方面控制和提高企业的工作质量:

(1) 优化工作流程。工作流程是实现企业经营目标和任务的工作路径,表现了各项工作间的顺序关系。实现企业经营目标和任务的工作流程往往是多种多样的,最佳的工作流程是实现目标、人员和技术间的动态均衡。企业的工作流程是现代企业规范化管理的产物。

优化工作流程的前提是对现有流程的梳理整顿,做到标准化。因为标准化是有效开展活动的重要特征。流程的标准化和优化的基础工作是企业发展战略设置、企业组织结构设计、职能分解、岗位设置、岗位描述等,只有基础工作完善后,设置的运作流程才是通畅的、高效的。有效的工作流程应该包括了岗位责任、权限配置、信息传递通道、业务流程、决策机制等,实际上就是规范化的内部运作机制。

(2) 提升员工的工作执行能力。企业工作质量控制中,"人的因素"是首位。因此,培养、训练、考核和提高企业人员的能力和素质关系到企业工作质量各项质控点和必要程序的运行结果。因此,要求员工各负其责,共同推进工作开展,加强日常考核,强化监督检查力度。

(3) 信息技术和控制系统的运用。信息技术的高速发展和广泛应用不仅丰富了工作质量控制的内容和手段、改善了控制程序,而且也使信息和知识控制成为改善组织绩效的有效工具。企业日常运营活动中,通过普遍地采用信息技术和电子信息装备,可以更有效地开发和利用信息资源,提高组织的综合素质、工作能力和绩效水平。具体来说,现代信息技术在企业中的具体运用领域包括管理过程的信息化、办公自动化、生产过程的信息化和集成一体化系统。

2. 产品质量控制

在激烈的市场竞争环境中,产品"优质"能够给企业带来信誉和发展,而产品"劣质"往往会导致企业的倒退和衰落。很多优秀的企业都是通过推行先进的质量管理理念,来提高组织的竞争力。

全面质量管理是以质量为中心的现代管理方式,是企业管理和控制活动的中心环节。全面质量管理工作包括了企业就产品质量方面的管理目标、管理手段和管理组织等。其中,管理目标是最终要实现用户满意;管理手段包括概率论、数理统计、各种专业技术、经营管理和培训相结合;管理组织是指要求建立质量保证体系,在行使计划、组织、指导、协调、控制和监督等职能时,从管理上实现质量保证。

全面质量管理要在全字上做文章,要树立"三全一多样"的管理观点,即全面的质量概念、全过程的质量管理、全员参加的质量管理和多方法的质量管理。

① 全面的质量概念。全面质量管理中的质量,是一个广义的质量概念。它不仅包括一般的质量特性,而且包括了成本质量和服务质量;它不仅包括产品质量,而且还包括员工的工作质量、企业的工序质量。工序质量就是工序的好坏,通常用工序能力指数 C_p 值来表示,是保证产品质量的能力,而产品质量则是工序质量的综合反映。工序质量是原因,产品质量是结果。而影响产品质量的各种因素都需要人负责完成,因此工序质量又取决于人的工作质量。工作质量是指保证产品质量满足要求的程度,是指员工工作的好坏,包括产品的开发、设计、制造、检验、销售和服务的全过程工作质量。所以全面质量管理就是对产品质量、工序质量和工作质量的全面控制。

② 全过程的质量管理。如果认为只要控制好关键工序就可以保证产品品质是错误的,例如在生产环节中所需原料、工装工具等都是工序质量的重要影响因素,却往往是传统质量管理容易忽视的辅助系统。

任何产品品质的产生、形成和实现都有一个过程,即品质环。因此,要保证产品品质,必须把产品品质形成的全过程、各个环节及有关因素都有效地控制起来,并形成一个综合的品质体系。ISO 9001 要求,识别所有影响产品品质的过程,包括它们之间相互的关系和作用,以落实过程管理。

全过程的质量,主要指产品的设计过程、制造过程、辅助过程和使用过程,即产品寿命周期全过程的质量。全过程的质量管理,就是指对上述各个过程的有关质量进行管理。

③ 全员参与的质量管理。全面质量管理的基本原理是对全过程的控制,而全过程的品质活动都是通过不同岗位的责任者——人来实施和完成。任何岗位的责任者对产品品质都有直接或间接的影响,产品品质人人有责。因此全面质量管理要求人人关心品质,人人做好本职工作。为了保证全员参与质量管理的有效性,要强化员工的质量意识,明确职责和职权,开展多种品质管控活动。

案例 5-17:400 天的创业经历

2016 年,王斐文和其他两位合伙人一起创建了泛崎科技,"全民优点"是其选择的一个媒体项目,做的是新闻资讯结构化的再梳理,其中需要达成"结构化"目的必要的细分点多且零散。可是,在项目开展后不久,创业团队便发现了自身缺乏技术能力而导致的大量问题:

一是产品的工期无法控制,项目原定与外包方签订的最后期限是 8 月 20 日交付所有的产品内容,包括服务器部署等运维工作,由于各种原因,项目在 11 月 11 日才得以上线。二是产品的质量无法控制,创业团队在后期进行产品验收的过程中发现大量 BUG,部分 BUG 造成的原因是由于底层技术逻辑架构设置不合理造成的,而需要改动这些 BUG 又耗费了大量的时间去修改底层架构,这也是产品工期拖延的一部分原因。三是产品运行工作效率低下,由于"全民优点"是一个以 PGC 内容为核心的"浏览器"式 App,所以需要一个具备发布功能的后台系统去维护内容。在与外包团队交涉后,由于企业自身设计的后台功能比较复杂,由于资金有限,双方协商采用外包团队的方案来解决。但在产品上线后发现,后台的设计非常不合理,原本简单的排版工作每天需要占用大量的时间去完成。不得已,企业只能动用设计师参与到内容的编排工作里,所有人一起开工每天也只能够完成 3 个议题的编辑,包括对于文章与评论的收集,本身这些工作可以借由爬虫技术实现,但之后的运营过程中基本都依靠人力来完成。

最后,经过 400 天的打磨,该创业项目不得已以失败告终。

(根据 https://36kr.com/p/1720999477249 改编)

讨论问题:
为什么该创业项目最终会失败?运用所学知识进行分析。

项目小结

1. 控制是管理工作的第四大职能。要弄清楚计划所确定的目标是否得到顺利实现,甚至计划目标本身制定得是否科学合理,必须开展卓有成效的控制工作。

2. 控制就是按照计划标准衡量计划的完成情况,纠正计划执行过程中的偏差,确保计划目标的实现。从现代管理角度来说,控制就是"纠偏"。控制的两个作用:(1)防止和纠正偏差的发生;(2)修改原订计划或重新制订新的计划。

3. 控制工作按不同标准分类,可以划分为不同的类型,其中最主要的分类是根据控制点在控制过程中的不同位置,划分为前馈控制、现场控制和反馈控制。

4. 管理控制中有许多不同种类的控制手段和方法,主要包括:预算控制、非预算控制、程序控制、计划评审和绩效审核。

5. 新创中小微企业避免或解决现金流危机的常用方法包括用收付实现制的会计原则来管理现金流;权衡投资回报与付出,谨慎投资;借用孵化器平台,争取政府基金及政策支持;变短期激励为长期激励,减缓企业短期现金流的压力;加强内部管理,提高费用支出的效率;优化盈利模式,稳定现金流入。

6. 新创中小微企业要做好产品质量控制工作,树立"三全一多样"的管理观点,即全面的质量概念、全过程的质量管理、全员参加的质量管理和多方法的质量管理。

思考与练习

1. 情景模拟训练:选择合适的控制方法。

内容与要求:
(1)检查学生对现代控制方法的掌握程度,明确不同控制方法的适用范围。
(2)步骤:
① 将全班同学分成 4 人一个小组,尽量将组数确定为双数。

② 两个小组为一个单位，互相创设管理情境，要求对方小组选择合适的控制方法。

(3) 考核：

小组是否找出了不同控制方法的适用范围。

(4) 标准：

① 小组创设管理情境合理，能够让对方小组根据该情况选择控制方法。

② 全班同学最后确切知道不同控制方法的适用情况和范围。

2. 阅读案例，回答问题

查克停车公司

你要是在美国好莱坞或贝弗利山举办一个晚会，肯定会有这样一些名人来参加：尼科尔森、麦当娜、克鲁斯、切尔、查克·皮克。

"查克·皮克？"

"自然！"

没有停车服务员，你不可能成功地举办晚会。在南加州，停车业内响当当的名字就数查克·皮克了。

查克停车公司是一家小企业，但每年的营业额有几百万美元。公司拥有雇员100多人，其中大部分为兼职人员。每个星期，查克停车公司至少要为几十个晚会料理停车业务。在最忙的周六晚上，公司可能要同时为6~7个晚会提供停车服务，每一个晚会可能需要3~15位服务员。

查克停车公司经营的业务包含两项：一是为晚会料理停车事宜；另一是同一个乡村俱乐部办理停车经营特许权合同。这个乡村俱乐部要求提供2~3个服务员，每周7天都是这样。但查克的主要业务还是来自私人晚会。他每天的主要工作就是拜访那些富人或名人的家，评价道路和停车设施，并告诉他们需要多少个服务员来处理停车的问题。一个小型的晚会可能只要3~4个服务员，花费大约400美元。然而一个特别大型的晚会的停车费用可能高达2000美元。

尽管私人晚会和乡村俱乐部的合同都涉及停车业务，但它们为查克提供收入的方式却很不相同。私人晚会是以当时出价的方式进行的。查克首先估计大约需要多少服务员为晚会服务，然后按每人每小时多少钱给出一个总价格。如果顾客愿意"买"他的服务，查克就会在晚会结束后寄出一份账单。在乡村俱乐部，查克根据合同规定，每月要付给俱乐部一定数量的租金来换取停车场的经营权。他收入的唯一来源是服务员为顾客服务所获得的小费。因此，在私人晚会服务时，他绝对禁止服务员收取小费，而在俱乐部服务时小费则是他唯一的收入来源。

（案例来源：张平亮．管理基础[M]．北京：机械工业出版社，2011）

案例思考题：

1. 你是否认为查克停车公司的控制问题在两种场合下是不同的？如确实如此，为什么？

2. 在前馈、反馈和现场控制三种类型中，查克应采取哪一种手段对乡村俱乐部业务进行控制？对私人晚会停车业务，又适宜采取何种控制手段？

参考文献

1. [美]保罗·萨缪尔森、威廉·诺德豪斯. 经济学(第17版). 北京:人民邮电出版社,2003.
2. [美]斯蒂芬·罗宾斯(Stephen, P. Robbins)、[美]玛丽·库尔特(Mary, Coulter)、[美]戴维·德森佐(David, A. Decenzo). 管理学原理(第10版) Fundamentals of Management (Tenth Edition). 北京:中国人民大学出版社,2020.
3. [美]斯蒂芬·P. 罗宾斯,戴维·A. ,德森佐、玛丽·库尔特著,赵晶媛译. 管理的常识. 北京:中国人民大学出版社,2020.
4. 张帏、姜彦福. 创业管理学(第2版). 北京:清华大学出版社,2018.
5. 周三多. 管理学:原理与方法(第四版). 北京:中国人民大学出版社,2020.
6. 饶君华. 管理学基础(第2版). 北京:高等教育出版社,2019.
7. 李海峰、张莹. 管理学基础(第2版). 北京:人民邮电出版社,2019.
8. 李建伟、袁登明. 案例分析导读. 北京:最高人民法院出版社,2003.
9. 郝书俊. 管理学基础与实务. 北京:机械工业出版社,2016.
10. 何方. 管理学基础. 北京:中国劳动社会保障出版社,2018.
11. 张玉利、薛红志、陈寒松、李华晶. 创业管理(第5版). 北京:机械工业出版社,2020.
12. 周三多. 管理学:原理与方法(第七版). 上海:复旦大学出版社,2018.
13. 都国雄. 管理原理. 南京:东南大学出版社,2003.
14. 杨文士等. 管理原理(第2版). 北京:中国人民大学出版社,2004.
15. 季辉、林维柏. 管理基础. 重庆:重庆大学出版社,2002.
16. 夏光. 人力资源管理教程. 北京:机械工业出版社,2004.
17. 张雷声. 马克思主义基本原理概论(第二版). 北京:中国人民大学出版社,2020.
18. 贺尊、贺嘉贝. 创业管理学. 北京:高等教育出版社,2020.
19. [美]海因茨·韦里克(Heinz Weihrich)等. 管理学:全球化与创业视角(精编中国版)(原书第13版) Management a Global and Entrepreneurial Perspective. 北京:经济科学出版社,2012.
20. 周传明、周小虎. 管理学原理(第2版). 北京:机械工业出版社,2013.
21. 王俊峰、李贺. 现代企业管理——理论·实务·案例·实训. 上海:上海财经大学出版社,2015.
22. 李卫民. 小微企业创业实操工具箱. 北京:北京工业大学出版社,2017.
23. 徐明. 创新与创业管理:理论与实践. 大连:东北财经大学出版社,2016.
24. 焦权斌、杨文士. 管理学(第5版). 北京:中国人民大学出版社,2019.